FUTURE

FUTURE

FUTURE

FUTURE

UNDERSTANDING ALEISTER CROWLEY'S
THOTH TAROT

An authoritative examination
of the world's most fascinating and magical tarot cards

托特塔羅解密

探討克勞利《托特之書》，
解開托特塔羅牌奧義權威經典之作

羅‧米洛‧杜奎特
Lon Milo DuQuette
著

孫梅君　譯

目錄
CONTENTS

圖目錄
FIGURES

表目錄
TABLES

致謝
ACKNOWLEDGMENTS

∞

　　在此要向以下人士致意，肯定並感謝他們的友誼、智慧，與支持：康士坦絲·珍·杜奎特（Constance Jean DuQuette）、茱蒂絲·霍金斯—提勒森（Judith Hawkins-Tillirson）、瑞克·波特（Rick Potter）、裘蒂·貝瑞德羅芙（Jody Breedlove）、海門尼厄斯·貝塔（Hymenaeus Beta）、薩巴齊亞斯（Sabazius）、詹姆斯·華瑟曼（James Wasserman）、比爾·海德瑞克（Bill Heidrick）、卡洛琳·堤莉（Carolyn Tillie）、唐諾·韋瑟（Donald Weiser）、克萊夫·哈潑（Clive Harper）、提姆·梅洛尼（Tim Maroney）、凱特·桑波恩（Kat Sanborn），以及唐諾·克瑞格（Donald Kraig）。此外我還要感謝塔羅天空中最閃亮的幾顆星星：

　　珍妮特·貝瑞斯（Janet Berres）、亞瑟·羅森嘉頓博士（Dr. Arthur Rosengarten）、斯圖亞特·卡普蘭（Stuart Kaplan）、瑪莉·格瑞爾（Mary Greer）、瑞秋·波拉克（Rachel Pollack）、塔拉莎（Thalassa）、露絲·安（Ruth Ann）與沃德·安珀史東

（Wald Amberstone）、琳達·華特斯（Linda Walters）、羅勃·普雷斯（Robert Place），以及鮑伯·歐奈爾（Bob O'Neill）。

最後，我要向我親愛的弟兄達珊·畢柏斯坦（Dathan Biberstein）致上特別的（也是最謙卑的）謝意，他向我揭露了托特塔羅中「守護神獸象徵」（Kerubic emblems）的奧祕──此一奧祕嘲弄了我三十餘年。

PART

I

在開始研究克勞利的托特塔羅之前，
你該知道的一些事⋯⋯

Little Bits of Things You Should Know Before Beginning to Study
Aleister Crowley's Thoth Tarot

第 章

托特之書——魔法之書？

THE BOOK OF THOTH—
A MAGICK BOOK?

塔羅是一副七十八張的紙牌。如同衍生自塔羅的現代撲克牌，它包含四個牌組，但宮廷牌的數目是四張，而非三張。此外，塔羅還有二十二張稱為「將牌」（Trumps）的大牌，每一張都是一幅象徵性的圖像，有其專屬的標題。

乍看之下，人們會以為這種安排乃是任意為之，實則不然。此乃出於必要，如下文將會述及，它是依循宇宙的結構，尤其是太陽系，如神聖的喀巴拉所象徵。我將會在適當的時機加以解說[註1]。

以上是艾利斯特‧克勞利《托特之書》（*The Book of Thoth*）精簡凝練的開場白。當我初次讀到這段文字，心中滿懷期盼。終於，我心想，托特塔羅的偉大奧祕將要對我揭露了——「在適當的時機」。

　　當時，我自認是個認真嚴肅的塔羅學習者，我花了三年時間研習保羅‧佛斯特‧凱斯（Paul Foster Case）非凡的作品和他的「內殿建造者」（Builders of the Adytum，[註2]）塔羅牌，以及喀巴拉課程。依照「內殿」課程的規定，我繪製了自己的一套大牌，並按部就班地進行了為這二十二張牌所設計的冥想練習。現在，有了克勞利的托特塔羅牌和《托特之書》，我知道自己已經準備好踏出下一步，朝精通塔羅、並獲致個人的靈性啟悟邁進。

　　要達到這個門檻，頗費了我個人的一點兒蠻勇。我與克勞利的初次邂逅並不特別美妙。事實上，我幾幾乎乎把托特塔羅與《托特之書》視為惡魔誘惑人的作品，避之唯恐不及。在拙作《*My Life with the Spirits*》[註3]中，我曾描述過這段令人汗顏的情節：

　　　　終於，我找到了一副早期版本的克勞利托特塔羅牌。我這輩子從沒見過這麼美的東西。「艾利斯特‧克勞利」這個名字聽來有點熟悉，我隱約記得曾在阿加德兄弟（Frater Achad）所著的一本喀巴拉書籍的註解中看見過。我查了我的神祕學辭典，驚恐地發現——「艾利斯特‧克勞利——著名的蘇格蘭撒旦崇拜者。」

　　　　我或許向來是個狂熱的異端份子，但我確定自己也不想和撒旦崇拜扯上任何關係。我知道我哥哥有一本《托特之書》（這副牌的文字手冊），便忙不迭地把牌給了他。謝天謝地，擺脫得好！

　　　　幾天後，我這個想法就被剛從中美洲探險歸來的好友「瘋狂鮑伯」（這個名字遠不足以形容他古怪精彩的性格）給徹底導正了。

鮑伯讀過克勞利的自傳[註4]，堅稱我只要給這個人一個機會，就一定會愛上他。當我告訴他神祕學辭典上的說法，他嗤之以鼻：「就算克勞利是個撒旦崇拜者，也是好的那種。你就是會愛他！相信我。」

這可是我聽過最奇怪的事兒了，但我敬重瘋狂鮑伯的意見，於是把牌從我哥哥那兒討了回來，還向他借了那本《托特之書》。鮑伯是對的！儘管所讀到的東西我多半都不懂，但卻看得出艾利斯特·克勞利既有趣又才華洋溢，是我所尋求的一切。我把他的著述和關於他的資料（在那時候少得可憐）全都買了回來，最後還根據托特塔羅牌所刊附的地址，寫信給克勞利的「東方聖殿會」（Ordo Templi Orientis，O.T.O.），要求啟蒙。

我必須稱之為「我的魔法生涯」（無論是吉是凶）的篇章於焉展開。托特塔羅不僅是將我從懵懂的業餘愛好者，催化為魔法師的觸媒，更是我的幸運法寶，適時提供了這個神聖會社的地址，而它則在接下來的四分之一個世紀中，始終是我靈性的家和學習的殿堂。

請不要認為我述說上面這個故事，是在暗示每個想要進一步瞭解托特塔羅或《托特之書》的人，都得馬上跑去加入「東方聖殿會」或其他任何團體——無論是魔法團體還是別的。神祕學會社未必適合每一個人，而無論任何團體對其新成員或潛在成員如何暗示，年深日久的神祕學智慧，仍尚未被任何一個組織所壟斷。事實上，要想精通此一主題，我們所需的所有資訊皆已被出版，十分方便取得——事實上，比歷史上任何其他時刻都更方便。而在這新千禧年伊始，問題不在於答案是否在那兒，而是抵達某個地方，知道如何去問對的問題。

當然，由於沒有兩個個體是相同的，我們不應期待在同樣的地方找

到答案。對我而言,答案往往並非來自老師,或是神祕學院的課程,而是來自書本——說也奇怪,往往是我已經讀過(或自以為讀過)好幾遍的書。

克勞利的《托特之書》就是這樣一本書。它靜靜立在我的書架上,同時卻似乎神奇地變化著。我可以篤定地說,在過去三十年間,我至少從頭到尾讀過它十二遍,參考、查詢更不下數百次。然而每當我拿起它,我總會發現某些深刻的東西,是我以往從沒看見過的。而這份新的信息,往往正是我腸思枯竭、遍查書海尋求的資訊;或是當時正有某種靈性的挫敗,啃嚙著我的靈魂,而它卻將之豁然開解。

我曾將這種現象,歸咎於自己是個學習遲緩的人,需要把某種東西敲打進腦袋許多遍,才能開始「參悟」。然而這些年來,我跟好多學生聊過,他們都告訴我,同樣的事情也發生在他們身上(尤其是克勞利的著作),令我相信這是一種普遍的經驗。

當然,我並不相信書頁上的字句,真的會在每次展讀之間搖身一變,變成不同的文字。我也沒法讓自己認為,我會對一本熱切想要瞭解的書如此不經意,以致於漏讀了大段篇幅。事實上,我漸漸領悟到,在一次一次的閱讀之間改變的是我自己,而若想領會更深,祕密在於令我自己更為具足的能力。

因此我強力建議,如果你認真地想要研究塔羅,你不僅要閱讀《托特之書》,更要一再重讀它。從架上抽出來,經常查閱它,不斷地再三閱讀,直到它在你手中解體,然後再去買本新的。每次你拿起它來,它都會是本不同的書。這是本具有魔力的書。尊重它、珍視它,讓它在你身上施展魔法——目的在於實現你靈性的天命,成為一個更加具足的人,尤甚於學到比你已知多更多的報償。

在一次非正式的會面中，茱蒂絲・霍金斯—提勒森（Judith Hawkins-Tillirson，[註5]）小姐首次提議，要我為托特塔羅和《托特之書》撰寫一本註釋性的書。當時在場的還有韋瑟出版社（Weiser Books）的唐諾・韋瑟（Donald Weiser）和貝蒂・路德史泰（Betty Lundsted）。茱蒂絲的建議對我而言是個全然的意外，在她整段發言中，我大半時間都啞口無言地坐在那兒。她指出，除了《托特之書》本身，並沒有任何書籍是從一位克勞利「專家」的觀點來探討托特塔羅。

她只講了兩、三分鐘。說完後，她靠坐回椅背上，對我咧嘴而笑。唐和貝蒂也都認為出書是個好主意，要我寄給他們一些初步的資料。就是這樣。我幾乎一個字都沒講。我回到旅館，凝視著窗外一場壯觀的芝加哥大雷雨，自問：「我究竟把自己捲進了什麼局面？」

「專家」這個詞的定義，當然有商榷的餘地。不過，或許這一點至少是部分真實的：我對這個主題加以評論的資格，至少和任何人一樣上得了檯面。然而，我必須提醒讀者，我對於克勞利、泰勒瑪（Thelema）體系，以及塔羅的理解，都在持續不斷地改變。

無論我對自己的理論和觀點，顯得多麼沾沾自喜地安心而篤定，請銘記在心：我始終不斷再重新檢視我的理論，改變我的觀點。我建議您也做好準備，如我一般。

第 **1** 章

你該知道的一點點事情

LITTLE BITS OF THINGS
YOU SHOULD KNOW

讓你瞭解我的動機,似乎還滿重要的。對我而言,這件塔羅作品,是一切嚴肅的「神祕」哲學的百科全書。它是一部標準的「參考典籍」,將會決定接下來兩千年間,神祕學及魔法思想的全盤路線。我掛慮的是,該如何透過永久性的形式來複製它,並儘可能散佈到許多遙遠的地點,讓它能免於被湮滅的威脅。我並不擔憂財務上的獲益;如果我在這個國家有可用的資金,我該要印送(比如說)兩百套給世界各地的國家圖書館,再印送兩百套給我主要的代理者[註6]。

——克勞利致照相製版師皮爾森先生(Mr. Pearson),

一九四二年五月二十九日

自從一九六九年，克勞利托特塔羅的彩色版首次出現在全球各地的書店和專門店中，它始終是全世界最暢銷的塔羅牌之一。這並不令人意外。在我看來，它著實是有史以來最美得令人目眩的塔羅牌。繪製它的藝術家——才華橫溢的佛瑞妲·哈利斯（Frieda Harris，[註7]）耗費了五年多的時間（1938～1943，[註8]），才完成了這七十八張超現實主義的傑作。

　　時至今日，這些圖像仍和初次面世時同樣魅惑地引人遐想。然而這些牌的風行，卻與其設計者不堪的名聲，恰成鮮明對比。此人不僅設計了牌，且毫不妥協地監控著繪製執行的每一個面向。其人在有生之年被詆毀為「黑魔法師」，並被媒體烙上「世上最邪惡之人」的污名。

　　相互矛盾的弔詭，似乎定義著愛德華·亞歷山大（艾利斯特）·克勞利的人生和事業[註9]。沒錯，在許多方面他確實是個惡棍。他將自己精心塑造為「英國藝文界及心靈界的壞男孩」，並毫不羞赧地縱樂其中。同時，他卻也極為嚴肅地看待自己和人生。在其他卓越成就之外，他還是一位世界級的登山家[註10]、西洋棋高手、畫家、詩人、運動員、小說家、批評家，以及戲劇製作人。他把占星學引介到美國[註11]，讓舞蹈家鄧肯（Isadora Duncan）認識了《易經》，並將健行和高等魔法介紹給詩人紐柏格（Victor Neuberg）。他還曾在紐約滲透入英文版的德國宣傳報紙，執筆撰寫煽動性的社論，激怒不願參戰的美國國會，加入一次大戰成為英國的盟友[註12]。

　　二戰期間，克勞利曾應當時擔任英國海軍情報官的友人伊恩·佛萊明（Ian Fleming，[註13]）之請，針對納粹德國首腦的迷信行為及崇信魔法的心態，向首相邱吉爾提出了寶貴的見解。如果傳聞屬實，他還建議邱吉爾利用敵人在魔法上的偏執恐懼，盡可能在拍照時比出兩個手指的「V」字勝利手勢。這個標誌是強大的魔法標記「阿波菲斯—堤豐」

（Apophis-Typhon）的「手勢版」，象徵破壞與毀滅——根據魔法傳統，它能夠擊敗納粹黨徽所代表的太陽能量。

驚人的是，克勞利的冒險和豐功偉績——超過任何一打有才智、有抱負之士畢生所能企及的——與他在自我發現上的巨大成就相較，似乎就只像是玩票了。他靈啓般的著作，以及整合東西方心靈祕傳體系的努力[註14]，使他成爲二十世紀在文化及宗教上最迷人的人物之一。

儘管在今天，他晦澀難解（且往往篇幅浩繁）的著作，享有在他有生之年望塵莫及的讀者群和欣賞度，但願意認眞研究他的「科學啓明」（Scientific Illuminism）學說的熱心份子，人數仍相對稀少。對於那些大膽頑強的學習者，克勞利的托特塔羅成爲他們研習的基石——一項珍貴無價且不可或缺的寶藏。它直可說是一套世世代代智慧的全彩視覺教科書，一件活生生的法寶，以令人摒息的華美絢麗，萃取出一位現代大師對於古代奧祕之洞見，以及其靈性教育的精華。如此珍稀光燦的魔法物件，會對接觸它的每一個人散發難以抗拒的魔力，又有什麼好奇怪的呢？對我而言，答案是顯而易見的。不過，我想這樣問問也很公平：如果有人對克勞利、乃至於對這套牌中的喀巴拉、占星學及魔法面向完全不感興趣，他們也能使用並欣賞托特塔羅嗎？

我的回答是毫不模稜的「是的！」。托特塔羅恰巧也是全球各地數以千計的塔羅收藏者、學習者，以及業餘和職業占卜者所偏好的牌[註15]。這些人當中跟我談過的大都告訴我，他們之所以選擇這套牌，是因爲它儷人的美，以及作爲占卜工具的宏效。對克勞利其人及其作品略有所知者，通常對他的觀感是兩極化的，但即使是那些認爲他可怕透頂的人，對這副牌也抱持著一種健康的欽慕。有一回，一位德高望重的塔羅卜者向我砲轟，道出許多職業牌師及托特粉絲的共同心聲：「我才不關心克勞利是誰，我也不相信他的勞什子魔法！我只知道我喜歡那些該死的

牌，而且它們真的很靈！」

　　儘管毫無疑問，在托特牌的擁有者和使用者當中，只有一小部分能夠充分領略這些牌在神祕學上的價值，但在我看來也極為明顯的是，有許多人衷心地希望對它瞭解更多。如果你發現自己也在這群追尋者之列，這本書是為你而寫的。

　　近年出版了幾本不錯的塔羅書，是以托特塔羅來當插圖。大抵而言，這些書籍都對托特牌較為顯著的特色投注了恭謹的關注。它們本身都是很好的塔羅書，但在我看來，卻不曾令人滿意地探討托特塔羅的深刻概念及其揭示的奧祕，而這些正是令它如此獨特而重要的關鍵。然而，有一本書是例外。它是由唯一真正夠格、能權威地評註這套牌的人所撰寫的皇皇鉅作。然而，這部曠世鉅著的唯一缺點，卻並非說得不夠——而是它試圖告訴我們一切一切。

　　在他生命的晚期，克勞利以「佘利昂大師」（The Master Therion）之名，撰寫了他最偉大的作品之一——《托特之書——關於埃及塔羅的短文》（*The Book of Thoth—A Short Essay on the Tarot of the Egyptians*，[註16]），意在作為塔羅總體、特別是托特塔羅的「初級專論」。如同任何曾經讀過，或曾嘗試讀過它的人會告訴你的，它一點兒也不「初級」。事實上，除非某人已在神話、哲學及宗教等領域學識淵博、除非他對希伯來的喀巴拉學說浸淫甚深、對克勞利耗費近五十年心血的浩瀚魔法及靈視作品如數家珍、對這些靈視所衍生的謎樣繁複語彙熟悉已極，《托特之書》肯定不會是一本「對使用者友善」的托特塔羅說明書。

　　這並不是說門外漢就不能從閱讀這書中獲益。相反地，書中有許多內容是立即可懂，且深能啟迪人心。儘管如此，如果讀者的期待是快速

從中獲得一些關於托特塔羅的實用資訊，很可能讀到第七段就卡住了：

> 塔羅的一種重要的詮釋是，它是希伯來文「Torah」，即「律法」的衍生字；同時也是「ThROA」這個字——「門戶」的變體。話說，依據「Yetziratic」星光層面的屬性——見書後的附表——這個字可被解讀為「宇宙」——新生的太陽——零。這是「泰勒瑪」（Thelema）真正的魔法教旨：「零」等於「二」。同時，根據希伯來的字母代碼系統「Gematria」，「ThROA」的數字值是671，等於61乘11。61是「AIN」，「無有」或「零」；11則是意味「魔法擴展」的數字。所以在此方面，「ThROA」也宣示著相同的教理，乃是對宇宙及其源頭、模式與目的之唯一令人滿意的哲學解釋[註17]。

請別認為我是在嘲笑上文的內容。它其實非常清晰明白，且十足地克氏風格。我能理解這段文字（在某種程度上），而若有足夠的時間（中間可以休息用餐），也能對任何才智不差的人解說明白。然而，近三十年前，當我頭一次讀它時，可簡直有如天書一般。我對喀巴拉的世界劃分和「以諾派」（Enochian）的三十重天毫無概念，對魔法會社也完全不瞭。我沒辦法順順當當讀完一頁《托特之書》，而不見它提及我聞所未聞的事物，或是我手邊沒有的參考書。

托特牌的繪製者哈利斯夫人，也和我同樣昏頭轉向。在一九三九年一月寫給克勞利的信中，她表達了她的挫折感。

> 提到你的書——我猜我知道，對生手而言，梵文寫的東西還好讀些；而任何讀這些書的人，腦袋都會炸掉。因此明智之人（像是本人）會一點一點地讀，而且只能在自覺堅強之時[註18]。

《托特之書》的大半篇幅都是如此。它是一部無與倫比的傑作，也是托特塔羅的完美手冊。然而，後者可以在被取出盒子的瞬間領略欣

賞，前者卻需要你投資可觀的時間及鑽研。

多年以後我才瞭解，要是我對克勞利的魔法人生多知道一點點，多瞭解一點點他革命性的心靈世界觀和預言式的靈視，多瞭解一點點占星學、一點點喀巴拉、一點點煉金術，再對「金色黎明」和「生命之樹」多知道一點點，《托特之書》和托特塔羅很快就會吐露許多最重要的奧祕。我需要的是另一本書——它的標題想必應是「在開始研究艾利斯特·克勞利的托特塔羅之前，你應該知道的一點點事情」。

對我而言遺憾的是，那時並沒有這樣的書。但願，現在有了。

第 2 章

克勞利與金色黎明會

ALEISTER CROWLEY AND THE
GOLDEN DAWN

在塑造克勞利生涯的影響力中,「漢密特金色黎明會」超越了所有其他
世俗的事件。一旦接觸了該會的喀巴拉階層及哲學體系,和它的魔法施
習及儀式,他便全然脫胎換骨了[註19]。

顯然若要開始理解克勞利的托特塔羅，我們首先該對克勞利有一點點瞭解。我沒忘記自己在前一章說過，「一點點」資訊很有幫助，但我仍得坦承，當主題是「克勞利」時，一點點知識可能是非常危險的。對克勞利僅僅略有所知的人，在他有生之年無情地詆毀他，而且直到今天仍在這麼做；而銅板的另一面是，也有些對他稍有所聞的人，卻成了速成的「篤信者」，他們模仿他所有的偏執與惡習，並熱烈地崇拜他，彷彿他是一位全知且永不出錯的神明。這兩種觀點都十分謬誤且危險。我是說真的：吾人需要極其大量的資訊，才能對這位複雜而特出的人物獲致公平合理的瞭解。

遺憾的是，這裡的篇幅並不允許我們對克勞利多采多姿的人生——他在塵世七十二年的冒險，做一番徹底的檢視和恰當的辯護。對於想要深入探究的讀者，有四本傳記是我十分樂意推薦的[註20]。書名列在本書最後的參考書目中。

可以理解，許多讀者並不想（或無法）研讀這些書籍，而大家在「克勞利教育」上的這個缺口，也不該阻礙你們使用並欣賞托特塔羅。我真希望自己能打破文學禮儀的所有規範，就直接這樣說：「各位，在這件事上請相信我，我對克勞利極其瞭解。他並不完美，事實上，他有時候還可怕得很！但是，儘管他行為乖張，缺點一大堆，他的靈性探索卻是真誠而成功的，不下於有史以來的任何人。就此著眼，在某種非常真實的意義上，他可以說是個聖徒。他所留下的大量文字資料中，有著無價的寶藏，等待任何願意挖掘的人去發現。

艾利斯特·克勞利原名愛德華·亞歷山大·克勞利（Edward Alexander Crowley），一八七五年十月十二日出生於英格蘭瓦立克郡的利明頓（Leamington），其父愛德華·克勞利是位富有的釀酒商，母親名叫艾蜜莉·柏莎·畢夏（Emily Bertha Bishop）。他的父親是極度

保守的清教徒「普利茅斯弟兄會」（Plymouth Brethren）重要成員達秘（John Nelson Darby）的追隨者，也是該會的非神職傳教士；而母親艾蜜莉則是同一教會的熱心（克勞利描繪為「狂熱」）信徒。

小亞歷士是個病歪歪的孩子，為了克服健康上的缺陷，他努力從事健行和攀岩等活動。父母請了好幾位私人家教來教導他，他也上過好幾所私立學校，包括莫爾文（Malvern）學院、唐布里茲（Tonbridge）、伊斯堡（Eastbourne）學院，以及倫敦的國王學院，最後則進了劍橋大學的三一學院。

在劍橋，他綻放為一位多產的詩人，並對煉金術和一切神祕及祕傳事物發展出強烈的興趣。一八九八年十一月在倫敦，他自願入門接受啟蒙，加入「漢密特金色黎明會」（the Hermetic Order of the Golden Dawn）。他選用了「Perdurabo」作為個人的銘言，意思是「我會忍耐到最後」。這個詞的典故來自《馬太福音》第十章第二十二節，對年輕的克勞利即將面對的未來深具預言性，思之令人不寒而慄。原文是：「你們還要因我的名，被眾人恨惡；惟有忍耐到底的，將會得救。」[註21]

儘管克勞利有份促成「金色黎明會」在短短數年後的解散，但該會的組織和學說，終其一生都對他有著重大的影響。它同時也著著實實為他提供了個人靈性進化的藍圖。如我們很快將會看到，「金色黎明」的「春秋分儀式」（Equinox ceremony，此時「大祭司」退位，由新人接任），預示著一項最最深刻的宇宙事件——不過詳情容後再談。

在「金色黎明」的第五階層「小達人」（Adeptus Minor）的修習中，入門者必須以該會借給他們的塔羅牌為藍本，繪製一副自己的牌。這副原始的牌幾乎可以確定是由該會的創始宗師馬瑟斯·麥奎格（S. L. MacGregor Mathers）所設計，而由他的畫家妻子莫伊娜（Moina）繪

製。

在未及十二年的時間當中，這副牌一直是世上最隱密且祕不示人的牌。該會成員都發下重誓，絕不對外透露祕密的通信內容和牌的圖像。作為「小達人」位階的部分責任，克勞利必定也繪製過自己的塔羅牌，而托特塔羅的圖像也紮實地奠基於「金色黎明」的範本上。稍後，當討論個別的牌時，將會反覆參照這些原始的設計。

「金色黎明」的階層體系乃建構於一種喀巴拉的圖表基模，稱為「生命之樹」（見第九十九頁，圖二十一）。在我們研究托特塔羅及克勞利的靈修生涯時，這張圖表會變得十分重要。「生命之樹」包含十個「薩弗洛斯」（sephiroth；其單數形為「薩弗拉」，sephira (註22)）——意即至上本體的「發散體」（或說是其各個面向）。這十個「薩弗洛斯」可以被視為意識的各個階層——最低者（第十個）為物質層面，而最高者（第一個）則為神性的至高意識。在我們肉身冒險的歷程中，每一個人都以某種方式，最終「攀爬」上這棵樹，到達更為精微的意識層次，直到最後獲致與神性的合一，和終極的靈性解脫。

塔羅乃是這「生命之樹」的完美表現。每個牌組的一號牌都代表最高的「薩弗拉」（一號），而各牌組的二、三、四、五、六、七、八、九和十號牌則各自代表「生命樹」上相應的「薩弗拉」。

此外，還有二十二條路徑連結著這十個「薩弗洛斯」，以利修行者攀爬此樹。塔羅中的二十二張大牌，便代表著這二十二條路徑。在第九章，我們將會更詳盡地探討這「生命之樹」。這兒只需記住，「生命樹」的十個「薩弗洛斯」和二十二條路徑，乃是瞭解克勞利之魔法生涯及事業的關鍵，同時也是理解托特塔羅的鑰匙。

第 3 章

夫人與野獸

THE LADY AND THE BEAST

請不要說，艾利斯特，「喜歡我一點點」。如果我可以冀望這樣的地位，你是我的朋友，而當我的朋友冒犯於我，我是沒法記得的。他們始終是那錐尖、那眼、那匯結點，從中生發出我所有的生之樂趣[註23]。

──哈利斯致克勞利，一九四○年一月二十八日

佛瑞妲‧哈利斯是位「夫人」嗎？當然是。不過，我們應該知道關於她的一點點資訊，首先就是她的「夫人」頭銜。在文書資料中，她幾乎總是被稱為「佛瑞妲‧哈利斯夫人」，然而，這嚴格說來並不正確。英國古書收藏家暨克勞利／哈利斯學者克萊夫‧哈潑（Clive Harper）在給我的信中如此寫道：

　　[佛瑞妲‧哈利斯的丈夫]波西‧哈利斯（Percy Harris）在一九三二年被封為「從男爵」（baronet）——從男爵的爵位可以被想成一種可繼承的「爵士」頭銜。他在一九四〇年被任命為樞密院顧問，因而有資格被稱為「某某閣下」（The Right Honourable……），然而嚴格說來，這是一種職銜，而非貴族的尊銜。從男爵的妻子的確享有「夫人」的尊銜，但是作為波西‧哈利斯爵士的妻子，她應該被稱為「哈利斯夫人」。「佛瑞妲‧哈利斯夫人」這個稱呼，只有在她是——舉例來說——公爵的女兒，從父親那兒得來的尊銜，才會是正確的。要是她和丈夫離了婚，她正確的稱呼應該是「佛瑞妲‧哈利斯夫人」。現在很顯然是她自己用了「佛瑞妲‧哈利斯夫人」這個稱號，而她當然知道這類事情的禮規。我們只能懷疑，她並不介意讓人以為她出身於貴族世家，而不僅僅是一位從男爵的分居妻子[註24]。

　　關於哈利斯夫人與克勞利的私人關係，現存的資訊十分稀少。在我心中，這或許是個只能由E‧M‧佛斯特（E.M. Forster）寫出，而由默臣－艾佛利（Merchant-Ivory）拍成電影的故事（譯註：E‧M‧佛斯特為著名英國小說家，曾有多部小說改編成電影，包括《印度之旅》、《窗外有藍天》、《墨利斯的情人》……等；而「默臣－艾佛利」其實是兩個人：電影界的黃金拍檔—製片伊斯曼‧默臣和導演詹姆士‧艾佛利，兩人合作拍攝了多部膾炙人口的電影，其中由佛斯特小說改編的就有三部）。我

能想像出這部電影的預告片……弦樂四重奏響起！

　　英國下議院議員、勢力龐大的自由黨黨鞭波西・艾佛烈・哈利斯爵士閣下之妻、思想開放的倫敦社交名媛暨超現實主義畫家佛瑞妲・哈利斯，神祕地陷入了聲名狼籍的黑魔法師艾利斯特・克勞利的魔咒之下。克勞利是當時英國最受詆毀污衊之人，但哈利斯夫人無視於社交上的可能後果，成為他的魔法門徒 (註25)，並同意將自己豐沛的繪畫才華，投注於一項奇異而艱鉅的任務。她將在克勞利的主導下，以七十八幅水彩畫，展現他精彩驚人、時而令人生畏的靈視異象，以古老原型的塔羅圖像，投射出大自然的魔法與靈性驅力。

　　忠於其藝術電影的氛圍，這齣傳奇大戲的高潮是在戰時，倫敦兵馬倥傯的背景下上演的──滿載部隊的火車、糧食配給、警報尖鳴、突襲轟炸，以及燈火管制的一片漆黑──其浪漫實非筆墨所能形容。

　　然而，實情並非全然如此。首先，為了公平追念這兩位才華橫溢且多彩多姿的人物，我們必須記得，兩人當時都已年屆六旬。儘管有種種謠傳，但克勞利日漸下坡的健康，和哈利斯夫人能見度極高的社交日程表，都使得兩人之間的合作關係，不太可能是瘋狂激情而曖昧不倫的歡會。

　　其次，事實上是哈利斯──而非克勞利──首先提議，請克勞利重行設計傳統的塔羅圖像，並為之撰寫一本書，而由她繪製牌面。克勞利乾脆俐落地拒絕了。他建議，他們只消「找到現有的最好的一副舊牌，稍加校訂、修正，再重新繪製就行了。」(註26) 他估計，像這樣的計畫，只要六個月便能完成。然而哈利斯卻很固執，她堅持要克勞利撰寫一本詳盡的塔羅書，而由她繪製一套全新的塔羅圖像，作為這本新書的插圖。最後，她做了一項克勞利無法拒絕的提議。她每週付他兩英鎊的津貼，向他學

習魔法。克勞利當時已然破產，便只得默許了。

哈利斯是透過藝術家友人暨倫敦社交名媛葛瑞塔·瓦倫泰（Greta Valentine）的引介，認識克勞利的，而這三人全都是藝文雜誌《*The Golden Hind*》前編輯克利弗·巴克斯（Clifford Bax）的共同朋友。

哈利斯是共濟會分支(Co-Mason)的成員[註27]，對祕傳主題和儀式運作並不陌生，但是在此計畫之初，她對魔法完全是個新手，更不是什麼塔羅專家。儘管如此，她說她感受到「神聖守護天使」（Holy Guardian Angel，[註28]）的驅策，要創造出最能精確傳達每張塔羅牌最深刻魔法及靈性意涵的圖像。她悉心研讀克勞利的《分點》（*The Equinox*）期刊，徹底熟習傳統的塔羅圖像及書中的描述。她孜孜不倦地按照克勞利的素描和註解繪製牌面，爲了滿足他的要求，即使一張牌重繪達八次之多，也不以爲苦。

克勞利展現了一種在他個人身上十分罕見的溫厚坦率，欣然承認哈利斯的才華驅使他將每張牌理解爲一幅獨特的傑作，才是推動這項浩大工程臻於完成的驅動力，這是她的精力，而非他的。這確實是兩位才情豐沛且熱烈積極的藝術家之間，一種活力盎然的夥伴關係。

但是，在哈利斯繪製這些牌時，自認是個優秀的直覺系畫家的克勞利，是否曾經試圖影響她的畫風呢？答案是肯定是的，尤其是在計畫的早期，當時佛瑞妲明顯傾向於某種表現方式，可能會使托特牌看起來完全不像塔羅牌。一九三九年十二月十九日，克勞利寫了一封信給哈利斯，討論她爲「調節」牌（Adjustment，相當於傳統塔羅中的「正義」）繪製的作品，以及她對畫出臉孔的恐懼。信的內容提供我們一點概念，如果克勞利不曾明快表態，托特塔羅可能會走上何種方向。他同時也以典型的克氏誇張修辭，大肆撻伐哈利斯的朋友圈──這些人當時正影響著

她的藝術態度：

　　妳對於「沒有形狀和臉孔」的感覺，只不過是現代靈魂病態
的症狀。這是對自身的創造力缺乏信心。這是同性戀──就這
個國家中所瞭解的──的根源，也是這一切瘋狂運動的由來，
什麼新托瑪斯主義者（Neo-Thomists）、道德重整運動份子
（Buchmanites）、達達主義者（Dadaists），還有超現實主義
者……。畢卡索已經做得很夠了：他試圖畫一張椅子，卻不能是任
何特定的椅子，因此必須沒有顏色、沒有形狀，但由於每一張椅子，
為了要是張椅子，就得有承載人體的地方，於是他畫了一條水平
線。但這是形上學，不是藝術；這些半無性、半腦殘的人，被虛弱的
思想等級搞得病病奄奄，我不相信他們當中有任何人能指揮艾賽特
巡洋艦，或是阿賈克斯和阿基里斯戰艦，而任何沒本領做到此事的
人，就根本算不上是男人；他或許是某種軟趴趴的布丁──我對布
丁是沒意見啦，但是這些厭惡簡單明瞭的人也厭惡男子氣概，他們
為自己編織出一張手淫的齷齪之網；這些人是從「生命之樹」脫落
的莢殼，是令人厭憎之物的幼蟲。妳算是倒了楣，才會摻和上這些
人，又沒受過妥善的臨床訓練，好讓妳能診斷出他們的病症；他們
是有一點兒小聰明，但卻欠缺任何視野的寬度或均衡感，也缺乏空
間感，以及對大自然和新鮮空氣的感覺。

　　……我必須強調，這種對臉孔的恐懼，乃是懦弱卑怯的可怕徵
候。將表情與道德概念連結起來，無疑是一種自然的本能。而妳現
在所要描繪的，正是道德上──或者更正確地說，是魔法上的概
念。在這張特定的牌中，這還不是如此重要，因為「正義」牌在傳統
上就是盲眼的；但是另一方面，把臉蒙住暗示著欺瞞，而這正是此
牌意圖的絕對反面；它是「宗教審訊」中的靈體，是頭戴罩巾、主持

他們所謂「正義」的祕密法官。公正不倚是個動人的概念，但是當這公正之人可能是邪惡的魔鬼所扮，它可幫不了妳太大的忙[註30]。

你何不告訴我們你真正的感覺，克勞利先生！

哈利斯夫人至少曾在三個場合展示過她的塔羅畫作：一九四一年六月，在牛津的藍道夫酒店（Randolph Hotel）、一九四二年七月，在倫敦戴維斯街的柏克萊藝廊（Berkeley Galleries）、一九四二年八月，在倫敦干德街的英國皇家水彩畫家學會（Royal Society of Painters in Water Colours）。在哈利斯的堅持下，克勞利都沒有出席，他的名字也完全不曾出現在展覽簡介中[註31]。

一九四四年，克勞利發表了初版的《托特之書》，也就是以這些牌作為插圖的塔羅及魔法教本。一位年輕的美國軍官葛雷狄·L·麥克莫崔中尉（Lieutenant Grady L. McMurtry，[註32]）曾就此書及其他幾項計畫，提供克勞利財務上的協助。他同時也是克勞利的魔法會社「東方聖殿會」的成員。一九六九年，在克勞利和哈利斯均已辭世後，他還協助安排這七十八幅畫作進行照相製版，以塔羅牌的形式出版發行[註33]。

麥克莫崔是我訪談過的人當中，唯一真正見過哈利斯夫人的。他與她初次見面，是在克勞利位於倫敦皮卡迪里（Piccadilly）哲麥街（Jermyn Street）九十三號的寓所。沒過多久，克勞利便搬離城市，遷居英格蘭南部的白金漢郡。麥克莫崔後來又在哈利斯的倫敦宅邸，見過她一次。那是一次短暫的會面，但是他對這段往事的描述（我至少聽他說過五、六遍），卻能讓人活靈活現地窺見哈利斯的性格，以及當時的時代氣圍，我實在忍不住要在此覆述一次。如果我對麥克莫崔津津樂道的這段往事的回憶，與克勞利的傳記作者所瞭解的客觀史實有所出入，還望他們多多包涵。

那是一九四四年五月下旬，距離他奔赴前線參與諾曼第登陸戰，只有不到兩個星期。麥克莫崔中尉來到白金漢郡艾斯敦柯林頓（Aston Clinton）村的貝爾客棧（the Bell Inn），造訪客居此處的克勞利。由於麥克莫崔能夠調用吉普車和汽油，克勞利便問他能否將一些文件帶到倫敦交給哈利斯夫人。麥克莫崔對於能夠再次見到哈利斯頗感興奮，便欣然同意了。

當他來到倫敦市區馬里波恩大街（Marylebone High Street）德文郡路（Devonshire Terrace）三號的哈利斯宅邸時，已是入夜時分，整個城市因為燈火管制而漆黑一片。當麥克莫崔走近大門，他聽見屋中傳出甜美的琴聲，彈奏著德布西的「月光」。（麥克莫崔告訴我，他還記得當時心裡想著，自己製造了何種突兀的對比——一個穿著軍靴的瘦削美國軍官，站在如此風雅的聚會門前）。他敲了門，一位身穿晚宴裝的男士很快便來應了門。屋裡顯然正在舉行派對，還請來了鋼琴師娛樂賓客。麥克莫崔道明來意，對方請他在門口稍候。不一會兒，哈利斯夫人開了門，她禮貌地招呼他，道謝收下他帶來的文件。接著，當她正要關上大門，她回頭片刻，凝望著派對中溫暖明亮的氛圍——安靜的談話、德布西的音樂……。有一瞬間，麥克莫崔確定她要邀請他進門了。但她轉回身來看著他，看看他的制服和軍靴，說道：「你想必能夠理解，是吧！我沒法邀你進來。這會大大破壞這個夜晚的氣氛。」

有種荒誕的說法是，克勞利因為托特塔羅的銷售所得發了財，而哈利斯夫人則未受到肯定，也不曾獲得酬勞。事實不然。哈利斯和克勞利在有生之年，都未能看見這些畫作以塔羅牌的形式呈現，更別提在金錢上獲利了[註34]。克勞利於一九四七年十二月過世，在他死前幾天，哈利斯曾去探視他，但他已認不得她了。她成為克勞利遺囑的共同執行人，也是出席他葬禮的寥寥數人之一。她還在自己倫敦的家中，為他舉辦了一場

鋪張的守靈會。

　　當波西·哈利斯爵士在一九五二年過世後，佛瑞妲·哈利斯夫人遷居喀什米爾的首府斯里那加（Srinagar Kashmir），在一座船屋上度過餘年，並以出售畫作及寫作所得貼補她不很寬裕的收入。與謠傳相反的是，「夫人」並沒有貧困潦倒而死，也不曾後悔她與「野獸」的交往。在一九五八年給英國友人的一封信中，她提到一位名叫夏鮑（Shabau）的喀什米爾紳士，當她描述此人的優缺點時，充滿感情地將他的性格與克勞利做了對比：

　　　　但是夏鮑還在這兒。他沒能力說實話，除了關於上帝，而這點我又完全沒法證明。不過他還真是迷人，雖然有時我有點厭倦他天真的想法和道德上的狹隘，而深深懷念起克勞利——他是如此ＸＸ地聰明機敏，而又狂放不羈，毫不受限 (註35)。

　　佛瑞妲·哈利斯逝世於一九六二年。向來以鮮少說人好話聞名的克勞利，十分破例地在《托特之書》的人物註腳中，對她大大讚頌了一番：

　　　　她將全副才華投注於托特牌中。她以不可思議的速度抓住了節奏，又以無與倫比的耐心，甘受她自己招來的狂熱奴役者屢屢修改，一張牌往往得要重繪達八次之多，直到符合他的精鋼量尺的標準！但願她貯存在這座「真與美的寶庫」中這份熱烈的「意志下的愛」（love under will），能從她的作品「輝煌」（Splendour）和「力量」（Strength）中流溢而出，啟迪這個世界；但願這副塔羅牌能成為「新紀元」英勇水手們的航海圖，引領他們駛過「理解之海」，來到「金字塔之城」（the City of the Pyramids，(註36)）！

第 4 章

藝術風格

THE ART

為何我沒有活生生的火焰,可以如音樂般編織這些美。我無法以顏料
辦到。我要詩和音樂和光,而非粉彩畫筆。

——哈利斯致克勞利,日期不詳

當我們問，是什麼令托特塔羅如此獨特？頭一個也是最顯而易見的答案，就是它的藝術風格。如果我們對這些令人驚嘆的紙牌，就只欣賞這一點，也足以令我們引述那句老套的台詞：「我對藝術或許所知不多，但我知道自己喜歡什麼。」年復一年的銷售數字，證明有為數眾多的人知道他們喜歡這些牌。

托特塔羅牌所展現的，不僅僅是哈利斯夫人對傳統塔羅圖像的巧妙呈現，對之細加調整，以反映一種對自我及自然宇宙之較為現代的理解。任何稱職的畫家，只要依循克勞利的指示都能做到這樣。哈利斯卻超越了克勞利最狂誕的期待，確實將克氏心靈教旨的微言大義，吸納入她風格的紋理中。它是藝術技巧與最深刻的密契心法之至高結合。

哈利斯風格的特點，在於她將「投影幾何」（projective geometry，[註38]）的數學概念轉換為圖像。投影幾何是歐幾里德幾何學的一種延展，在一九三〇年代中期，成為奧地利哲學家魯道夫·史坦納（Rudolf Steiner）的追隨者的研究焦點[註39]。在她開始繪製托特塔羅的三年前，哈利斯從師於史坦納最出色的兩位學生喬治·亞當斯（George Adams）和奧利夫·惠區（Olive Whicher），並很快便忙著將理論數學移轉到畫布上。

投影幾何假設，在一個中心點和無限遠的面（圓心和圓周）之間，有不只一個極。

由於「時－空」的脆弱性（若非完全不存在），它容許中心點與無限的空間可以佔據同一位置。然而，無論理解投影幾何對我們而言是多麼困難（或多麼不重要），我們都看見它精彩絕倫地展現在哈利斯的作品中，在她對線條、網絡、弧形、漩渦、扭轉，與角度的運用，將它們延伸並彼此重疊，或以其他方式組合起來，在視覺上重新界定空間的紋理。每

當我們凝視這些牌，便會不由自主地超越心中的向度侷限，暫時置身於某種環境。在此，無限的深度可以和無限的投影同時並存。

如果克勞利曾為她的工作給付任何酬勞，我們必須說，必定都是物超所值。她的繪畫風格不僅令這些牌美得懾人，透過吸納投影幾何的工具，她也向克氏「新紀元」宇宙論的「神祇」致上了最深的敬意。

「神祇？」、「新紀元的宇宙論？」你或許在想，這一切開始聽起來像是某種加州新興怪咖宗教。的確，許多航行在克勞利之海的人，就是在這類術語的暗礁上擱淺滅頂的。不過你可以放心的是，克勞利所謂的「新紀元神祇」，並非如同傳統宗教灌輸給我們的，是某種神學上的人物，而只是針對自然力量與原則的方便用語——由於人類意識的進展，我們得以較前人更為清晰地理解它們。

這些靈性意識上的轉變，在托特塔羅中被轉譯為精彩驚人的圖像，而這份靈性的訊息，也正是托特牌與過去的塔羅牌之區隔所在。因此，我們有必要具備一點點關於「新紀元」的知識，並認識一部重要的著作《律法之書》（*The Book of the Law*）——克勞利相信，此書乃是對此一嶄新時代的根本揭示。

第 **5** 章

先知與律法之書

THE PROPHET AND THE
BOOK OF THE LAW

噢！你被征服了：我們壓倒了你；我們的喜樂遍佈於你：歡呼！歡呼！努
的先知！哈地的先知！拉—胡爾—庫的先知！歡欣鼓舞吧！快快進入我
們的榮光與狂喜！進入我們熱情的和平，並為諸王寫下甜美的字句〔註
40〕。

我明白在許多人看來，這所謂的「新紀元」和「意識轉移」等等話題，似乎和塔羅牌一點關係也沒有。不過我向你保證，這些和「托特塔羅」大有關係。本書若要能名符其實，不負書名所做的承諾，就務必令讀者瞭解使托特牌之所以為托特牌的關鍵要素。其中最重要的，就在於某一本小書所揭示的革命性論述，以及克勞利自稱為「先知」的奇特主張。

我承認，在我開始探索托特塔羅之初，當我得知克勞利自視為某種「先知」，而這些牌可能便是他怪誕（或許還很危險）的新心靈運動之圖解教本時，我感到十分不安。關於克勞利，我曾讀過一些極為不堪的描述，而我當然不想浪費時間，或因涉足「黑暗勢力」而危及我的靈魂。

我很快便明瞭，如果這其中有任何「黑暗」，那是存在於我自身的恐懼之中，而非《律法之書》，或是托特塔羅七十八張彩繪的牌。正如涉及克勞利的多數狀況，事情往往並非第一眼看來那樣——不過，或許是的。他就像是個古怪的叔叔，要你通過某種耐力或勇氣的考驗，然後給你糖果作為獎賞。你到日後才會發現，真正的獎賞並非糖果，而是培養耐力與勇氣的無價報酬。

一九〇四年四月八到十日，在埃及開羅的一所公寓中，克勞利接收（通靈）到《*Liber AL vel Legis*》，即《律法之書》。這是本奇異的小書，包含了短短三章的散文詩。接收《律法之書》的詳情極為有趣，但遺憾的是此處的篇幅不容許我詳加細述。這是克勞利的靈性生涯中饒富趣味的篇章，想要瞭解更多的讀者，我推薦大家閱讀《諸神之分點》（*The Equinox of the Gods*，暫譯[註41]）這本書，或是其他優秀的克勞利傳記。

簡短地說，克勞利和妻子蘿絲（Rose）在開羅度蜜月時，蘿絲突然進入恍惚狀態，宣稱自己在為古埃及的幾位神祇發聲，尤其是荷魯斯

（Horus）。起初克勞利將這些「訊息」斥爲無稽。然而在長達數小時的詳細詰問後，他確定蘿絲不可能具備足夠的專門知識，來僞造這次的「通靈」。

克勞利偕同蘿絲來到開羅的布拉克（Boulak）博物館，好讓她確切指認是哪位神祇令她傳遞訊息。蘿絲略過較爲通俗的荷魯斯神像，興奮地指認一塊年代約在第二十五到二十六王朝的簡單木碑，上頭的神像就是神諭的來源。那是安卡阿夫納庫蘇（Ankh-af-na-khonsu）的墓碑，他是歷經數代帝王的著名政治宗教人物。這塊木碑後來被稱爲「昭示之碑」（The Stèle of Revealing，見封面裡圖一），它催生了一系列超自然及魔法事件。最後的高潮，即是克勞利接收到《律法之書》。

「爲所欲爲，即是全部的律法。」、「愛即律法，意志下的愛。」這是《律法之書》中，兩句最爲人熟悉的雋語。這裡的「律法」係指「泰勒瑪」（Thelema，即希臘文「意志」）的律法。

本質上，此書的訊息很簡單。它宣示「新紀元」的來臨，在此紀元中，舊時代的靈性律則將被修正，以配合人類擴展了的意識。該書第一章的第三詩篇宣告，「每個男女都是一顆星星。」十分簡潔地描述了我們自我定位的根本轉變，而這也正是人類進化之新時代的特徵。我們不再必須將自身視爲冰冷、黑暗的「衛星」，無助地繞著家庭、部落、民族、宗教，或國家的「太陽」打轉，仰賴它們賜予光源和固定的人生軌道。

現在，「個人」被承認，是社會最主要且突出的單元。現在人類可以覺醒，看清這個解放人心的事實：我們每個人都是一顆星星，和天上的星星一般獨特，且會燦爛發光。我們無須再拚命嘗試理解神的意志，然後笨拙地試圖配合它；現在我們每個人都必須認清，當我們的意志被妥善地理解並執行，便已然與天意和諧一致。換言之，在這個時代，人類的

神聖使命是去發現自己的道途，而非無時無刻地在猜測神要你做什麼，然後期望自己猜對了。

　　或許，《律法之書》最重要的特點，也就是將它與所有其他「聖書」區隔開來的特質，是沒有人被允許向他人詮釋它的蘊義。無論是牧師、教士、政客、教授，還是哲學家，都不得自以為是，告訴任何人這本書裡任何話語的意義。這有效地遏止了教條、偏執和一言堂的形成，這是過去那些「偉大」宗教的詛咒，貽禍至今，仍不斷挑動著全球各地的宗教衝突。

　　《律法之書》的三位「神祇」，便是「昭示之碑」上的主要人物；他們代表宇宙的抽象動力，分別是努特（Nuit，有時又拼作「Nu」或「Nuith」），無限空間的女神，無窮擴展之宇宙的化身（註42）、哈地德（Hadit，有時又拼作「Had」或「Hadith」），位居努特的中心，乃無限收縮之點的化身（註43），以及他們的孩子拉－胡爾－庫特（Ra-Hoor-Khuit，有時又拼作「Ra-Hoor-Khu-it」、「Ra-Hoor-Khu」、「Ra Hoor Khut」或「Ra-Hoor-Khut」），也就是「昭示之碑」中坐在祭壇後方的王座上，生著鷹頭的神祇。

　　非常真實地，這三位神祇可說是「投影幾何」之關鍵元素的化身：努特是圓周，哈地德是圓心，而拉－胡爾－庫特則是當圓周與圓心同時佔據同一位置時，所創造出來的超越「存在」。努特是無限的「外」，而哈地德是無限的「內」，他倆同樣無所不在，緊鎖在無窮的擁抱中。這是宇宙級別的做愛，而拉－胡爾－庫特即為此一結合的產物。

　　《律法之書》提及了幾張個別的塔羅牌，內容十分有趣，不過這部分我們留待本書的第二單元再談。

埃及神祇和投影幾何，對一本塔羅書而言，似乎是相當沉重的主題。當我使用「神祇」或「女神」這樣的詞彙時，有些讀者甚至會感到不自在。不過請瞭解，當我使用這些詞，我並不是指可能會與你的宗教或心靈世界觀有所抵觸的神靈，它們只是方便用語，指涉生活中自然的（甚至是數學上的）事實，它們是實相之結構如此根本的要素，稱之為「神祇」亦不為過。

那麼，艾利斯特‧克勞利又怎會成了「先知」？我們說的是同一個克勞利嗎？那個當衛道的法國當局用無花果葉狀的青銅飾板，遮住王爾德墓園中石雕天使的生殖器，便跑去把它鑿掉，還意猶未盡地把鑿下來的飾板貼在胯前，昂首闊步走進皇家咖啡館，將它獻給雕塑家雅各‧伊普斯坦（Jacob Epstein），而引起藝文圈一片譁然的克勞利？我們說的是那個語不驚人死不休，開玩笑說自己在一次登山冒險時，把兩名喜瑪拉雅土著腳伕殺來吃掉的克勞利[註44]？你要我們相信，這個勾引過好幾打男女的驚世駭俗的浪蕩子，會是一位先知？

《律法之書》以毫不模稜的語句，宣告「書記」（Scribe，即克勞利，或以克勞利之名為世人所知的靈體）是由人類進化的靈性力量所挑選出來的先知，其使命是將「新紀元」的好消息傳達給世界。對許多人而言，「先知」這個詞帶有沉重的宗派包袱。然而，我向你保證，當我稱克勞利為先知，我的意思僅僅是，他是一個（如同所有時代及文化中的薩滿巫師）在某些條件下，能夠察見形塑人類靈性進化的偉大無形力量及事件，然後為之發聲的人。

這些力量和事件，並非任何特定宗教或文化運動之轄屬。它們實則是人類不斷變化之觀點的象徵性表現。此種觀點，隨著我們對周遭宇宙之理解的增進，而變得更為正確；此種觀點會不斷變化，時而幽微，時而

激進，是我們意識進化無可避免的結果。

克勞利的揭示（如果我們選擇如此稱呼它），在本質上根本不是揭示，而是對生命某些靈性事實的一種認識——某些普世性的事實，我們每個人只要願意，都能認識；如果對語言的運用夠純熟，也都能對他人宣講。

我常聽到克勞利的批評者，以及那些因為各式各樣的理由而懼怕他的人說，他不可能是先知，因為他是如此敗德而邪惡。由於每個人對於怎樣算是敗德、邪惡，自有定見，要爭辯這點也是無益，不如討論敗德邪惡之人是否就一定不能當先知，或許還比較有建設性。

讀讀《聖經》就很清楚，先知其實是很人性的，日子也是有晴有雨。舉例而言，當先知以利沙（Elisha）遇上糟糕的日子，瞧瞧《聖經》是怎麼說的：

> 他（以利沙）從那裡上伯特利去，正上去的時候，有些童子從城裡出來，戲笑他說：「禿頭的上去罷！禿頭的上去罷！」他回頭看見，就奉耶和華的名咒詛他們。於是有兩個母熊從林中出來，撕裂他們中間四十二個童子(註45)。

的確，克勞利可以和任何人一樣心胸狹窄、殘酷刻薄。許多他引以為樂的行徑，是我們多數人不願仿效的。然而，在他聲名狼籍的漫長人生中，卻從未幹過任何嚴重到足以遭到逮捕的惡行，更別說是只因為人家嘲笑他的髮型，便施展法力，殘殺四十二個無辜孩童的窮凶巨惡了。

儘管我們可能勉強同意，所有的先知都是驚世駭俗的瘋狂角色，但這並不表示，所有瘋狂危險的人物都是先知。克勞利還擁有何種其他資格，能在二十世紀的轉折點，令天意挑選他擔任「新紀元」的先知呢？

在我看來，他的性格、人品，甚至唯我獨尊的狂傲自負，全都加總起來，使他成為現代先知的完美人選。

· 他是位大膽熱情的靈性追尋者，甫一成年便鄭重立誓，要獲致至高的靈性啓悟；

· 他是位非凡的詩人，精通將抽象概念轉化為語言意象的藝術；

· 他（不下於當時任何人）熟知東西方的神祇、宗教與神話。這給了他豐富的語彙和意象，讓多種文化和宗教背景的人們都能理解。

最重要地：

· 他恰好活在人類意識的重大轉變，即將戲劇化地改變世界的時刻；

· 他足夠敏感，得以察覺這種變化，並擁有語言技巧去加以傳達；

· 他願意承受譴責、奚落、財務的崩潰、個人的悲劇，和事業上的詆毀，來告訴世人這份訊息。

你大可主張克勞利缺點多多，是個徹頭徹尾的混蛋，是令人鄙夷的危險人物。然而，儘管有種種缺陷，在我看來，他顯然擁有成為先知的所有要素。先知不必是完美的；先知不必被人喜愛；先知不必受人歡迎；先知不必是無害的。先知必須具備的，是對真理的洞察，以及不計後果，為這份真理發聲的勇氣。

第 **6** 章

荷魯斯紀元

THE AEON OF HORUS

廢除一切儀式、一切罪苦、一切文字和符號。在「諸神之分點」，拉－胡爾－庫特已在東方即位了[註46]。

任何對托特塔羅稍稍認眞地感興趣的人，一定會留意到它不同於其他傳統塔羅牌的幾處重要特色。首先，每個牌組的四張宮廷牌變成了「騎士」、「王后」、「王子」和「公主」，而非傳統的「國王」、「王后」、「騎士」和「侍衛」。針對這項改變，克勞利做了十分有趣的說明，我會在第十一章中詳細討論。

　　他同時也對四張大阿卡納牌做了非常重大的更動。這四張牌過去稱爲「正義」、「力量」、「節制」，和「審判」（或「最後審判」），在托特塔羅中，則分別成爲「調節」（Adjustment）、「慾望」（Lust）、「藝術」（Art）和「新紀元」（The Aeon）。克勞利解釋，這些新標題更爲精確地傳達了這幾張牌的要義。稍後我們就會探討這一點。

　　儘管名稱改變了，哈利斯夫人爲「調節」、「慾望」和「藝術」這三張牌繪製的基本圖像，與它們的傳統版本多少是一致的。然而取代「最後審判」的「新紀元」，卻完全是另一回事了。原始的版本畫著一位吹著號角的天使，在最後審判日將死者從墳墓中喚醒；而「新紀元」則以風格化的美麗圖像，展現了「昭示之碑」和《律法之書》的幾位神祇：無限空間的女神「努特」、無限收縮之點的神祇「哈地德」，以及兩者的結晶「拉－胡爾－庫特」（荷魯斯，[註47]）。這項改變，不僅徹底與傳統的「審判」牌做出了區隔，也在托特塔羅其他的牌中投映出較爲微妙的變化。

　　是什麼原因，要讓這張牌如此戲劇化地偏離「審判」牌的傳統圖像？據克勞利的說法，這種改變之所以必要，是因爲舊版「最後審判」所描述的靈性事件已然發生，而「新紀元」取而代之，闡釋舊時代轉變爲新紀元的決定性時刻。

　　許多塔羅愛好者明白，塔羅是一種不斷演進的靈性有機體，對他們而言，托特塔羅所展現的改變，乃是合乎邏輯且令人歡迎的改進。然而，

也有人覺得這副牌違逆了他們的靈性世界觀。此牌係由邪惡的克勞利所創造，這一事實只會加深他們不安的疑慮。這種態度，在我看來是很遺憾的。在接下來的幾頁中，我將盡我所能，來緩解許多人或許仍然留存的疑慮。

　　傳統塔羅的大阿卡納牌，充滿了《聖經》與希臘羅馬等古典題材，以及似乎是從中世紀或文藝復興的街頭劇場直接搬過來的人物「卡司」。在「戀人」牌中，我們發現了伊甸園中的亞當和夏娃，而「塔」牌則描繪著巴別塔的毀滅；「命運之輪」展現了先知以西結（Ezekiel）的轉輪異象，而他見到的四種動物，在「大祭司」[註48]和「宇宙」牌中都曾現身。月神黛安娜化身為「女祭司」，普羅米修斯則成了「魔法師」。此外，我們也看見了「皇帝」和他的「弄臣」，還有「教皇」（即「大祭司」）、「隱士」、「吊人」、「死神」，以及「惡魔」本尊。

　　也有一些大阿卡納牌是「天體之牌」：「太陽」、「星星」、「月亮」，以及「宇宙」……。看到這些牌，即使是占星新手，也能在二十二張大牌中找到那七顆傳統的「行星」，以及黃道十二星座（見第七章）。當我們拿起一副塔羅牌，就是把整個宇宙握在了手中。天堂與地獄、教會與邦國、恆星與行星、元素與原則，甚至古代的神祇……，全都存在於這七十八張紙牌中。數世紀以來，塔羅始終是西方最為風行的占卜工具，也就不足為奇了。

　　此外還有一個舉足輕重的主題，貫穿著傳統的大阿卡納圖像。此一主題的劇本創生於《新約聖經》最後一篇，也就是最為神祕的聖約翰〈啟示錄〉。在這兒，我們頭一次見到「審判」牌中吹著號角的天使，還有「皇后」，她顯然便是那位「身披日頭，腳踏月亮，頭戴十二星的冠冕」的婦人（〈啟示錄〉第十二章第一節）。「騎在朱紅色的獸上」的女子（〈啟示錄〉第十七章第三節），在「力量」（「慾望」）牌中現了身；而那位

「右腳踏海，左腳踏地」的天使（〈啓示錄〉第十章第二節），則是「節制」（「藝術」）牌的經典圖像[註49]。

目前有許多聖經學者都在重新評估關於〈啓示錄〉的理論——它究竟成書於何時，原本又試圖傳達什麼？越來越多的學者已有共識，聖約翰事實上描述的（以當時讀者所能理解的隱晦意象）並非千禧年的世界末日，而是西元七十二年，終結猶太人起義的血腥大屠殺。

儘管如此，聖約翰的〈啓示錄〉究竟是「末日異象」的預言，抑或是以密碼精心編寫的內部記錄，其實並不重要。這並不改變此一事實：兩千年來，〈啓示錄〉的文字和意象，已經深深烙印在西方文明的精神意識中。我們或許永遠不知道此書背後真正的故事，但它已成為一則神話，而神話遠比歷史更真實。

無論聖約翰原本試圖傳達什麼，對於真誠的求道者和宗教勒索者，他的〈啓示錄〉都方便地提供了一套奇詭的語彙，傳達著恐怖與希望——在世界被烈火毀滅的那一天[註50]，站在永恆審判的神座前，思忖人類自身的渺小、無力所引發的深切驚恐；以及解脫於過去的恐懼和不公，對來日美好永生的希望。聖約翰的〈啓示錄〉無疑成功地激起了恐怖之感，不過它唯一的缺點是未能告訴我們，此一「世界末日」其實並非真的「世界末日」。

那麼傳統的「最後審判」牌究竟意味著什麼？反諷的是，克勞利告訴我們，它確實是在描繪世界被烈火摧毀，而這件大事發生在一九〇四年三月二十日，在開羅的一間公寓裡，當「力與火之神」荷魯斯在「諸神之分點」（the Equinox of the Gods）承襲了其父的王位。此一事件，標記了垂死之神歐西里斯（Osiris）的靈性世界之終結，以及「荷魯斯紀元」的誕生。

克勞利告訴我們，在人類的記憶中，曾經有過三個紀元。為了行文方便，他以古埃及的三位主神來標記它們：伊西斯女神、她的丈夫／兄長歐西里斯，以及他們的兒子荷魯斯[註51]。我們剛剛進入了「荷魯斯紀元」，它取代了「歐西里斯紀元」，而後者則是接續在「伊西斯紀元」之後。

紀元的更迭，並非肇因於某種天界的戰爭，或是星象上的事件。事實上，它們只是人類意識進化的結果。顯然此種變異必須是普世且根本的：某種我們大多數人都雨露均霑的事物，簡單到像是我們如何感知自身與太陽的關係。

沒錯，正是簡單若此（也深刻若此）。而托特塔羅，如同任何藝術或文學作品，反映著此一進化新步伐的動力。讓我們簡短地審視過去的兩個紀元，看看我們與太陽的關係是如何發展的，而它又如何影響著我們祖先的精神生活。以下的段落節錄自我的另一本著作《新千禧年的天使、魔鬼與神祇》（*Angels, Demons, and Gods of the New Millennium*，暫譯）。

伊西斯紀元——偉大女神信仰
THE AEON OF ISIS—The Formula of the Great Goddess

要精確指出「伊西斯紀元」的起始點幾乎是不可能的……考古證據顯示，「偉大女神崇拜」可遠溯至「獅子座時代」（大約西元前10,996～8,830年）。在那個時期，人類正努力嘗試建立社會互動，而最能激發想像、最令人敬畏的奧祕，便是女性的力量。在所有可觀察的現象中，女人是與「神」最相近的了。每一個月，呼應著月圓的循環韻律，她都會流血。而奇蹟似地，她卻不會死去。當流血的週期停止，她的身體起了變化，乳

房和腹肚不斷漲大，持續九個月，直到爆出羊水和新的生命。

由於最早的女神崇拜者，尚不知性行爲與生育之間的因果關係，似乎女性便是人類生命的單一源頭。她賦予生命的力量，尚且不限於經血和生育，她的乳房還會泌出乳汁，一種營養豐富的白色「血液」，滋養並哺育著她所創造的新生命。女性便是大地的化身，後者似乎自然而然地生發著人類生存所需的動植物。這似乎是不證自明的生命事實……大地即母親……母親即生命……神即女性。與「偉大女神信仰」保持和諧是如此簡單，而普世皆認爲生命和滋養乃是直接來自大地與女性，一切事務、魔法施爲及宗教儀式若想成功，都必須向她致敬。

這種世界觀是如此深刻地銘印在人類遠祖的心靈中，在他們解開生育之謎、明白嬰兒是怎麼來的之後很久很久，仍然頑強地堅守著女神崇拜的外在形式，並以之作爲一切社會及宗教制度的基礎。然而，隨著我們對周遭宇宙的認識逐漸增加，我們終於得面對一種更爲複雜的世界觀，以及令人不安的新謎團。

歐西里斯紀元──垂死神祇信仰
THE AEON OF OSIRIS─The Formula of the Dying God

雖然「垂死神祇信仰」在宗教及習俗中具體成形，是在「雙魚座」的星象時代（西元前166年～西元後2,000年），但是「歐西里斯紀元」的肇始，年代卻久遠得多。

農業社會的到來，使得人類對於季節的循環，必須有更爲精確的知識。歐西里斯時代的農人開始認知到陽光對農作物的作用，以及缺乏陽光的影響。他們觀察到，在一年的某些時期，白晝會變短，穀物無法生

長。最後他們明瞭，雖然生命是從大地生發出來，但為之注入生命力的至高創造能量，卻來自太陽。與這項發現大約同時，人們也普遍認識到男性在生殖過程中，扮演的重要角色。正如植物的生命需要溫暖而具穿透力的陽光，才能茂盛滋長；女人也需要男性的精液，才能生兒育女。迄今為止都不為人知的父性概念，至此變成壓倒性的主題。「歐西里斯紀元」真正開始，是當我們的祖先抬頭望天，醒悟到地球上的生命乃是太陽與大地合作的產物，而人類的生命則是男女性結合的產物。然而，這種合作關係並不被視為平等——男性的反撲是嚴酷而毫不留情的。現在的神是男性，是父親，他的力量被比擬為太陽。

儘管這種意識的移轉，乃是基於我們對生命事實較為正確的評估（較之我們在「伊西斯紀元」所理解的），但它卻還是不夠正確。這種宇宙觀有某種缺陷，將我們「歐西里斯紀元」的祖先投入了一種黑暗恐怖的不安全感危機，它對人類的創傷如此之巨，我們至今仍飽受其苦。這種在理解上的根本瑕疵，致使我們將關注的焦點，從生之奧祕移轉到對死亡的執迷。

造成此種不幸誤解的核心信仰是，每個黎明太陽會在東方「出生」，傍晚則在西方「死去」。人們拚命思索，死去的太陽在暗夜中去了哪兒，而新的太陽是否真的會在東方出現。或許它去了亡者的國度，我們在每天夜裡小小的「睡之死」中，也會暫時造訪那兒。夢境的恐怖與狂喜，形成了地獄與天堂的原型，而在我們死後，還有誰能比死去的太陽——創造、滋養我們塵世生命的太陽——更能評斷我們的價值呢？這正是歐西里斯在埃及神話中扮演的角色，也正是基督在基督教中的角色。

太陽每個年度的「越軌行為」，造成了更多的焦慮，也為人們的恐懼火上添油。每年夏天，從太陽威力達到顛峰的那天起，它每天升起和沉落的位置，都比前一天偏南一點點 [註52]。在收成時節，白天明顯變得較

短，收割後的空曠田野鬼影幢幢，襯托著光禿禿的樹木和枯黃的草地，描繪出一幅憂鬱而駭人的瀕死自然寫真。太陽每天都會完全消失一段時間，已經夠令人不安了，要是它繼續往南走，直到夜晚變得永無止盡，在新的太陽出現之前，這個世界能在冰冷的黑暗中苟延殘喘多久呢？

為了安撫被這些沉思冥想所摧殘的神經，幾位智者深吸一口氣，試圖著眼於宏觀的局面。沒錯，太陽每晚都會在西方死去，但是多年的觀察，以及社群中最年老成員的見證都指出，沒人記得太陽未曾在一定的時間後，不再從東方升起；沒錯，太陽的確每年都會有段時間漸漸變弱，幾乎死去，但是同樣的觀察和證言也都顯示，太陽最終都會逆轉它南向的旅程，白天再次變長，直到一輪新的生命循環重回大地。基於人們所能掌握的最佳資訊，他們做出結論，有某種魔力、某種未知的超自然力量，主導著太陽的復活。他們更進一步推測，此種魔力的祕密，必定埋藏在太陽本身的特質之中，如果能與這種特質和諧一致，那麼他們或許也能克服死亡。

他們放眼望去，自然界到處上演著類似太陽的「生／活／死／復活」的循環。他們觀察到，植物在春天發芽，冒出地面，並在夏季的長日與暖陽中抽高茁壯。接著到了秋天，當植物成熟到最高點，它們結出種子，然後死去，或是在收成時節被收割下來。在杳無生氣的漫長冬日，種子隨同大地，如同死了般被掩埋起來，但當雨水和逐漸變長的日照將土壤轉化為溫暖潮濕的子宮，它們卻又再度復活。

他們同時也觀察到，在動物或人類腐敗遺骸附近，或是潑灑了大量鮮血的土地上，植物生長得特別快速。相對於月經的「女性與月亮」之奧祕，這個神奇的現象可不就是「男性與太陽」的版本？我們「歐西里斯紀元」遠祖豐富的想像力，不曾忽略「太陽與陰莖」，以及「陽光與精液」

之間的類比，而精液令女性受孕的力量，也被連結到鮮血令土壤肥沃的作用。一種（與太陽之祕密性質相應的）新的「生命事實」，遂成為此一紀元的魔法律則：生命來自於死亡。

為了配合此一新的律則，人們有必要在這齣偉大的生／死劇碼中扮演主動的角色。對於「歐西里斯紀元」最早期的先民，活人獻祭便是至高無上的模擬劇，仿效太陽每日每年對大地的獻祭。它同時也演示了陽具在射精之後力量痿弱的犧牲，以及種子如獻祭般的死亡、埋葬與復活。在未播種或剛播種的田地潑灑人血，能使收成顯著增加。此種血腥的宗教表現形式，最令人安慰的利益在於這個無可否認的事實：只要人們持續獻祭，太陽便始終會在早晨升起，每年也會終止南行，回返正軌，帶來春天和夏天。這使得揮舞獻祭之刃的祭司們，掌握了極大的權力。他們將自身置於人與神之間，暗示自己執掌著令太陽重生的職責。隨著每個黎明降臨，他們變得越發位高權重。

在全球各地，每隔一定的時間，人們會在儀式中殺死「神王」，以確保穀物的豐收和人民的福祉。未來的犧牲者名義上雖然是國家元首，但他並非現代意義上的統治者。他乃是太陽的化身，因而是人世間至高無上的君王。他週期性的死亡，以及繼任者的加冕，都是極為莊嚴肅穆的盛典。

「歐西里斯紀元」晚期，獻祭的性質從人血演變為動物的血，然後是麵包和酒。在較具「密契」（mystical）傾向的人群中，獻祭成為一種個人且超越的經驗。儘管如此，此種改變完全無礙於「歐西里斯紀元」的基本魔法準則。「生／活／死／復活」的循環，直到十九世紀末魔法復興的時期，仍然是最具支配性的主題。然而到了此時，舊日的準則不再奠基於錯誤的資訊，而是建構在（對錯誤資訊的）否定上。

荷魯斯紀元——登基得勝之子準則
THE AEON OF HORUS
The Formula of the Crowned and Conquering Child

在我們「伊西斯紀元」的遠祖破解了繁殖之謎後，許久許久，他們仍然緊緊堅持著源自古早年代，人們相信一切生命皆來自女性及大地之時的魔法準則。同樣地，在「歐西里斯紀元」，當地球繞著太陽旋轉早已成為常識之後，許久許久，強大的宗教及政治機構仍繼續執迷於死亡與復活，彷彿他們仍舊相信太陽每天都會死去……。

今天，這個行星上的居民，除了最最與世隔絕或是精神有問題的人外，都不會質疑我們「以太陽為中心的太陽系」之科學「真相」。數百年來，母親們會在床邊安撫她們的小孩，太陽並沒有不見，只是到了地球的另一邊。這個令人心安的簡單事實，就是「荷魯斯紀元」信念的關鍵。這信念並非基於「滋養」，亦非基於生命、災難和復活，而是植基於「持續成長」的魔法。

在「伊西斯紀元」，我們認同於大地。生命奇蹟似地來自大地和女性，一切魔法神靈都是大地女神的各種面向，死亡乃是深不可測的謎。

在「歐西里斯紀元」，我們認同於不斷死而復生的太陽。一切魔法神靈都是偉大父神的各種面向。藉由對信仰、儀式和教義的服從，人們能夠奇蹟似地克服死亡。

到了「荷魯斯紀元」，我們認同於自我發光、永生不死的太陽。一切魔法神靈變成了我們自身的各種面向。我們就像太陽一樣不會死亡，而死亡便如黑夜一般是種幻象。現在生命被視為一種不斷成長的過程，人類發展出一種「永續存在」的意識，最終將會消融死亡的螫刺 [註53]。

重要的是，我們必須記住塔羅的傳統圖像是在「歐西里斯紀元」發展出來的，當時普世之人都相信，太陽每晚都會死去，每天早晨又奇蹟似地重生。舊日的「最後審判」牌，乃是垂死之神的「死亡／重生」主題之完美範例。如我們即將看到，在托特塔羅的「新紀元」牌中，克勞利換掉了昔日信仰的意象（「最後審判日」從墓中復活的死者），代之以新的畫面（「昭示之碑」所描繪的神祇），以反映在新時代肇始時運作的力量——那些體現「新紀元」永續生命信仰的力量。

　　這就是《律法之書》的「好消息」。這就是「荷魯斯紀元」的「好消息」。在以圖像及色彩傳達此一普世預言訊息的嘗試中，托特塔羅可以說是最傑出、最美麗的作品了。每一張牌都像是一扇彩繪玻璃窗，鑲嵌在一座宏偉壯麗的大教堂中，慶頌著不斷進化的人類意識。每一個見到它們的人，都會以不同的方式受到感動。有些人會沉思它們所訴說的故事，有些人則想要細細地剖析每個畫面，也有人只想沐浴在光與色彩之中。然而，沒有人會在離開這座「新紀元」的聖殿時，不曾受到此一經驗的觸動。

第 7 章

靈視與靈聽

THE VISION AND THE VOICE

這就是聖杯的祕密，那神聖的器皿，屬於我們的女主，那猩紅浪女，厭憎之母巴巴隆，混沌的新娘，騎在我們的主人「野獸」身上〔註54〕。

現在我們必須簡短地討論托特塔羅的一個基本要素——對許多人而言，這不僅需要開放的心態，還得要有極大的靈性勇氣。在克勞利有生之年，只有他的一小撮學生能夠理解、領會克氏作品中這個極為重要的面向。遺憾的是，它至今仍是許多爭議和誤解的源頭。

我們之所以對它特別有興趣，是因為托特塔羅的好幾張大阿卡納牌，都是哈利斯夫人對克氏一系列繁複而奇特的靈視，所做的戲劇化呈現。這些靈視的異象以象徵和文字，傳達著終結一個靈性紀元、並開啟另一個紀元的種種巨大驅力之特質的變遷。這些異象，有些美麗得令人迷醉，有些卻陰森可怖，還有一些似乎幾近瀆神。這一切靈視的異象——就如同古代先知所記述的——需要一把鑰匙來開啟它們的意義。

克勞利小時候，每當他調皮搗蛋，被激怒的母親便會叫他「野獸666」（Beast 666）。長大後，他發現了這個名詞（以及數字）豐富的喀巴拉意涵，便以其祕傳意義作為他人生和作品的標記。對許多人而言，這還真令人困擾與不安。

任何具有基督教背景的人，初見克勞利駭人聽聞的用字和意象時會驚駭退縮，是很可以理解的。這些詞彙包括，「野獸666」、「猩紅浪女」（Scarlet Woman）、「萬有之父混沌」（All-Father Chaos）、「巴比倫娼婦」（Whore of Babylon），以及「聖徒之血」（Blood of the Saints）……。這些陰森的「褻瀆」字眼，固然有效地篩除了心志不堅的淺嘗者（以及所有因迷信而選擇自我蒙蔽的人），卻也同時對任何夠勇敢、夠執著，願意做一點點研究（和一點點沉思冥想）的人，提供了光輝燦爛而裨益良多的靈性寶藏。

如我們在上一章討論過，克勞利教導世人，我們正站在一個新時代的門檻——這個時期，將帶給我們深刻的知性與靈性成長，及自我實

現。為了闡釋在此關鍵時刻發揮作用的進化驅力，他使用了一種可敬又可貴（但也易被誤解）的文學手法。他從埃及、印度、希臘、希伯來和基督教神話體系，借用了許多世人耳熟能詳的詞彙、意象、靈視異象和人物，變更了它們的性質和意義，藉以將一種新的訊息傳達給現代的男男女女——其快速擴展的意識，已讓他們有能力體察，僅僅數代之前的求道者仍無法理解的客觀心靈實相。

換句話說，克勞利借用了諸如「巴比倫娼婦」和「野獸666」等舊日的駭人概念，然後以自己的方式變更它們的意義，以表現神聖崇高的事物——如同「奧西里斯紀元」的聖母與聖子那般聖潔莊嚴的概念。他這麼做，並非是作為一種冷血的智力操練，而是透過親身體驗了一系列由儀式引發的靈視異象——這些異象以他極其熟稔的聖經意象語言（正好也是西方世界大多數人所熟悉的語彙），向他傳達了這些真理[註55]。

這些靈視當中，最重要的應屬一九〇〇年十一月他在墨西哥登山時，以及一九〇九年十一月二十三日到十二月十九日徒步橫越北非撒哈拉沙漠時所經驗到的異象。這三十次靈視經驗的記錄，首次發表於一九一一年春季出版的《書卷418：靈視與靈聽》（*Liber 418: The Vision and the Voice*），作為《分點》期刊的附錄[註56]。它們是「泰勒瑪」心靈教義的源頭與關鍵，其中包含了幾乎被所有人誤解的「巴巴隆女神」及「萬有之父混沌」的諸神譜系[註57]。

不消說，這些靈視是極度個人的，而且在某個層面上，它們是在處理克勞利自身的靈修生涯。但在另一層面（也是我們應該特別關心的），它們同時也是在此人類進化的關鍵時刻，攸關全人類及全世界正在經歷的普世啟蒙之真理揭示。

克勞利以與「金色黎明會」的十個位階相同的漸進階層——它們代

表攀上「生命之樹」的精神進程——將這些靈性啟蒙事件加以分類。這十個階層全都很重要，代表著人類意識的各個層次，不過其中的第五階和第八階，更是靈性回歸道途上的主要地標，亦是克勞利在《托特之書》中經常提及的。

在第五階層「小達人」（Adeptus Minor）中，求道者達成與「神聖守護天使」的合一。人人都有一位「神聖守護天使」，是對每個人都獨一無二的靈體，是我們在修持道途上的伙伴、老師和嚮導[註58]。我在第十一章中，將會進一步討論「神聖守護天使」。

第八階層「聖殿法師」（Magister Templi 或 Master of the Temple）是最令人害怕的，而且——

> 代表我們肉身生命最為深刻的單一時刻。唯有當入門者到達某種高層的意識狀態，為了更上層樓，必須棄絕一切自我認同及感知的老舊機制時才會面對。它實實在在意味著滅絕[註59]此人迄今認為是自身人格及自我之構成要素的一切一切[註60]。

換言之，你無法帶著任何非屬「你」之本質的事物越過「深淵」（the Abyss）。

現在，在你絕望放棄、要將這一切斥為十九世紀某個由怪胎組成的邪教所編織的錯綜複雜的可笑妄想之前，請暫停一下，記住「守護天使」和「深淵」這類的詞彙只不過是方便用語，用以傳達普世的靈性經驗，它們在其他時代和文化中，是以其他的名稱為人所知。一旦掌握了基本的概念，我們便會在《吠陀經》（*Vadas*）、《奧義書》（*Upanishads*）、《迦勒底神諭》（*Chaldean Oracles*）、《漢密斯的翡翠碑》（*Emerald Tablet of Hermes*）、柏拉圖、蘇格拉底，甚至新舊約《聖經》中發現「守護天使」和「深淵」。無論這些靈性傳承如何呈現其義理，無論它們

選擇用何種詞彙來爲之標記，每一個人（實則爲進化中的意識的每個單元），最終都將與「天使」結合，並面對「深淵」的考驗。

即便如此，若你質疑我們爲何要關心某個怪人的奇異幻覺——此人在道德上可能令人反感，所使用的意象語彙又對世上各大宗教多有冒犯，甚至其神智是否健全也有待爭議——也是很可理解的。我必須承認，我也是在多年之後，才開始領略《靈視與靈聽》的原型精義，並瞭解到我是多麼幸運，能夠擁有這樣一份文獻。一旦甩脫了些許迷信和恐懼，細細檢驗克勞利的象徵意象和文字，我發現它不僅是一份靈性冒險的例證，雄辯流暢且多彩多姿地呈現了一位前輩的啓蒙歷程，對我自身的修行旅程，也是一份寶貴的地圖。

但願我有足夠的篇幅能詳細討論《靈視與靈聽》，不過已經有一本書令人讚嘆地完成這項任務了。那就是克勞利自己撰寫的《靈視與靈聽，附評註及其他資料》（*The Vision and the Voice with Commentary and Other Papers*，暫譯）[註61]。書中深入探討了這些神奇的靈視異象，並生動闡釋了好幾幅塔羅圖像的精神實相。

希望這個章節能夠緩解你可能懷藏的任何焦慮，對克氏作品中似乎不斷湧現的「褻瀆」語彙之真實精神本質不再心存疑懼，而你現在也已經做好準備，要無所畏懼地學習更多關於托特塔羅的知識，不會被「巴比倫娼婦」、「野獸」、「聖徒之血」、「猩紅浪女」、「混沌」或「厭憎之母」這類的字眼給嚇跑。

第 **8** 章

薔薇十字的祕密

SECRETS OF THE
ROSE CROSS BACK

我們在所有真正的薔薇十字道友胸前看見的，不就是這個標誌嗎？牢牢持守這個珍寶，如同性命般珍愛它，因為它的善德既多且鉅……〔註62〕

讀者諸君或許會感到奇怪，我爲何要用一整章的篇幅，來討論托特塔羅七十八張牌背面的圖案（見封面內頁圖二）。還請諸君容我細細道來，我以相當程度的信心向各位保證，你們的耐心將有所回報。

　　對我而言，裝飾著每張牌背面的美麗薔薇十字圖案，正是托特塔羅最先吸引我的地方。那是哈利斯夫人對「漢密特」傳承之薔薇十字標記（見封底內頁圖三）的詮釋，亦堪稱是整副牌中最具辨識度的特徵。作爲一名年輕的塔羅熱愛者，我還曾協助友人複製這個圖案，製作成彩繪玻璃窗，也因而對此設計的每個細節都極其熟稔。

　　即便當我還是個初學者，我就清楚看出，那十字標記四臂末端的紅、藍、黃、綠方塊，可能代表塔羅牌的四個牌組「權杖」、「聖杯」、「寶劍」和「圓盤」；而薔薇的二十二片花瓣，則代表二十二張大牌。在某次會所聚會(註63)之後的一個下午，正當我沾沾自喜地和另一位新入門者談論這些心得，卻被一位年長的資深會員結結實實地訓斥了一頓。他用凝重的目光牢牢盯著我，以極其嚴肅的語氣對我說：「你才只瞥見最初的曙光哩！」

　　我天真地朝他笑了起來，倒並非出於不敬，而是因爲他的語調措辭是如此戲劇化而陳腔老套，我認爲他一定是在搞笑。但他並不覺得有趣。「跟我來！」他說。我知道我有麻煩了，心裡很害怕。我跟隨他走出會所，一心以爲自己會被擲入「永恆的黑暗」中。不過他並沒有這麼做，而是走了半條街，來到他停車的所在。我笨拙地試圖道歉，但我想他沒聽見。他打開後車廂，從一口皮箱中取出一個深紫色的絲絨袋子。他解開編成穗子的金色繫帶，取出一個大約十三公分長的金色薔薇十字架。那十字架繫在一條藍色緞帶上，尺寸比例和哈利斯所繪的十字一模一樣，但卻飾有更多彩色的紋理。他一言不發，只是將它舉在我眼前二、三十公分處，讓它在午後的陽光中緩緩旋轉、擺盪。

它美得難描難繪。薔薇上的每片花瓣都以鮮豔的琺瑯上了色，並以對比色彩呈現出型態精美的希伯來字母。十字的四臂上都繪著一個特定顏色的五角星，周圍環繞著火、水、風、土、靈的元素符號。每條十字臂末端的三瓣葉片上，裝飾著鹽、汞和硫的煉金術符號。薔薇正下方的白色方塊中央，則有一個六角星，每個角都著上了不同的顏色，並標註著行星的符號。

　　這個物件顯然是由巧手匠人所製。正面唯一閃現金光的部位，是薔薇二十二片花瓣邊緣突起的輪廓（可能是以金絲製成）。每片花瓣都一絲不苟地填滿了飽滿圓潤的彩色琺瑯，宛如寶石般熠熠生輝。

　　十字架的背面則完全未上琺瑯，只把金色表面拋光成鏡面，上頭鐫刻了文字。我的街頭引領人並未讓我看清上頭寫了什麼[註64]，只讓我目瞪口呆地瞻仰了幾秒鐘，顯然很滿意地對我說：「這就是『薔薇十字』。一切都在這兒了！」然後就將它放回袋中，關上了後車廂。

　　我不久便得知，這是「金色黎明會」的成員所佩戴的一種個人標章，在完成「小達人」階層之後便會獲頒（也就是他們被要求自行繪製塔羅牌的同一階層）。然後，隨著時間過去，我逐漸瞭解到，它並不僅僅是一個色彩繽紛的裝飾品，或是某種兄弟會的位階徽章。若能徹底理解它，這「薔薇十字」同時可以作為進入西方神祕學殿堂的門戶、鎖和鑰匙。毫不誇張地說，它和「生命之樹」（我們將在下一章中討論）可以一併作為塔羅提綱挈領的目錄。

神聖喀巴拉
THE HOLY QABALAH

如我先前說過，每當我們拿起一副塔羅牌，就等於是將整個宇宙握在手中。宇宙如何創生、如何存續，以及你我在其中的位置……，這種種奧祕，自人類意識萌芽以來，始終都是愚人和聖徒靈性追尋的目標。幾世紀來，希伯來密契學者與智哲發展出了一套獨特的靈性科學，稱為「喀巴拉」(註65)。

「喀巴拉」並非宗教、哲學或學說。它是一種思考方式，一種看待世界的方法，是一種方便法門，讓我們得以分析、檢視並組織這個宇宙和我們自身。它是一種工具，我們可以藉著它來連結宇宙中的萬事萬物。在這個神奇的法門中，數字是基本的運作工具，而「喀巴拉」宇宙論中某些最重要的數字，也正是構建塔羅的基礎數字。

「噢！」我聽見你在哀嚎了。「別又來數學了！你說過後面再沒數學的！」別擔心。儘管克勞利說過，塔羅「是被設計來作為喀巴拉的計算及占卜之實用工具，」(註66)儘管他用了《托特之書》第一部分整整四十八頁的篇幅，試圖說服我們，喀巴拉對於理解塔羅有多重要；我並不會強迫大家，太過深入地潛進喀巴拉的水域中。不過，我們還是得把腳沾濕，因為我們至少得對塔羅與喀巴拉的關係有些非常基本的認識，否則根本無法開始理解克勞利的托特塔羅。所以，請戴上你的猶太小帽，為自己煮杯咖啡。這是個奇妙的故事，而「薔薇十字」將幫助我們訴說它。

讓我們從一切的中心開始──我真的是說「一切的中心」。

原點
THE POINT

圖4　原點

　　在哈利斯夫人繪製的圖案中，我們幾乎很難看見位於圖案中央、小薔薇中心那個小小的白點（如果你看不見這個點，它應該是在那兒的！）這個白點象徵純粹存在的光燦原點，沒有體積，也沒（尚未）有位置。它事實上根本不是一個點，而是一種蓄藏無窮潛能的狀態。它是造物肇始之前的創造種籽。我們很快地就會看到，這個點乃是一個不可思議的釘子，將小薔薇釘在小十字上，同時也將小薔薇十字釘附在大薔薇十字上。

　　這個點從何而來，單只此一問題便是無上的奧祕，而喀巴拉學者更飛昇到令人暈眩的高度，不斷思索、辯論，試圖理解並解釋它。有種十分風行的理論，是在探討「空無」（nothingness）之三種不可思議的特質。在創世之前的黎明期，由於某種原因，它們最後聚焦（或收縮）為一個點。喀巴拉學者稱之為「空無」的三重帷幕，即：Ain、Ain Soph和Ain Soph Aur。

　　Ain——אין——此種「空無」乃是如此徹底的空無，它否定了「無即『有』之不存」的概念。（換句話說，我們甚至無法說：「這是空無。」因為在此種「空無」中，既沒有「這」，也沒有「是」）

　　Ain Soph——אין סוף——「無限的空無」（被界定的「空無」）。現在「這是空無」這句陳述中，有了一個「這」。

Ain Soph Aur——אין סוף אור——「無限的光」（真實的虛空）。現在「這是空無」這句陳述中，有了「這」和「是」。

我無意把讀者更深入地拽進這些朦朧玄奧的冥思之中。我之所以提起它，只是因為我們即將會看見，有一張塔羅牌——「愚人」——體現了這種（這些）奇妙的空無狀態。不過我們很快就會遇見「愚人」了，且讓我們先回到「原點」。

顯然，要掌握這個先於存在之點的真實本質是不可能的，但它卻是絕對神性的精髓和本體。它同時也是你的祕密自我之精髓和本體——那個真正的你，存在於你誤以為你所是的一切事物的中心。如果你真正理解了這個點的本質，你便理解了自身及神性的本質。

繪圖藝術家或攝影師會告訴我們，這個巨大而複雜的「漢密特薔薇十字」乃是從此一中心點向外發展出來的。若是一位電影導演試圖解說這個概念，他可能一開始會給這個點一個特寫，然後慢慢拉遠鏡頭，展現這個十字是如何發展出各式各樣的構成要素。我們則不這麼做。

要真正看見並理解這個偉大設計的精髓，我們必須進入這個點。我們必須推近想像力的攝影鏡頭，越過圓周，越過白色的空無，進入造物種籽的核心。

立方石
THE CUBIC STONE

圖5　立方石

當「空無」的薄霧消散，我們便看見一個立方體的形象，看來像是一顆素樸的白石頭。古人以一顆立方體的白石頭來象徵這個「原點」，其中涵藏著一切造物的潛能。當我們停下來思索片刻，一個立方體是如何建構起來的，我們便窺見了喀巴拉的第一個大祕密，以及下面這個問題的答案：塔羅為何有二十二張大牌？

首先，要成為立方體，一個點必須向三個維度擴展：上下、左右和前後。

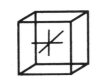

圖6　立方體的構造

這三個維度創造出七個方位（中央和六個面），繼而創造出十二個邊（3+7+12=22）。喀巴拉傳統 [註67] 告訴我們，神便是依此創造出希伯來文的二十二個神聖字母，藉以將一切造物在語言上整理排序，進入存有。希伯來字母分為三類：三個「母字母」（mother letters，被分派給三種原始元素）、七個「雙重字母」（double letters，分派給古人所知的七顆行星），以及十二個「簡單字母」（simple letters，分派給黃道的十二星座）。

表1 希伯來字母的分類，以及與元素、行星及星座的對應關係

三個母字母 3 Mother Letters	七個雙重字母 7 Double Letters	七個雙重字母 7 Double Letters
א Aleph 風	ב Beth 水星	ה Hé 牡羊座
מ Mem 水	ג Gimel 月亮	ו Vau 金牛座
ש Shin 火	ד Daleth 金星	ז Zain 雙子座
	כ Kaph 木星	ח Cheth 巨蟹座
	火星	ט Teth 獅子座
	ר Resh 太陽	י Yod 處女座
	ת 土星	ל Lamed 天秤座
		נ Nun 天蠍座
		ס Samekh 射手座
		ע Ayin 魔羯座
		צ Tzaddi 水瓶座
		ק Qoph 雙魚座

　　只要這個立方體是密封的，創造的過程便還「蓄勢待發」，而這二十二個具有魔力的數字——這些維度、方位和概念——便還懸浮在一種孵化中的潛能的狀態。它們就像是橡實中心那個看不見的胚芽，隨著未來橡樹的永恆潛能而悸動著。為了令此密封的立方體開啟創造的過程，它必須將自我獻祭於十字架上，像是一顆宇宙爆米花般迸裂開來。

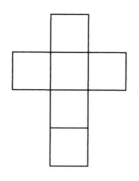

圖7　展開的立方體——黃金十字

造物肇始，我們從潛能移轉到現實，白色立方體就像一顆有生命的石頭，開展成為由六個正方形構成的金色十字。一旦開展，它便顯露了它祕密的寶藏——一朵五瓣薔薇。

圖8　五瓣薔薇

　　自遠古以來，人類便以數字「五」來象徵「小宇宙」——人類的小世界（五根手指、五官、頭及四肢……等等），以「六」來象徵「大宇宙」——神靈的大世界 [註68]。在意象的語言中，「釘在六面十字上的五瓣薔薇」即是一種陳述，告訴我們：作為人類，我們無可分割地連結著較大的世界，也就是神靈的宏大實相。如其在上，如其在下；小宇宙完美地反映著大宇宙；亞當是依上帝的形象所造……，以此類推。

　　你或許會問，如果我們是如此之完美狀態的完美映象，為何世事似乎如此不完美？為何會有死亡和苦難？為何會有戰爭？為何會有跳蚤和黑寡婦蜘蛛？為何會有壞膽固醇？答案很簡單，但我們大多數人並未準備好接受它。

我們已經——就在此時此地——是完美神性的完美映象了。問題在於，我們完全不知道自己真正是「誰」，或真正是「什麼」。我們所認識的自己——那個會哭會笑，會踢疼腳趾、陷入愛河、輸輸贏贏、有生有死的實體——並非真正的我們。我們是某種與我們所能想像的任何事物全然不同、也奇妙得多的存在。

發現我們的「人性之五」的薔薇，乃是與「神性之六」的十字結合在一起的事實，乃是每個求道者的首要目標。接下來的（也是最後的）目標，則是完全認同於我們的祕密自我，徹底瞭解我們其實非「五」亦非「六」，而是偉大宏美的「十一」。這項任務，由於沒有更好的名稱，我們姑且稱之為「偉大的工作」。

存有之薔薇十字
THE ROSE CROSS OF BEING

這個小薔薇十字，乃是存有之謎的無上標記，也是「薔薇世界」與「十字世界」之間——亦即你、我，與包羅萬有的巨大宇宙之間——的「公分母」。它是純粹存在的單一光點，從薔薇與十字的中心綻放光芒。

當原初存在的立方石砰然迸裂，創造出「存有的薔薇十字」（我們將會如此稱呼它），一連串無可遏止的事件便被啟動了。「存有」現在必須擠出空間，開展自己。接下來，方位、維度、時間和空間必須加入創造的循環。四根綠芒從薔薇後面向四方輻射而出，彷彿在對「存有」說道：「既然有了你——這兒是讓你容身的地方。」

二十二張大牌
THE TWENTY-TWO TRUMPS

圖9　存有之薔薇十字

　　「存有之小薔薇十字」現在滋生出一朵較大的（就圖形而言）薔薇。此際，迄今仍屬潛藏特質的「3」、「7」和「12」迸發而爲實相，而二十二張塔羅的大牌也就分三階段綻放出來，成爲「顯化之大薔薇」（Rose of Manifestation）的二十二片花瓣。

　　首先以黃、藍、紅三原色（primary colors）綻放的是「愚人」、「吊人」和「新紀元」。此三者體現了希伯來文的三個「母字母」，以及風、水、火三種初始元素（註69）的力量與特質。

圖10　元素大牌的三片花瓣

接下來是以彩虹的原色及二次色（secondary colors）——即紅、橙、黃、綠、藍、靛、紫——綻放的七張牌：「塔」、「太陽」、「魔法師」、「皇后」、「女祭司」、「宇宙」和「命運」。這七張牌體現著希伯來文的七個「雙重字母」，以及古代的七顆行星——火星、太陽、水星、金星、月亮、土星和木星——的力量與特質。

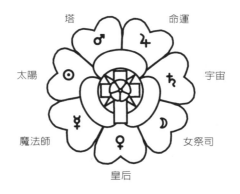

圖11　行星大牌的七片花瓣

　　最後是以原色、二次色及中間色（intermediate colors）——即紅、橙紅、橙、琥珀色、黃綠色、翡翠綠、泛綠的黃色、綠藍、藍、靛青、紫羅藍和緋紅紫外光——爭相綻放的十二張牌：「皇帝」、「大祭司」、「戀人」、「戰車」、「慾望」、「隱士」、「調節」、「死神」、「藝術」、「惡魔」、「星星」和「月亮」。這十二張牌體現著希伯來文的十二個「簡單字母」，以及黃道十二星座——牡羊、金牛、雙子、巨蟹、獅子、處女、天秤、天蠍、射手、魔羯、水瓶和雙魚——的力量與特質。

圖12 星座大牌的十二片花瓣

顯化之薔薇十字
THE ROSE CROSS OF MANIFESTATION

受到先前形成「存有之小薔薇十字」的創造動力之驅使，這朵大薔薇也將自身釘在一個尚未展開的大立方體上。為了方便起見，我將此一較大的圖形稱作「顯化的薔薇十字」，因為它展現著外顯宇宙的奧祕——有著種種原則、能量和驅力（由大薔薇的二十二朵花瓣和塔羅大牌所代表），被釘在時間、空間和物質的十字上。這些奧祕，我們很快將會看到，乃是蘊含在塔羅之四個牌組的王牌、宮廷牌和小牌之中。

圖13　顯化之薔薇十字

YHVH與四牌組
YHVH AND THE FOUR SUITS

　　希伯來密契修行者認為，如果將至上存有（繼而是宇宙中的萬事萬物，包括你我）的特質假設性地區分為四個部分，將有助於他們的沉思冥想。為此，他們創造了這樣的概念：唯一的上帝以某種「四重」的模式來運作祂的大能。他們甚至為這位唯一的上帝取了一個由四個字母構成的名字，יהוה　——希伯來字母「Yod Hé Vau Hé」，英文字母則是「YHVH」，一般讀作「耶和華」（Jehovah）。

　　在某種非常真實的意義上，「YHVH」乃是「造物之神」。畢竟，「造物」（即所有被創造之物）乃是我們在地球上，以我們有限的感知能力，承認為我們周遭世界之實相的一切。不過，本書的讀者大都已經有相當的認識，終極實相並不止於我們能以感官感知的事物。這也意味著，在塑造這位「造物之神」的力量和驅力之外、背後和底層，還有宏大得多的實相。

古希臘人為這位「造物之神」起了個名稱，他認為自己是神，但卻太過自我中心，無法瞭解自己也是某種更大的東西創造出來的。他們稱他為「Demiourgos」或「造物主」（demiurge）。宙斯便是一位造物主。宙斯的另一個名字是裘夫（Jove），這個名字以希伯來文拼來相當（令人不舒服地）接近「耶和華」（יהוה）。由於造物主並不確定自身的源頭，他會有一點兒不安全感，也是可以理解的。他甚至可能將自己指稱為一位善妒的神，禁止信眾們崇拜神界裡的任何其他競爭者。嗯嗯！不過我扯遠了。

「ＹＨＶＨ」的體系將大宇宙區分為四個漸次下降的世界：「Atziluth」（註70）——原型的世界，至上神性意識的環境、「Briah」——創造的世界，大天使級驅力的世界、「Yetzirah」——成形的世界，天使級驅力的世界，執行其大天使首領所指派的特定任務，以及「Assiah」——即物質世界。

與此同時，「ＹＨＶＨ」體系亦將小宇宙（以及人類的靈魂）區分為四個漸次下降的層次：「Chiah」——生命力、「Neshamah」——神性的心靈／直覺、「Ruach」——智能，以及「Nephesh」——即動物靈魂。

最後，所有這些「四重」的概念，都可以用隱喻的方式表現為火、水、風、土四種元素，這在塔羅中則以四個牌組來代表：「權杖」、「聖杯」、「寶劍」和「圓盤」。

當我們談到四元素，並非是指建構物質組成的化學元素。我們的意思是，為了分門別類，我們將宇宙中的一切事物區分為四種非常廣泛的類別。任何事物在本質上，都可以被歸類為火象、水象、風象或土象，並歸入「ＹＨＶＨ」和塔羅四牌組所代表的四種類別之一。

表2　塔羅四牌組終極代表上帝之名「YOD HÉ VAU HÉ」，
　　　及其四重創造分類

神之聖名 Great Name	י	ה	ו	ה
元素 Element	火	水	風	土
喀巴拉世界 Qabalistic World	Atziluth 原型之界	Briah 創造之界	Yetzirah 成形之界	Assiah 物質之界
靈魂的部分 Part of Soul	Chiah 生命力	Neshamah 心靈直覺	Ruach 智能	Nephesh 動物靈魂
塔羅四牌組 Four Tarot Suits	權杖 意志	聖杯 瞭解／心靈	寶劍 頭腦／心智	圓盤 情緒／身體

靈
SPIRIT

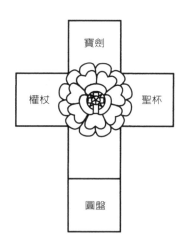

圖14　顯化之薔薇十字上的四個牌組

當我們面向這個大十字，會看見十字的左臂是紅色的，代表火象牌組「權杖」；右臂是藍色，代表水象牌組「聖杯」；上方的臂爲黃色，代表風象牌組「寶劍」；而十字的最下端則是綠色，代表土象牌組「圓盤」。大薔薇正下方有個白色的正方形，代表第五元素——「靈」。沒有任何單一牌組被分派給「靈」，因爲「靈」的影響無所不在，瀰漫在整副牌中——事實上，乃沛然周流於一切造物之中。

在外顯的宇宙，四元素的工作是彼此結合。沒有任何事物是全然的火或水或風或土。即使在物質世界，我們舉目所見也是如此。例如，火山噴發的灼熱岩漿，由於它的熱度，因此屬於火象；由於它會流動，因此也類似水；在本質上它屬於土，卻也會散發蒸汽和瓦斯等氣體。戀人的爭吵是火熱而具有爆炸性的，但由於牽涉情感，因而亦有水的成分；又由於它涉及溝通，而且來得急去得快，因而也具有風的特質。

我們需要某種東西，將這四種元素以無限多樣的比例與組合連結在一起，方能建構這個宇宙。我們也需要某種東西，讓這些元素不致於融混於一爐，把宇宙變成一大坨稀泥。這個「某種東西」便是「靈」，而在象徵的語言中，則是以「五角星形」來表現。

圖15　五角星圖形——靈之於四元素的統御地位

王牌與宮廷牌
THE ACES AND COURT CARDS

在塔羅牌中，每個牌組的王牌都代表最純粹形式的「靈」，而該牌組的四張宮廷牌則居住在各張王牌之中。彷彿當我們在顯微鏡底下觀看一張王牌，便會看見它是由一個火的成分（騎士）、一個水的成分（王后）、一個風的成分（王子），和一個土的成分（公主）所組成。

圖16　五角星圖形──王牌與宮廷牌

圖17　宮廷牌乃是王牌之中各種元素的面向

表3　王牌與宮廷牌的元素配置

	王牌 (牌組的靈之面向)	騎士 (牌組的火之面向)	王后 (牌組的水之面向)	王子 (牌組的風之面向)	公主 (牌組的土之面向)
權杖 (火之牌組)	火之靈	火中之火	火中之水	火中之風	火中之土
聖杯 (水之牌組)	水之靈	水中之火	水中之水	水中之風	水中之土
寶劍 (風之牌組)	風之靈	風中之火	風中之水	風中之風	風中之土
圓盤 (土之牌組)	土之靈	土中之火	土中之水	土中之風	土中之土

　　代表各個牌組之王牌與宮廷牌的四個五角星形，分別位居「顯化之薔薇十字」的四條臂膀上。

　　與其他元素相互結合、融混，以利創造，乃是各個元素的宇宙任務。稍後當我們討論王牌、宮廷牌和小牌時，將會更爲詳盡地闡釋這一點。在「漢密特薔薇十字」圖形中，十字臂膀上四個五角星的顏色，便暗示著此種元素的融混過程：

- 代表火象王牌及宮廷牌的五角星（在十字的左臂）是綠色的，是爲風象之黃色與水象之藍色的組合。

- 代表水象王牌及宮廷牌的五角星（在十字的右臂）是橙色的，是爲風象之黃色與火象之紅色的組合。

- 代表風象王牌及宮廷牌的五角星（在十字的上臂）是紫色的，是爲火象之紅色與水象之藍色的組合。

「寶劍」牌組之
王牌、騎士、王后、王子與公主

「權杖」牌組之
王牌、騎士、王后、王子與公主

「聖杯」牌組之
王牌、騎士、王后、王子與公主

「圓盤」牌組之
王牌、騎士、王后、王子與公主

圖18　四張王牌與十六張宮廷牌

但是，位於十字最下端的土象五角星又如何？

當我們繼續研究塔羅，你將會留意到，幾乎在所有的狀況中，土元素似乎都受到不同於其他元素的特殊待遇，彷彿它是元素家庭中的「繼子」（我無意冒犯繼子繼女）。回想一下，當「大薔薇」初初綻放時，我們並未看見「土」與「火」、「水」和「風」一同顯露，不是嗎？我們很快也會發現，宮廷牌中的「公主」（宮廷家族中的土象面向），並沒有如她的父親（騎士）、母親（王后）和兄弟（王子）一般，各自分配到掌管黃道年度的三十度。這是怎麼回事？「土」真的是一種元素嗎？

這個問題的答案，是塔羅最神奇的奧祕之一；事實上，也是西方「漢密特」體系最重要的祕密之一。克勞利告訴我們：「『降

入物質』（Descent into Matter）的高潮乃是藉由『靈』而復元（redintegration）的信號，此爲普遍的教旨。」[註71]

我知道，這聽來像是本書力圖避免的那種孤傲自賞的克氏風格。好多年來，《托特之書》中的這句話，對我完全像是「有字天書」。我猜想「redintegration」這個字應該是排版錯誤，克勞利的意思應爲「重新整合」（reintegration）。後來我才發現，這個字確實是存在的——它是個非常古舊的字眼，意思是恢復到先前的狀態。這個字的重要性，以及克勞利在上文提及的「教旨」，將會在第十一章（探討「神聖守護天使」）中，以及當我們開始討論個別的牌時，變得較爲清晰。就目前而言，我們只需先知道：「土」乃是宇宙中的「低中之低」，因此，它對「高中之高」特別殊聖，也與之特別緊密相連。

在「漢密特薔薇十字」上，「土象五角星」是純白色的，不過它所在的十字臂柱下端區塊被劃分爲四個部分，分別被塗成黑色、檸檬黃（藍紅黃三色的混合色，但以黃色爲主）、橄欖綠（同樣三種顏色的混合色，但以藍色爲主）和赤褐色（同樣三種顏色的混合色，但以紅色爲主）。

這就彷彿小薔薇中央一開始是純粹白光的小點，通過了一道三稜鏡，散射爲大薔薇光譜上的所有色彩。然後所有的色彩混合再混合，形成造物的所有面向，直到由於其自身的振動重量，它們轉爲黑暗重濁的顏色，沉入了十字的底部。封印它們的五角星是純白色的，彷彿在說：「這團事物或許是低下中的最低下，但它有著其他區塊——除了崇高中之最崇高者——全都沒有的東西，那就是，一切一切事物的一丁點兒。」

大宇宙的六角星
THE MACROCOSMIC HEXAGRAM

　　大薔薇正下方的白色方塊中有一個六角星，中央標示著太陽符號，而周圍則環繞著古人所知的六顆「行星」。這個符號代表「大宇宙」，而將之置於四個代表「小宇宙」的五角星中間，則在某種更高的「音階」上呼應著先前由「小薔薇十字」所傳達的「天人合一」之象徵訊息。讀者若是熟悉「小五角星儀式」（Lesser Ritual of the Pentagram），可能會聯想起《托特之書》的這些字句：「五角星在我周圍燃燒，而柱中則立著六芒之星。」[註72]

圖19　小宇宙的元素五角星；
大宇宙的行星六角星；
五與六的結合，偉大工作的象徵於焉完成

圖20　完整的漢密特薔薇十字

煉金術符號
THE ALCHEMICAL SYMBOLS

　　如果遺漏了「大十字」四臂末端之三重葉瓣上的三個煉金術符號
——硫、汞,和鹽——我們對「漢密特薔薇十字」的探討便不算完整。別
把這三種煉金元素與自然元素「火、水、風、土、靈」混淆了,它們代表三
種彼此互動並相互依存的宇宙特質或原則。克勞利告訴我們:

　　「硫是活動、能量、欲望;汞是流動、智能、傳輸的力量;鹽是這兩
種能量形式的載具,但它本身也具有與此二者互動反應的特質。」[註73]

　　請留意這三種煉金符號,在十字各臂上佔據的葉瓣位置有所不同。
在上下兩臂,位於中央葉瓣的元素是「汞」,顯示該元素在「風/寶劍」
及「土/圓盤」中的支配地位。「鹽」的符號支配著右臂(水/聖杯),而
「硫」的符號則支配著左臂(火/權杖)。

　　每條臂端的次要(左右)葉瓣則由「不那麼具支配性」的煉金元素
符號分別佔據著,並以某種合乎邏輯且均衡和諧的方式排列。這點十
分重要,因為當這三種原則均衡結合,便會創造出某種煉金物質,稱為
「宇宙溶劑」(Vitriol)。當我們研究塔羅的內在機轉時,「宇宙溶劑」
將會變得十分重要。此字為以下這句拉丁文煉金格言開頭字母的組合:
「Visita interiora terrae rectificando invenies occultum lapidem.」
意思是:「探尋那大地的深處,透過粹煉提昇、去蕪存菁,將找到隱匿的
寶石。」在討論大阿卡納牌時,克勞利甚至將三張牌歸給了這三種煉金
元素:「魔法師」是汞,「皇后」是鹽,而「皇帝」則是硫。

　　其他大阿卡納牌亦有其煉金術上的意義。「藝術」等同於「宇宙溶
劑」,而「戀人」、「隱士」、「死神」,和「惡魔」也都在塔羅的煉金術中
扮演舉足輕重的角色。此外,還有一個極其重要的煉金符號,是我們討

論大阿卡納時將會時時見到的——「奧菲克祕卵」（Orphic Egg）。《托特之書》如此描述：「此卵代表歸屬於雌雄原則之下的一切生命之本質。」[註74]

三種屬性
THE THREE GUNAS

由於克勞利提到了印度哲學中的「rajas」，這裡我們有必要簡短討論一下印度宇宙觀的三種「屬性」（gunas）。這三種屬性的概念，幾乎等同於三種煉金元素，分別是「rajas」、「sattvas」和「tamas」（奇異地對應於硫、汞和鹽）。「任何事物之可被論斷的一切特質，」克勞利指出：「皆可歸屬於一種或多種『gunas』：『Tamas』是黑暗、遲鈍、懶散、無知、死亡……，凡此種種；『Rajas』是能量、興奮、火之光耀、躁動不安；『Sattvas』則是冷靜、智能、清晰和均衡。」[註75]

這三種特質乃是普遍存在的，並在一切已顯化的能量中運作著（包括物質和你我）。在任何特定時刻，它們都持續相互抗爭，其中有一方暫居優勢。然而，宇宙的均衡法則不讓任何一種原則領先太久，很快就會有另一方起而代之，享受它的風光片刻。

這種永恆的三方競逐之動力，乃是推動變動不居的宇宙巨輪之驅動力量。在托特塔羅中，第十號牌「命運」優美地闡示了它，牌中的人面獅身獸代表「rajas」（硫）、赫密阿努比斯（Hermanubis）象徵「sattvas」（汞），而堤豐（Typhon）則是「tamas」（鹽）。當我們討論「命運」牌時，將會進一步探討這一點。

有芒刺的薔薇葉
THE BARBED ROSE LEAVES

　　大薔薇後方，有十二片生著芒刺的薔薇葉如光芒般放射而出——共有四片大葉，其兩側各有一片小葉。四片大葉上分別寫著「ＩＮＲＩ」四個字母，以及處女座、天蠍座、太陽，和又一個處女座的占星符號。較小的葉片上，有三片寫著字母「ＬＶＸ」，另外三片則是「ＩＡＯ」。其餘的兩片小葉，則分別寫著又一個字母「Ｉ」，和畫著一個小小的「受難十字」（Calvary Cross）。老實說，對於這兩個看似多餘的符號，以及它們所在的位置，我從未找到令人滿意的解釋。

　　「ＩＮＲＩ」四個字母乃是以下列順序排列在大葉片上：「Ｉ」——左上，「Ｎ」——右上，「Ｒ」——左下，「Ｉ」——右下。「ＩＡＯ」和另一個「Ｉ」係以同樣的順序，標示在大葉片右邊的小葉片上：而「ＬＶＸ」和「受難十字」則以相同的順序，出現在大葉片左邊的小葉片上。因為「漢密特薔薇十字」乃是「金色黎明會」中「小達人」位階成員的個人標章，而由於「ＩＮＲＩ」、「ＬＶＸ」及「ＩＡＯ」等字母在該位階的祕儀中扮演著關鍵的角色，它們出現在此一標章上，也是順理成章、十分合宜的。

　　「ＩＮＲＩ」可以代表許多意義，包括神聖的煉金格言「Igni natura renovatur integra.」（自然之一切皆以火復元），以及我常用來擊退惹人厭的電話行銷的強大咒語：「我沒興趣！」（I'm not really interested!）不過，基督教傳統告訴我們，當基督被釘上十字架時，羅馬總督彼拉多下令在十字架頂端安置一面標牌，以拉丁、希臘及希伯來文寫著「猶太之王，拿撒勒的耶穌」。這面標牌實際上應該相當大，才能寫得下這三組文字，不過後世的藝術家都只以「ＩＮＲＩ」四個字母作為代表（也就是這句話的拉丁文「Iesus Nazarenus, Rex Iudaeorum」的字首縮寫），將之刻在木片上，以某種角度釘在受難流血的耶穌頭頂。至少

一千四百年來，刻著拉丁字母「ＩＮＲＩ」的標牌，已經成為每個體面的十字架上不可或缺的配件。

然而，對於這幾個出現在聖像和紀念品上的字母，有些人並不滿意於官方認可的解釋。基督教密契修行者和其他人等，汲取異端的思想，懷疑可能還有某種東西──某種祕傳的意義──含藏在這個通俗的宗教象徵意象中。這些宗教上的亡命之徒冒著被燒死在火刑柱上的危險，著手分析「ＩＮＲＩ」這四個字母，認定它最終所訴說的並非「猶太之王，拿撒勒的耶穌」，而是一則魔法公式（以及此一公式的符號），傳達著他們對生、死與重生的宇宙奧祕之最高理解。簡要地說，他們所做的分析如下：

首先，他們將拉丁字母「ＩＮＲＩ」翻譯為希伯來字母「ירני」（由左至右讀作Yod、Nun、Resh和Yod），然後針對這些希伯來字母的占星意義沉思冥想，發現它們（以其獨特的占星語言）訴說著熟悉的古埃及太陽神話：由於邪惡的神界親族阿波菲斯（Nun／天蠍座），殺死了伊西斯女神（Yod／處女座）的丈夫歐西里斯（Resh／太陽），伊西斯哀悼悲泣，最後將歐西里斯從死者的國度救回、令他復活。這整個循環，每天早晨和每年春天都會重新開始。

這就是「ＩＮＲＩ」如何變成了「ＩＡＯ」，也就是「伊西斯」、「阿波菲斯」和「歐西里斯」的縮寫（這恰巧也是「諾斯底教派」的無上神祇之名，祂體現了生、死與重生的魔法準則）。若能被恰當地理解，「ＩＮＲＩ／ＩＡＯ」準則，解釋了地球每年繞太陽的公轉、以及每日繞地軸的自轉之奧祕。這是我們「歐西里斯紀元」的先祖們，所能理解的最高奧祕，同時也是該紀元所有農業文明的祕密知識。就短短七個字母（其中還有三個「Ｉ」）而言，還真是言簡意賅呀！

傳統上，伊西斯、阿波菲斯和歐西里斯都被描繪成比著某種手勢或符號：

在「伊西斯的悲悼」(the Mourning of Isis) 符號中，伊西斯將手臂伸向上方及身側，暗示著字母「L」。

在「阿波菲斯—堤豐」(Apophis-Typhon) 符號中，阿波菲斯將雙臂高舉過頭，張開九十度，暗示著字母「V」[註76]。

在「歐西里斯被殺」(Osiris Slain) 符號中，歐西里斯將雙臂向左右伸開，彷彿被釘在十字架上。

在「歐西里斯復活」(Osiris Risen) 符號中，歐西里斯將雙臂交抱在胸前，在身體上形成一個「X」[註77]。

合在一起，就成了「L V X」的符號，也就是拉丁文「光」這個字。以下是「INRI」這個關鍵字在正式儀典中的演繹方式：

INRI

Yod. Nun. Resh. Yod.
處女座，伊西斯，強大的母親
天蠍座，阿波菲斯，毀滅者
太陽，歐西里斯，死而復生者
伊西斯，阿波菲斯，歐西里斯

IAO
「歐西里斯被殺」符號（比出手勢）

「伊西斯的悲悼」符號（比出手勢）

「阿波菲斯－堤豐」符號（比出手勢）

「歐西里斯復活」符號（比出手勢）

（重複最後三種手勢）

ＬＶＸ，光。十字之光。

　　魔法傳統告訴我們，在物質層面和正常清醒的意識中，象徵是象徵，活物是活物。然而在魔法層面及靈視的意識中，象徵乃是活物，而活物則是象徵。換句話說，如果我在靈視中看見一頭獅子或猴子，這些形象只是象徵，代表自我心靈中某種深刻、抽象得多的事物，需要我去面對。反過來說，在靈視中出現的象徵，事實上是那個層面之中的活物。舉例來說，如果我在靈視中遭遇了一頭可怕的火妖魔（某種我必須面對的事物之象徵），我只需以某種象徵來保護自己──或許是個「火之驅逐五角星」，它對我而言，乃是「『靈』支配元素」的象徵，但對那妖魔而言，它則是個活物，是牠自身存在之一切律則迫使牠必須服從的對象。

　　我之所以提出這一點兒魔法知識花絮，只是要讓你感受一下，蘊藏在「漢密特薔薇十字」中無可估量的象徵力量。從魔法層面看來，此一十字聚滿了巨大的生命與能量。配戴它作爲個人標章的「金色黎明」達人們，確實擁有一個強大非凡的魔法法器。

　　現在，在我們開始探討紙牌本身之前，且讓我們學習一點點關於「生命之樹」的知識。

第 9 章

生命之樹的祕密

SECRETS OF THE
TREE OF LIFE

「生命之樹」——這個圖形,我們必須非常仔細地研究,因為它是塔羅
賴以奠基的整個體系之基礎。要為這個圖形提出完整的解說,幾乎是
不可能的,因為它是相當普世的。因此,它對任何一個人的意義,與對
其他任何人的意義均不可能完全相同(註78)。

「漢密特薔薇十字」確實吐露了許多祕密，尤其是關於塔羅的二十二張大牌、四張王牌，以及十六張宮廷牌的宇宙根源。然而，對於每個牌組的九張小牌（如果算進王牌則是十張）的來源，它卻沒告訴我們太多訊息。要瞭解小牌的奧祕，我們首先得再學習一點點關於另一種喀巴拉圖形的知識，那就是「生命之樹」（Etz-Ha-Chayim）。

此種一般稱爲「生命之樹」的概要圖形，或許可說是喀巴拉體系中辨識度最高的圖像。它係於一六五二年初次面世，刊印在耶穌會修士阿薩納斯·珂雪（Athanasius Kircher）的著作《Oedipus Aegyptiacus》中。此圖相當齊整地將大量喀巴拉智慧濃縮在極小的空間中，對於古往今來（或許是）最具影響力之喀巴拉著作《創造之書》（Sepher Yetzirah）開篇的第一段，尤具圖示作用：

> 耶，萬王之王，活生生的上帝，宇宙之王，全能、寬容且慈悲，至高無上，萬民頌揚，永恆、崇高，最神聖的主，透過三種標記（Sepharim），即（一）S'for；（二）Sippur；和（三）Sapher——這些在祂之內是同一不二的——以三十二條神祕的智慧路徑，授命（形成）並創造了宇宙。它們乃是由「出於空無的十」及二十二個基本字母所組成。祂將這二十二個字母分爲三組：（一）三個「母字母」，或稱「基本字母」或「初始元素」；（二）七個「雙重字母」；和（三）十二個「簡單字母」[註79]。

在上一章中我們學到，這三十二條神祕的智慧路徑包含了二十二個字母（大阿卡納牌），而它們可以分爲三組，各有三、七，和十二個。現在我們將再學習一點點關於「出於空無的十」的知識。

作爲擁有十根手指的兩足動物，我們對「10」和「4」這兩個數字始終懷有一種健康的敬意。事實上，我們的雙手和手指似乎是古代喀巴拉

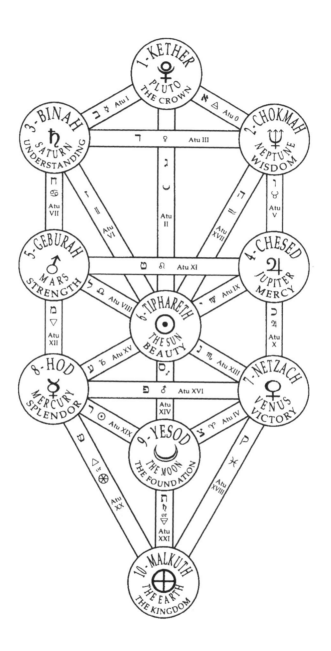

圖21　生命之樹

冥想的重要源頭——這些智慧，後來有助於塔羅牌的建構。這個題目我不想談太多，以免令你厭煩，不過我還是要指出以下幾點：

- 希伯來字母系統的第十個字母是「Yod」，也就是希伯來文的「手」；

- 我們與其餘手指相對的拇指（與另外四指協同合作），乃是區隔人類和其他動物的最重要特質之一，也是我們之所以能成為具創造力的生物及環境的主人之根本關鍵；

- 傳統告訴我們，人類乃是依神的形象被造，那麼施行創造的「神之手」，想必是一位神祇（靈／王牌）以某種「四重」的方式（「YHVH」……喀巴拉的四個世界、靈魂的四部分、四元素、塔羅的四牌組、四張宮廷牌……）表達自身的手筆；

- 「4」和「10」兩個數字錯綜複雜地彼此關聯，並以簡單的數學相互定義（10=1+2+3+4）。

以下的段落節錄自我的另一本著作《新紀元的天使、魔鬼與神祇》，對於「出於空無的十」之創生做了一番簡短的摘要。如果你一開始覺得「生命之樹」的建構邏輯有點難以理解，請別擔心。信不信由你，一旦掌握了基本的概念，思考它要比解釋它來得容易許多。

「生命之樹」乃是一種線條的圖示，包含十個「發散體」和二十二條路徑，其上投射著能量與意識的宇宙力學。就一方面而言，它是個頗不完備的圖表，因為它試圖以維度來表現超越維度的概念。它被稱為「神之解剖結構」的圖表。如果我們確實是依神的形象被造，那麼這意味著它也揭露了我們每一個人的構造。拙火瑜珈的學習者同意並指出，人體的七個脈輪（或心靈中心）可以被相當妥適地投射在「生命之樹」上。

「生命之樹」的十個「薩弗洛斯」（Sephiroth，單數形為「薩弗拉」，Sephira），或稱「發散體」，其實全都只是頂端的（第一個）「薩弗拉」——「Kether」，代表存在的整體，至高的「單子」——的各個方面或面向。但即使是「一」的概念，在先於存在的「零」之超卓完美上，也只是個瑕疵斑點 (註80)。若「一」要存在，並意識到自身的「一」，它必須自我反思（就像冥想中的瑜珈行者來到了存有的核心，呼喊道：「啊！這就是我！」），單單這反思的行動，便創造了「二」 $\overset{1}{\diagdown}_{2}$ 。（「一」現在意識到它自己，以及它的反思。）知道「一」和「二」之間有所不同，立刻又創造了第三種狀況 $_3\overset{1}{\triangle}_2$ 。這個「三位組」本身仍舊是種抽象的狀態，只以潛能的形式存在。儘管如此，透過由「一」變成「三」的過程，一種原初的模式已被建立。此一原型的種籽啟動了一串連鎖反應，繼而激活了整齣創造的劇本——意識／光／靈降入物質的過程。

　　現象的宇宙，乃是透過接下來七個「薩弗洛斯」的衰退過程而顯現的。「四—五—六」的三位組係由「一—二—三」的三位組之反影所創造 $_5\overset{\overset{1}{\triangle}}{\underset{6}{\triangledown}}_4^2$ ，而依循「一—二」創造出「三」的相同過程，第三個三位組「七—八—九」又被創造了出來 $_8\overset{\overset{3}{\triangle}\overset{1}{\underset{6}{\triangle}}\overset{2}{}}{\underset{9}{}}_7$ 。「十」——物質的世界——乃是最底層，像是造物事後添加的補遺般，懸盪在「生命之樹」最下方：$\overset{\overset{3}{\triangle}\overset{1}{\underset{6}{\triangle}}\overset{2}{}}{\underset{10}{\underset{9}{}}}_7$ (註81)。

這便是「出於空無的十」。它是創造的根本模式。理論上，任何我們能夠想到的概念、特質、原則、觀點與傾向，都可以在「生命之樹」上十個「薩弗洛斯」的鴿子洞裡找到安身之處。但是希伯來密契學者並不滿足於單單一棵「生命之樹」。神是唯一，沒錯。但這獨一的神卻有四個字母的名號——יהוה「YHVH」，並藉此顯化。

於是，古代喀巴拉學者發現，要思索「一」的特質，將它以「四」的概念來思考會比較容易。因此，爲了實際的目的（尤其是在塔羅上），我們便都探討著四棵「生命樹」，分別代表יהוה「YHVH」的四個字母、四個喀巴拉世界、靈魂的四部分、四元素，以及塔羅的四牌組。這四棵「生命樹」上的十個「薩弗洛斯」，其名稱都是相同的（見第103頁）。

四棵「生命樹」、王牌和小牌
THE FOUR TREES OF LIFE, THE ACES, AND SMALL CARDS

每棵「生命樹」上的十個「薩弗洛斯」，或稱「發散體」，乃是由二十二條路徑所連結。它們在塔羅牌中被描繪成二十二張大牌，並呼應著希伯來的二十二個字母。這四棵樹上的四十個「薩弗洛斯」，在塔羅中則被完美地表現爲四張王牌和三十六張小牌。

介於「天界三角」（薩弗洛斯1-2-3）和「生命之樹」其餘部分的區域（或「非區域」），稱爲「深淵」（the Abyss）。它是一面不可思議的鏡子，分隔理想界（1-2-3的抽象概念）與現實界（現象宇宙的表顯特質）。因此，我們看待四個牌組的王牌、二號及三號牌，和其他小牌有點兒不同，因爲它們乃是各自「生命樹」上的天界三角。天界三角的牌是個快樂的大家庭，是個獨一的單元，體現著該牌組的本質。它們爲何如此快樂呢？

四張王牌都很快樂，因爲它們代表各自「生命樹」上的「Kether」，以及其所屬元素的根。所有的二號和三號牌也很快樂，因爲，連同它們的王牌，它們舒適地居住在「深淵」之上。二號牌（支配、愛、寧靜，和變

1
Kether
王冠
（原動天之域）
絕對純粹的
至高的單子

3
Binah
理解
（土星之域）
至高女性概念
克勞利的巴巴隆
潘之夜晚／努特

2
Chokmah
智慧
（黃道帶之域）
至高男性概念
克勞利的萬有之父
混沌／野獸／哈地德

────── 深淵 ──────
THE ABYSS
&
虛的「薩弗拉」，Daath

5
Geburah
力量
（火星之域）
運動，風暴與壓迫 [註82]

4
Chesed
仁慈
（木星之域）
造物主之家
物質顯化，法律規則 [註83]

6
Tiphareth
美
（太陽之域）
完全均衡展現之能量 [註84]

8
Hod
宏偉
（水星之域）
幻象，不均衡，軟弱 [註85]
陰柔的男性

7
Netzach
勝利
（金星之域）
幻象，不均衡，軟弱 [註86]
陽剛的女性

9
Yesod
基礎
（月之域）
能量的偉大結晶之座 [註87]

10
Malkuth
王國
（地球之域）
一切能量的盡頭 [註88]
物質世界

易）是所屬牌組以概念的形式初次顯化。單單作爲各自王牌的表現而存在，它們便快樂得肆無忌憚了。三號牌（美德、豐盛、悲傷(註89)，和工作）在「一」自我反思而成爲「二」的那一刻，便自動被創造出來了。三號牌的存在乃是出於穩定二號牌的必要，並構成孵育所有其他小牌的子宮。是不是相當抽象呢？

請留意，在上一段中，我強調「代表」這個詞。這是因爲這些小牌並不等於「薩弗洛斯」本身。儘管如此，爲了實用目的，我們以小牌作爲「薩弗洛斯」稱職的代表，而「薩弗洛斯」本身則是位階殊聖得多的靈性實相，遠非四組十張小牌的特質及作用所能界定。

事實上，小牌在本質上便是「次元素」（subelemental）的——是盲目的驅力，僅僅是濾降至元素宇宙的「薩弗洛斯」之共振感應的回聲。儘管如此，即使我們只擁有有限的感知能力，卻也能透過聆聽這些回聲，對「薩弗洛斯」的特質獲得許多瞭解——透過（以間接的方式）觀察它們是如何暈染、影響由小牌所代表的盲目元素驅力。

由於「Atziluth」世界是「權杖」的原鄉，「Briah」世界是「聖杯」的原鄉，「Yetzirah」是「寶劍」的原鄉，而「Assiah」則是「圓盤」的原鄉，我們或許會以爲所有的小牌——「權杖」、「聖杯」、「寶劍」和「圓盤」——在它們各自的世界中都會很快樂，得其所哉。實則不然。由於每棵「生命樹」所代表之世界的獨特性，四棵「生命樹」都各自有其強項和弱點，與其他世界的「生命樹」有所不同。舉例而言，「Yesod」在「Atziluth」（權杖）中或許很強，但在「Briah」（聖杯）和「Yetzirah」（寶劍）中卻很弱，諸如此類。

基本通則
RULES OF THUMB

（我建議大家將此頁標記起來，在研習小牌的特質時可以經常參閱。）

除非有很強的占星因素加以節制、抵銷（我們將會很快討論到），一般可依循以下的通則：

- 王牌、二號和三號牌（「天界三角」之牌）十分強大，在原則上共同界定所屬之牌組；

- 四號牌（該牌組在「深淵」之下的初次顯化）是在現實上界定所屬的牌組。事實上，由於它們對於「深淵」之上的生活完全沒有概念，四號牌（如同造物主）錯誤地相信自己就是該牌組的王牌。它們非常強大，也如同造物主宙斯，建立了所屬元素的「法規」；

- 五號牌十分活躍而強大，但卻不太平衡，又很麻煩棘手（我們該說是十足地糟糕嗎？）；

- 六號牌始終是該牌組強大而高貴的典型代表（它們是王牌的直接反影，也是它首次的均衡顯化）；

- 所有的七號牌（在「生命樹」上位階既低，亦欠平衡）都十分難搞，而且在大多時候，可以說是極其糟糕的；

- 八號牌與七號牌有許多共通之處（不平衡且位置低），然而，八號牌在「生命樹」上已落得如此之低，已經開始脫離該牌組的原始能量，因此它們的行星與星座屬性就變得十分重要。有些是好的——有些則沒那麼好；

• 九號牌大體而言相當穩定，對該牌組起著支持的作用。「寶劍九」
　是例外；

• 十號牌一般而言是個災難（「圓盤十」是例外），因為它們即將完
　全失去牌組的身份認同，墜入較低的世界。「圓盤十」卻是例外。
　作為最後一張小牌，它已然無處可去，只好回到頂端。我們最後將
　會學到，這種巧妙的安排，便是維繫宇宙的祕密。

　　我們可以將「生命之樹」的十個「薩弗洛斯」，理解成一種能量的下
降。如此一來，我們實質上是在思索現象宇宙的創造歷程。我們可以將
「薩弗洛斯」想成意識的下降。如此，我們實質上是在思索傳說中「人的
墮落」之概念的真正意義。我們也可以將「薩弗洛斯」想成光的下降——
而當光明降臨，我們便有了色彩。

第 10 章

色彩的世界

WORLDS OF COLOR

「⋯⋯神就是光⋯⋯」──(《約翰一書》1:5)

現在我們對於「喀巴拉」、「漢密特薔薇十字」和「生命之樹」都已略有所知，接下來便可以討論「托特塔羅」這種視覺魔法最重要的面向之一——色彩。這副牌最突出的特徵之一，便是哈利斯夫人奇特的用色。雖然在我看來，托特塔羅中所有的牌都瑰奇美麗，裡頭還是有幾張牌，若是看得稍久，即不免令我感到有些暈眩。或許在「聖杯七」（沉淪）或「寶劍九」（殘虐）這樣的牌中，這種效果正是她的意圖，不過很明顯地，她用色的選擇，並不單只取決於美學，而還有些別的什麼。這「別的什麼」，便是「金色黎明會」宗師們所發展出來的「四重色彩層級」（fourfold color scale）。

想像一下，至上神祇的意識是純粹的光（這無疑是個普世的神聖概念）。現在請想像這道神光穿過一面稜鏡，在另一端散射為光譜中的所有顏色。這是喀巴拉學者（和古代自然科學家）想像創造過程的一種方式——純粹的光（神性意識）分崩解離並遲緩下來，變成能量、心靈和物質的單元。

將這原初之光散射開來的魔法稜鏡不是別的，正是神之聖名「יהוה」，「YHVH」。這面稜鏡，依循它的四重性質，將這神光分解為四種振動頻率，最終展現為四種層級的色彩。「國王級」是最高的層級，代表本質——色彩無形無相的基礎。到了「王后級」，色彩顯現為肉眼所見的樣貌（濃淡色度、原色和二次色等）。「王子級」結合了「國王級」和「王后級」的色彩，而「公主級」則代表最低、最駁雜不純，也最受污染的光之層級。

現在請想像四棵「生命之樹」，各自代表一個喀巴拉世界。「國王」層級的光濾透過來，暈染了代表最高世界「Atziluth」的「生命樹」，為它的十個「薩弗洛斯」和二十二條路徑上了色；「王后」層級的光濾透過來，暈染了下一個世界「Briah」的「生命之樹」，為它的「薩弗洛斯」和路

徑上了色：「王子」層級的光濾透過來，暈染了「Yetzirah」之樹，也就是再次一級的世界；最後，「公主」層級的光濾透過來，暈染了最低世界「Assiah」之樹。

最終，我們總共有了代表王牌和小牌的四十種色彩，以及代表大牌的九十六種色彩[註90]。《托特之書》的附錄B將這些色彩編列為四頁井然有序的圖表[註91]，我的版本則將之濃縮為表四和表五。大體而言，這些圖表都是依照《創造之書》中三十二條「智慧路徑」的序階（Key scale）來編排的[註92]。

- 序階一到十號，是指「生命之樹」上的十個「薩弗洛斯」（在塔羅中，是指每個牌組中的王牌及九張小牌）。

- 序階十一到三十二，是指「生命之樹」上連接「薩弗洛斯」的二十二條路徑。二十二個希伯來字母分別置於這些路徑上。在塔羅中，自然是指二十二張大牌[註93]。

- 塔羅大牌的編號是零到二十一，不要將牌的編號與智慧路徑的序階編號混淆了。

既然我們知道，托特塔羅在理論上是由一百三十六種色彩揮灑而成，或許我們應該問問，這些顏色是打哪兒來的。這些色彩當中，許多種的特定名稱乃是很不浪漫地直接取自「溫莎與牛頓」（Winsor and Newton）「設計師水粉系列」水彩顏料的瓶管標籤。這種顏料在維多利亞時代很受英國畫家歡迎，至今也還有得賣[註94]。但又是誰，把這些色彩分派到它們特定的喀巴拉鴿洞裡的呢？這個問題的答案，如同大多數關於托特塔羅的其他議題，是十分錯綜複雜而有些探究空間的。

少有爭議的是，作為「金色黎明會」課程的一部分，這四種色彩層

級應該是由麥奎格‧馬瑟斯所制定的。同樣明確的是，馬瑟斯也曾得到他人的協助，包括某個對色彩理論很有研究的人，極有可能是他的藝術家妻子莫伊娜。

在色彩的選擇上，主要的影響當然來自於喀巴拉。色彩的衰變代表著四棵「生命樹」的「墜降」，單單這個事實便足以證明此點。如同喀巴拉典籍《光輝之書》（*Zohar*）的數節篇章中概略描述的，「國王」層級似乎是「嚴峻之紅」與「慈悲之白」交戰的結果。在其他的層級中我們看見了元素、行星和星座的色彩，也是我們從《創造之書》中熟知的。

不過，喀巴拉並非馬瑟斯和同伴們汲取靈感的唯一源頭。占星學和煉金術都蘊含了豐富的色彩意象，無疑地也都影響了許多用色的選擇。最引人遐想的可能性或許是，某些色彩的選擇，可能是以魔法誘發之靈視幻象的結果。窺看靈視異象和氣場實驗，本就是「金色黎明」訓練課程的一部分。「圓盤」牌組中形形色色的光芒和斑點，尤其是此種星光界靈視的特徵。

表4　歸屬於大阿卡納牌的色彩 COLORS ATTRIBUTED TO THE TRUMPS

序階 Key Scale	牌號 Card	牌名及屬性 Trump Title & Attribute	騎士層級 Knight Scale	王后層級 Queen Scale	王子層級 Prince Scale	公主層級 Princess Scale
11	0	愚人 The Fool （風元素）	明亮的淺黃	天藍	藍翡翠綠	灑金斑的翡翠綠
12	1	魔法師 The Magus （水星）	黃色	紫色	灰色	泛紫羅蘭光的靛藍色
13	2	女祭司 The High Priestess （月亮）	藍色	銀色	冷調的淺藍色	泛天藍光的銀色
14	3	皇后 The Empress （金星）	翡翠綠	天藍	早春綠	泛淺綠光的鮮亮玫瑰色 或櫻桃色
28	4	皇帝 The Emperor （牡羊座）	猩紅	紅色	鮮豔的火焰色	灼熱的紅色
16	5	大祭司 The Hierophant （金牛座）	紅橘色	深靛藍	溫暖的深橄欖綠	濃褐色
17	6	戀人 The Lovers （雙子座）	橘色	淡紫	新黃皮革色	泛紅的灰色， 趨近於淡紫
18	7	戰車 The Chariot （巨蟹座）	琥珀色	褐紫紅色	亮濃赤褐色	暗綠褐色
22	8	調節 Adjustment （天秤座）	翡翠綠	藍色	深藍綠色	淺綠
20	9	隱士 Hermit （處女座）	綠色 （泛黃）	暗藍灰色	綠灰	梅紅色
21	10	命運之輪 Wheel of Fortune （木星）	紫羅蘭	藍色	濃紫	泛黃光的亮藍色
19	11	慾望 Lust （獅子座）	黃色 （泛綠）	深紫	灰色	泛紅的琥珀色
23	12	吊人 The Hanged Man （水元素）	深藍	海綠	深橄欖綠	灑紫斑的白色
24	13	死神 Death （天蠍座）	綠藍	晦暗的褐色	極暗的褐色	暗沉的靛褐色
25	14	藝術 Art （射手座）	藍色	黃色	綠色	鮮明的暗藍色
26	15	惡魔 The Devil （魔羯座）	靛藍	黑色	藍黑色	趨近黑色的冷暗灰色
27	16	塔 The Tower （火星）	猩紅	紅色	威尼斯紅	泛蔚藍或翠綠光的 亮紅色
15	17	星星 The Star （水瓶座）	紫羅蘭	天藍	泛藍的淡紫色	染紫暈的白色
29	18	月亮 The Moon （雙魚座）	緋紅色（紫外光）	灑銀白斑點的暗黃色	半透明的淺粉紅褐色	石頭色
30	19	太陽 The Sun （太陽）	橘色	金黃	濃琥珀色	泛紅光的琥珀色
31	20	新紀元 The Aeon （火元素）	灼熱的橘紅色	硃砂色	灑金斑的猩紅色	灑緋紅斑的硃砂色、 翡翠綠
32	21	宇宙 The Universe （土星）	靛藍	黑色	藍黑	泛藍光的黑色
32bis	21	宇宙 The Universe （土元素）	檸檬黃、橄欖綠、 赤褐及黑色	琥珀色	暗褐色	灑黃斑的黑色
31bis	20	新紀元 The Aeon （靈）	近灰的白色	近黑的深紫色	稜鏡折射的七色 （紫色在外）	白、紅、黃、藍、黑 （此色在外）

*譯註：「bis」為「bisected」的簡寫，意為「一分為二」。因為它們是某條路徑一分為二後的第二條，故如此稱呼。

表5 歸屬於小阿卡納牌的色彩 COLORS ATTRIBUTED TO THE SMALL CARDS

序階 Key Scale	牌號 Card	薩弗拉 Sephira	騎士層級 權杖	王后層級 聖杯	王子層級 寶劍	公主層級 圓盤
1	王牌	Kether	光輝	白色的光輝	白色的光輝	灑金斑的白色
2	二號牌	Chokmah	柔和的純藍色	灰色	藍珍珠灰, 如同貝母的顏色	灑紅、藍、黃斑的白色
3	三號牌	Binah	緋紅色	黑色	暗褐色	灑粉紅斑的灰色
4	四號牌	Chesed	深紫羅蘭色	藍色	深紫色	灑黃斑的深蔚藍色
5	五號牌	Geburah	橘色	猩紅色	亮猩紅色	灑黑斑的紅色
6	六號牌	Tiphareth	清透的粉紅玫瑰色	(金)黃色	濃鮭魚色	金琥珀色
7	七號牌	Netzach	琥珀色	翡翠綠	亮黃綠色	灑金斑的橄欖綠
8	八號牌	Hod	紫羅蘭色	橘色	紅赤褐色	灑白斑的黃褐色
9	九號牌	Yesod	靛藍色	紫羅蘭色	極暗的紫色	灑蔚藍斑的檸檬黃
10	十號牌	Malkuth	黃色	檸檬黃(北)橄欖綠 (東)赤褐色(西) 黑色(南)X形十字	同「王后層級」, 但均帶灑黑斑的金色	泛黃光的黑色

檸檬黃結合了藍、紅、黃三色,而以黃色為主;橄欖綠同樣結合了這三種顏色,而以藍色為主;赤褐色同樣也結合了這三色,而以紅色為主。此三者分別代表風象、水象與火象的次元素。黑色則是「土」之土象部分。

　　我很希望能夠告訴你,哈利斯夫人是直接從這四種層級之色彩圖表的合適欄位中,挑選每一張牌的主要用色的。但是,如果我們花上幾分鐘,對照一下牌和圖表,便能看出實情並非如此。然而,如果看得更深入些,我們便會發現哈利斯確實是有參照這些圖表,同時也運用了最高的藝術技巧和創新的才華。且讓我們以「權杖六」為例:

請看表五中代表「權杖」的欄位（騎士層級），在序階六上，我們看見「權杖六」的顏色應該是清透的粉紅玫瑰色。然而，在「權杖六」牌上，我們卻看不見（或只有非常少）清透的粉紅玫瑰色。事實上，牌的背景色彩是紫羅蘭和紫色，而權杖本身則是帶綠的黃色，有著泛紅琥珀色的輪廓。牌上的兩柄權杖頂端飾有生翼的日輪，翅羽是亮藍色的，其下還有兩條外緣透黃的藍色聖蛇。這些顏色是打哪兒來的？

在第十四章中，我們將會討論到，三十六張數字小牌的每一張，都代表黃道帶的一「旬」（decan），也就是十度[註95]。每一張牌也都分派到一顆行星。「權杖六」代表木星，在獅子座的第二旬。如果我們參照表四中序階十九（獅子座）的欄位，我們會看見黃色（泛綠）、深紫、灰色和泛紅的琥珀色。如果參看序階二十一（木星），則會看見紫羅蘭、藍色、濃紫，以及泛著黃光的亮藍色——和牌面上的色彩完全相符！

不過，並非所有的牌都如此容易分析。不同於「權杖六」中分別使用各種色彩，哈利斯夫人常常會混合兩種或更多顏色，來代表相互抗衡或不和諧的占星或元素相位。這在數字較高的牌中尤為明顯，它們代表「生命樹」上較低的「薩弗洛斯」，因而象徵較不均衡且較受污染的驅力。

無論要搞清楚托特塔羅中，每一張牌的狂亂用色方式可能有多麼困難，相對而言，我們可以相信哈利斯夫人在用色的選擇上，並非漫不經心或隨心所欲的[註96]。她煞費苦心地致力以色彩表現複雜且奇妙的宇宙驅力，造就了一項獨特且強大的冥思工具。每次我們運用這些牌——每當我們攤開它們，容許自己的眼睛吸飲牌中交織互連的色彩——我們便默默激活了自身當中相同的宇宙影響力之連結網絡。

神聖守護天使

THE HOLY GUARDIAN ANGEL

在這兒,在神聖帝國最遙遠的前哨,埋藏著一份寶藏。由於劣者同於優者,「Kether」的基因密碼和整個涉入/進化中的宇宙,都像休眠的種籽般,在我們每個人之中沉睡著。這顆種籽需要一位園丁來喚醒、令它發芽,而這位園丁便是那無可名狀的聖名中的「Vau」」,我們的神聖守護天使者﹝註97﹞。

在其著作《魔法》（*Magick*）中，克勞利寫道：

> 唯一的至高儀式，便是獲得對神聖守護天使的認知，並與之
> 對話。它是將完整的人以垂直的直線向上提升。任何從這條線的偏
> 離，都傾向變成黑魔法。任何其他的施為都是黑魔法[註98]。

「噢，我的老天！」我聽見你們許多人倒吸了一口氣。「守護天使！黑
魔法！我就知道這個叫杜奎特的傢伙包藏禍心！我只是想對托特塔羅多
瞭解一點，他卻講起什麼天使啦，黑魔法啦！瞧我淌進了什麼渾水？這究
竟將伊於胡底——活人獻祭嗎？」

讀者諸君既然已經讀了這麼多，希望你們不會懷藏任何這類的恐
懼。這實在有點傻，因為「神聖守護天使」這個主題恰如其名，確實是如
此神聖的。它直接關係著我們每一個人的心靈進化，無論你信仰何種宗
教或哲學。它也和塔羅的結構及運作息息相關，尤其關係著「公主」宮廷
牌獨特而神祕的地位，以及小牌、王牌，和十號牌。

諸君請聽仔細了。我會盡量長話短說。但是請千萬別跳過這個部
分。這是在開始研究克勞利的托特塔羅之前，你應該知道的最後、也是
最重要的一點點事情。

一八八八年，麥奎格·馬瑟斯（S. L. MacGregor Mathers）翻譯了
一部奇特的著作——《猶太人亞伯拉罕傳子拉美克的亞伯拉－莫林魔
法師之神聖魔法書，一部十五世紀的魔法教科書》（*The Book of the
Sacred Magic of Abra-Melin the Mage as Delivered by Abraham
the Jew unto His Son Lamech, a Grimoire of the Fifteenth
Century*，[註99]）。此書的原始手稿，係於一四五八年由著名的喀巴拉學
者暨魔法師猶太人亞伯拉罕（Abraham the Jew）以希伯來文寫成。它
被收藏在巴黎的「兵工廠圖書館」，並於十七世紀晚期翻譯成法文。這

是一本令人著迷的技術魔法專著。以下摘錄自我的另一本著作《新紀元的天使、魔鬼與神祇》：

　　亞伯拉一莫林揭示，我們每個人都連結著一位高靈，稱為「神聖守護天使」。直到我們在靈性上與這位高靈結合，作為人類，我們便未有充分的能力，去控制自身較低的天性，或是在靈性上有所進境。「亞伯拉一莫林」術法的首要焦點，便是與自身的神聖守護天使合一（認識及對話）。在達成此點之前，即便試圖操控生活的環境，亦是無用的，因為我們在靈性上尚未做好準備，充分理解我們真實意志的本質，因而並無能力將此意志行使於宇宙。在達到認識與對話之後，守護天使便成為魔法師的導師，從無上智慧的位置導引他一切後續的魔法行動。

　　雖然「神聖守護天使」一詞用在這個意義上，似乎是源出於《亞伯拉一莫林魔法師之神聖魔法書》，然而「個人之神聖靈體」的概念，無疑要古老得多。祆教始祖瑣羅亞斯德（Zoroaster，(註100)）就曾提到過一種稱為「阿格忒斯」（Agathosdaimon）的個人守護靈，在進行任何通神儀式之前，都必須先接觸它……柏拉圖學派的哲學家也說，在人與神之間存在著一種叫做「狄蒙」（Daemonos）的靈體，作為中介的階層。每個人都被分派了一位個人的「狄蒙」，直接聆聽並回答人類祈禱的並非神明，而是這個「狄蒙」。蘇格拉底稱他的「狄蒙」為「精靈」（genius）。

　　形形色色的指導靈，自史前時代起便導引著地球上每個文化的通神靈啟，足以說明對神聖守護天使的認知與對話，乃是一種根本且普世的靈性經驗。耶穌曾說：「……若不藉著我，沒有人能到父那裏去。」《博伽梵歌》也記載，克里希納告訴阿尊那（Arjuna）：「只有以一心一意的虔誠，才能以此種形式知曉我、實際上看見

我，並進入我。」在全世界的宗教聖典和靈修實踐中，處處可以發現
這個基本的主題：某個靈體作為某位至高無上（或許是非人格的）
神祇的代表或導管，我們必須與之建立個人的關係。這個基本的真
理，在人類的集體無意識中是如此根深柢固，我們發現它深深嵌埋
在神話與童話中。無須發揮多大的想像力，我們便能看出，神聖守
護天使就好比那王子，用一個吻（認識與對話）喚醒了睡美人（未開
悟的靈魂），並帶她來到父王（神）的宮殿。在這兒，這對新人最後
終將成為國王和王后（至高的啟悟，與神格再度合一）……

神聖守護天使並非僅僅是我們的理想自我所投射的形象，或
是我們良心的聲音；它不僅僅是那與生俱來辨別是非的良知良能；
也不僅僅是當我們仰天祈禱「噢，神呀……只要你讓我過了這關，
我再也不會幹這等蠢事了！」時，會垂憐聆聽的「神之耳」。但那
「不僅僅是」的究竟是什麼，卻很難討論[註101]。

的確很難，但我們若想瞭解它與塔羅的關係，就必須試著討論
它。且讓我們延展先前的童話比喻，審視裡頭的角色，彷彿它們是יהוה
「YHVH」四個字母，看看它們可能會住在「生命之樹」的哪個部分。請
記得，每當我談到「生命之樹」，都不只是在探討宇宙論的偉大抽象概
念。我談的是你和我。我們每一個人，都是一棵活生生、會呼吸的「生命
樹」。四個喀巴拉世界的每一棵樹、每條路徑、每個「薩弗拉」，都在我
們的身體、頭腦、精神和靈魂之中有其對應之物。

究極而言，我們童話故事中的所有角色，都已經居住在第一個薩弗
拉「Kether」，也就是每個牌組的王牌之中了。當然，只有在那超越時間
的狂喜時刻，當他和宇宙中所有的意識單元終於覺醒、瞭解我們乃是
一個大我意識時，他們才會明白這點。然而，為了便於討論，我們可以安
全地說：

◎王牌是「Kether」，是高於一切二元概念、高於男／女／王／后之分隔的「單子」（Monad），也就是至上神性的環境。

◎我們童話中的國王是「YHVH」中的「Yod」，住在第二個薩弗拉「Chokmah」中。（不過，他的頭就像是希伯來字母「Yod」那個尖尖的小頭，確實是傾向「Kether」的。但是，只要當這國王認定自己是國王，他便不知道自己更為崇高的身份，而確信自己是住在「Chokmah」中。

◎王后是「YHVH」中的第一個「Hé」，住在第三個薩弗拉「Binah」中。

◎這對皇室伴侶唯有住在「深淵」之上的「天界三角」，方才合宜。他們彼此結合，合為一體，就像所有的好伴侶那樣，並在短暫的瞬間享受著合一的狂喜（Kether）。然後，在抽了一根宇宙香菸之後，國王翻過身去睡著了。當國王在「Chokmah」中打著鼾，王后意識到，在那短暫的狂喜瞬間，她已然懷上了一對雙胞胎。最後她生下了孩子，這兩個嬰兒（一位王子一位公主）噗通一聲，掉到了「深淵」之下。王子並沒有墜得太遠，未曾遠離「天界三角」的宮殿，但公主卻一路滑到了最底層——「Malkuth」。

◎年輕的王子是「YHVH」中的「Vau」，他是個聰明的男孩，將自己的領地齊整地安排在第四到第九個「薩弗洛斯」中。在喀巴拉文獻中，這六個「薩弗洛斯」時常被稱為「大宇宙」，也就是較為宏觀的世界。儘管大宇宙的六個「薩弗洛斯」全都是王子的封邑，但他的總部和主要辦事處所卻是位於第六個薩弗拉「Tiphareth」。（順帶一題，在我們個人的「生命樹」上，王子便是我們的「神聖守護天使」。你看得出來這將衍伸出什麼嗎？）

◎公主則是「YHVH」中最後的一個「Hé」，著著實實地困陷在第十個薩弗拉「Malkuth」中。在喀巴拉文獻中，「Malkuth」往往被稱爲「小宇宙」，亦即較小的世界。若非公主多半時間都在沉睡，我們將會看見她是個十分複雜而困惑的人物。當然，她是國王和王后的女兒，但是，神祕莫測地，她屬於比她的王子兄長更爲年輕的一代。事實上，儘管她和國王、王后和王子的關係很近，她的魔法基因是如此受到污染，和其他家族成員的基因相去如此之遠，即使她和王子兄長結婚，在宇宙的家族法則中，也不會被視爲亂倫。

或許你已經猜到，你我就是童話故事中的公主。對於大半的靈性實相，我們幾乎全然昏昧，全然無知，在物質界的眠床上輾轉反側，試圖以我們不足得可笑的感官理解一切事物，並以我們不足得可笑的語言來解釋它。這有點令人沮喪，不是嗎？

儘管如此，我們的袖子裡可藏了一張名符其實的「王牌」，因爲，儘管公主在「生命樹」上的位置如此之低——儘管她被逐出了「天界三角」，儘管她與安住在大宇宙領地的王子兄長／愛人分隔兩地，儘管她困陷在小宇宙的物質墳墓中——公主卻是我們的密契童話中最重要的角色。

她的重要性在於此一事實：她是低中之低，也是我在第八章中簡短提過的「『降入物質』（Descent into Matter）的高潮乃是藉由『靈』而復元（redintegration）的信號，此爲普遍的教旨」[註102] 之關鍵。在我們的童話故事中，沒有其他任何角色（除了那不可思議的「Kether／王牌」是唯一的例外）擁有公主所擁有的，亦即，從高中之高到低中之低的一切事物的一丁點兒。如同古希臘哲人普羅克洛斯（Proclus）所言：「天堂

是在地上，不過是依照地上的方式……而地土也是在天上，不過是依照天上的方式。」[註103]

　　神聖守護天使／王子並沒有任何「低中之低」。他被卡在宇宙的中央管理階層，亟需一點點公主的神性DNA，方能自我「克隆」（clone）複製，回返天界成為國王。這只消公主的一個吻便已足夠。他會就此覺醒，明白自己是國王，而這將會令公主更為清醒，明白自己是他的新娘，也就是王后。這對新婚夫妻將會在一種宇宙的高潮中合而為一，而這將會爆破、溶解一切分離之感。在最真實的意義上，國王（Chokmah）和王后（Binah）再次消融在這個永恆的時刻中，明白他們並非二，而是一（Kether）。

　　從煉金術的觀點看來，國王與王后狂喜的溶解，乃是由宇宙溶劑（vitriol，見207頁）所導致。公主是隱匿的礦石，必然是埋藏在地球的內部，而藉由與王子結合而成為王后，她必然受到了粹煉，如此這般，永無止境……。

　　從此是否每個人都過著幸福快樂的生活？嗯，勉勉強強啦。

　　可惜的是，這個循環立刻週而復始，因為，當這合一之狂喜的甜美餘味逐漸消褪，王后再度發現她懷孕了。國王再度睡去，等待王后溫柔地將他推醒。當然，只有當她的皇室孩兒再次平安返家，她才能得到安慰，才有心情推醒這個老傢伙。

　　這個充滿動能、又有幾分亂倫意味的愛情故事，正是「YHVH」的祕密。它是創造的電流——是一股神聖的交流電，永遠同時往兩個方向流竄——從王牌到公主，從公主到王牌。

　　我希望這一則童話小故事，能幫助你更清楚地瞭解這種宇宙法則的

動力。許多讀者甚至可能覺得我的敘述太過幼稚。克勞利的版本無疑較為「成人」，所提供的資訊也豐富得多。正如我們在第七章討論過，他很喜歡用狂野而褻瀆的字眼和意象，來傳達完全健康的靈性概念。

◎克勞利的王后是「巴巴隆的娼婦，厭憎之母」；

◎克勞利的國王是「野獸，萬有之父混沌」；

◎當克勞利的國王與王后結合，是為「巴巴隆騎乘野獸」；

◎返回宮廷的新婚王子和公主，是為「聖徒之血」；

◎當她的皇室子女返家，克勞利的王后不僅欣喜萬分，還舉行了一場宇宙的派對，並「醉飲聖徒之血」；

◎克勞利的王后並非禮貌地推醒國王，與之做愛。我們看見「『偉大的巴巴隆』在她的淫行中，喚醒『萬有之父的昔時之毒』，然後再次『騎上這頭野獸』。」

容我再次提醒讀者，當我們談及這些人物，我們是在討論大多數人尚未經驗過的自我面向和意識層面。如果我們能夠覺醒，看見宏觀的畫面，便能明瞭我們同時是這個宇宙童話中的王牌、國王、王后、王子和公主。但是我們尚未覺醒。如同班‧克里弗拉比（Rabbi Ben Clifford）所言：

> 你以為是你的那個你，並不是你，而是夢中的你。事實上，你以為是你的那個你，其實是作夢者夢中的作夢者夢中的作夢者夢中的作夢者。你是睡夢中的宇宙之王，夢見自己是睡夢中的王后，夢見自己是睡夢中的王子，夢見自己是沉睡中的公主（註104）。

以某種最個人、最私密的方式，我們每個人都是沉睡中的公主。我們每個人都是待嫁的新娘，等待王子（我們的神聖守護天使）的一吻，返回我們靈性的領地。讓我們回顧本章一開頭所引用的克勞利的話語：

> 唯一的至高儀式，便是獲得對神聖守護天使的認知，並與之對話。它是將完整的人以垂直的直線向上提升。任何從這條線的偏離，都傾向變成黑魔法。任何其他的施為都是黑魔法。

那條垂直的直線，便是我們的意識從「Malkuth」——「10」（代表小宇宙的「薩弗拉」）上升到「Tiphareth」——「6」（大宇宙中央的「薩弗拉」）的躍升。直到完成這項任務，直到我們每個人都將自我的小宇宙與神聖守護天使的大宇宙結合，我們手中便沒有一副完整的牌。我們就不夠安定、均衡，無法明辨是非善惡，而我們的一切行動也傾向成為「黑魔法」。

克勞利設計了一個魔法字彙，來闡示對神聖守護天使的認知與對話。他曾數度在《托特之書》中提及此字，而哈利斯夫人也將之納入了「戰車」這張大牌的圖像中。此字象徵著數字「5」與「6」的結合——「5」代表小宇宙（以「Malkuth」為中心的小世界，你和我，公主）；而「6」則代表大宇宙（以「Tiphareth」為中心的大世界，神聖守護天使）。這個魔法文字就是「ABRAHADABRA」，它包含了五個「A」，夾在其他六個字母之間。

「國王」還是「騎士」？喀巴拉的羅曼史
KING OR KNIGHT? QABALISTIC ROMANCE

在離開我們的童話故事太遠之前，我必須再討論一件非常重要的事。在上面的故事中，四位皇室人物稱為「國王」、「王后」、「王子」和

「公主」，這與原始的「金色黎明塔羅」中的宮廷牌標題是完全相同的。每個牌組都有一位騎在馬上的國王、一位坐在寶座上的王后、一位駕著戰車的王子和一位站立的公主。除了一處例外，「托特塔羅」宮廷牌的標題和姿態都和「金色黎明」完全一樣，這個例外是，克勞利用「騎士」取代了「國王」。他之所以如此做的理由是「喀巴拉羅曼史」。簡單地說，就是「騎士」要比「國王」來得性感。

在宇宙騎士傳奇的意象中，馬背上的騎士贏得了王后，也就是老王之女，並取代老王登上王位。若是將之投射在我們的童話故事中，「騎士」便會是贏得王后、並與之做愛的人物，而「國王」則是後來翻身睡去的傢伙。克勞利認為「騎士」較為活躍且富男子氣概的概念，最適合代表「YHVH」中的「Yod」，作為宮廷牌中的標題和人物。

既然我已談到塔羅牌中的「性感」議題，若是不花點時間探討一個重要的主題，對於我先前說過要在你開始研究托特塔羅之前，將你應該知道的所有事情略作介紹的承諾，真可說是失信了。這個主題在克勞利的魔法生涯中佔據了極大的份量，也深刻影響著托特塔羅的本質，它就是──性魔法。

性魔法、塔羅與神聖守護天使
SEX MAGICK, TAROT, AND THE HOLY GUARDIAN ANGEL

我在拙作《泰勒瑪魔法》（*The Magick of Thelema*）中曾寫道：

> 一切魔法皆關乎性。事實上，一切生命皆關乎性。無論它是隱是顯，是被喚起或導引，是貯藏著或已釋出。羅馬天主教會的彌撒，正如女巫的「偉大儀式」，都是性行為的模擬劇。真正的問題在於：「性象徵著什麼？」(註105)

當你聽見「性魔法」這幾個字，你會想到什麼？或許你心中浮現的是狂歡的縱慾儀式，人們穿著奇裝異服，發出詭異的吟誦，同時對彼此、甚至各式各樣的動物和無生物進行著難以言宣的性行為？或許你會想像人們被邪惡的魔法師及其爪牙百般凌虐，藉以召喚惡靈。或許你甚至會想，你可以加入這樣一個性魔法教派，如此便能獲得自願熱烈投懷送抱的性伴侶，即使你並不擁有最低限度的智力、吸引力、社交技巧或魅力。繼續作夢吧！

將近三十年來，我一直是克勞利所創立的魔法會社「東方聖殿會」的積極成員兼幹部。「東方聖殿會」是全球最大的泰勒瑪會社，它是個兄弟會式的宗教組織，提供進階式的啟蒙，並投入許許多多的社會及出版工作。然而，就魔法而言，該會存在的目的，主要是為了保存並傳承某種潛藏強大威力的特殊魔法祕密。該會階層結構的設計，便是要為會中最認真執著的入門者做好準備，提供他們工具去發現這個祕密，並安全有效地運用它。這個至高的祕密，便是性魔法的一種特殊技巧。它是該會第九階層「真知的最高聖殿」（Sovereign Sanctuary of the Gnosis）之成員的神聖祕密，此階層成員的責任，便是運用這項祕密，來增益自身的靈性進化。

我知道，當讀者得知上述令人遐想的縱慾場景，和「東方聖殿會」的階層啟蒙或任何其他公開或私下的儀式和活動，都絲毫沾不上邊時，有些人不免會感到失望。「東方聖殿會」並不會閱讀會員的日記，監控他們的魔法施為或性生活，也不會侵犯他們的身體。換句話說，你可以在「東方聖殿會」學到性魔法的原則，但你必須自行修習。

現在你或許會問，如果全世界最大的性魔法組織並不是個狂歡縱慾的團體，那麼，這「性魔法」究竟是怎麼回事？我的好友唐諾·麥可·克瑞格（Donald Michael Kraig）曾為它下了一個很棒的定義：性魔法

是「駕馭性活動所引發之能量的種種技巧，並導引這些能量，以實現施術之人的渴望。」[註106]

這個定義中的關鍵詞是「渴望」。魔法師所渴望的目標，在魔法術語上稱爲「施術的對象」（the object of the operation）。「渴望」一詞，暗示著胡亂施法企圖蠱惑鄰人的母牛與獲致完美靈性解脫之間的差異。我之所以在本章中提出這些，是因爲沒有任何事物，會比神聖守護天使更應當令人熱烈渴欲的了。與個人的神聖守護天使達成認知與對話的經驗，往往被描述爲與「性」極其相似，應該也就不會令人訝異了。

幾乎每個人都知道性高潮的狂喜。在那個黃金時刻，我們的自我就像童話中國王與王后的意識般消融了。在那超越時間的一刻，你與宇宙中一切其他事物之間完全沒有分隔——（可能）包括你施術的對象（你心中的渴望）。難道你看不出來，一個人如何能夠如同有紀律的瑜珈師般，運用力量與能量獲致那超越時間的一刻，與他施術的對象合而爲一，然後將之孕育、最終創生出來？這是最高層次的技術魔法，不應在任何方面與性教派或團體的淫亂胡搞混爲一談。

人類性行爲只不過是此種「性之煉金術」的一種非常狹隘的表現。其原則確爲普世共通，而其動力則運作於存在的一切層面。它是將能量轉化爲物質、陽光轉化爲黃金、你我轉化爲神的魔法。

本書的第一單元在此結束了。現在我想暫停一下向你道賀，恭喜你忍受了這麼些我認爲在開始研究克勞利的托特塔羅之前，應該知道的一些事。我明白，對許多人而言，這是種折磨。我已經盡力解說清楚，如我希望在我研習之初就能讀到的那樣。但我也相信，必定有人仍然感到一頭霧水。我希望你們能夠堅持下去，並在研讀下一單元（探討個別的牌）時，不時回頭參照此一單元的內容，以及第二十一章的詞彙定義。

PART

II

紙牌

The Cards

第 12 章

紙牌緒論

INTRODUCTION
TO THE CARDS

我對克勞利作品的認識，足以讓我知道，要冒昧地詮釋他，對我而言是很不智的。已經有綽綽有餘的克勞利資料，足以讓克勞利來解釋克勞利。不過，要在你需要時找到這些資料，卻可能是個問題[註1]。

我們已然熟悉了許多在你開始研習克勞利的托特塔羅之前，應該知道的一些事，我想我們差不多已準備好來檢視這些紙牌本身，而無須一再分心，岔離主題去討論喀巴拉、泰勒瑪、煉金術，和以諾派魔法的基本知識。心知自己的立足之處乃是聖土，在開始評註個別的牌時，我心中不免惴惴不安。我已盡我所能地擺脫自以為是的推測，將我個人的臆測和理論減至絕對的最低限度。

舉例而言，如果我說，「調節」牌中的女神是「愚人」的女友，或說「惡魔」乃是被邪惡之人誤解的神，或是「魔法師」受到了詛咒，因此他所說的一切都被扭曲、誤解，全都是因為克勞利曾在他浩繁著作中的某個地方如此說過。我並不為大量引用克勞利的作品而自我辯解，我經常引述他的若干著作，包括《托特之書》、《大師之心》（*The Heart of the Master*，[註2]）、《魔法四書》（*Magick, Book IV*）、《春秋分點》、《光明無邊》（*Konx Om Pax*）、《奧爾菲斯》（*Orpheus*）……，以及他與哈利斯夫人的書信。所有這類的引文，我都煞費苦心地確認出處，並詳加標示。不過，儘管我這麼說，我還是必須提醒讀者，並非托特塔羅的每一個面向都是全新或革命性的。耗費太多時間精力在每個奇特的筆跡或印刷瑕疵中，尋找隱藏的克勞利密碼，往往是心理不穩定的症狀，而非靈性啟悟的表徵。

事實是，托特塔羅中大多數的牌，無論是格式還是基本的圖像，均非克勞利所發明。作為「金色黎明會」的成員，克勞利被鼓勵去運用該會文獻概略描述的特定圖像及色彩，繪製一套自己的塔羅牌。哈利斯夫人握有書面的描述，同時也很熟悉當時已經出版的「萊德」牌——那是由潘蜜拉・柯爾曼・史密斯（Pamela Colman Smith）在亞瑟・愛德華・韋特（Arthur Edward Waite）的指示下繪製的。在討論每一張牌時，我會描述「金色黎明」的原始設計，並會盡可能指出它與托特牌的異同之處。

大阿卡納與小阿卡納
THE MAJOR AND MINOR ARCANAS

當我們拿到一副全新的塔羅牌並將之拆封,通常會發現它們是很有組織地整齊排列著。最前面的二十二張牌標示著羅馬數字O－XXI,稱為大阿卡納牌。其餘的五十六張,稱為小阿卡納牌,分為四個牌組。這四個牌組通常依序是「權杖」、「聖杯」、「寶劍」和「圓盤」。每個牌組各有十四張牌,其中包含四張宮廷牌(騎士、王后、王子和公主,[註3]),以及十張小牌(王牌到十號牌)。

這是大多數塔羅牌出廠時的排列方式。然而,塔羅真正的位階排序卻應該是下面這樣(我們很快將會說明這種排列方式背後的邏輯):

· 從O到XXI號的二十二張大牌:

· 依「權杖」、「聖杯」、「寶劍」和「圓盤」排列的四張王牌:

· 依牌組順序(「權杖」、「聖杯」、「寶劍」和「圓盤」)排列的十六張宮廷牌(每個牌組又按照騎士、王后、王子和公主的位階排列):

· 依牌組順序(「權杖」、「聖杯」、「寶劍」和「圓盤」)排列的三十六張數字牌(每個牌組又按照二到十號的順序排列)。

從喀巴拉的觀點來看,大小阿卡納之間的關係非常複雜——如果不是全然神祕莫測的話。在這一點上,我可以岔出好幾百頁的篇幅,討論哪個喀巴拉世界主掌哪組阿卡納[註4],但我打算省略這番迂迴。克勞利曾說:「如果有人容許自己被迂腐的學問誘離了正軌,塔羅將會失去它所有的生命力。」[註5]我再同意不過了。所以,就讓我們試著對自己寬鬆一點吧。

看待這兩組阿卡納牌，有種簡單（如果不是完全正確）的方式，是將它們投射在五角星圖形上。

在圖二十二中，大阿卡納牌（二十二張大牌，或稱「ATU」）代表「靈」，位於五角星的頂端。每一張大牌，在本質上，都是一個神性的人物，「擁有自己私人、個人而特殊的宇宙。」[註6] 每一張牌各自呈現至高實相的某個面向——某個琢面。正如「靈」元素，這些大牌的影響力，遍及於意識與造物的一切層面——相斥、相吸、連結、分離著無限的元素組合。

圖22　大小阿卡納的五角星圖形
THE PENTAGRAM OF THE MAJOR AND MINOR ARCANAS
大阿卡納統御著小阿卡納，正如「靈」統御著四元素

小阿卡納則是五角星的四條「元素」之臂，由「靈」（大阿卡納）所整合、並同時分隔著。小阿卡納牌並非神性的人物，而「主要是『次元素』的，是造物者、四字母聖名之下『盲目驅力』的各個部分。」[註7]

我知道這並不容易消化，尤其是對喀巴拉思想的細節並不特別感興趣的讀者。如果我們這樣看，或許這一切會比較容易理解：

· 每張大牌都自成一個世界——是意識整體、亦即靈性及宇宙觀之
終極實相的二十二分之一的琢面；

· 每張大牌都可以被想成擁有整組五十六張的小阿卡納牌，這些牌
歸它統屬，並以之執行其特定面向的影響力。

我們可以相當正確地主張，在一副完整的塔羅牌中，其實有1,232
（22 X 56）張牌。五十六張小阿卡納牌，在二十二張大牌所編導的
二十二齣互不相同、但卻緊密相連的戲劇／喜劇中盡職地扮演它們的基
本角色。在《托特之書》中，克勞利曾以「圓盤三」（工作）為例，解說這
一切是如何運作的：

> 歸屬於「女祭司」或「戀人」的「圓盤三」，可能代表建立一處
> 類似德爾菲的神諭所。「大祭司」的「圓盤三」可能指向建造一座天
> 主教堂。「塔」牌的「圓盤三」或許是指召集一批常備軍隊。這類配
> 對所喚起的概念，可以是無窮無盡的冥想源頭，對於任何想用塔羅
> 來占卜的人，也是一種寶貴的練習[註8]。

在接下來的篇幅中，我會簡短地逐一討論托特塔羅的七十八張牌。
我會將主要的焦點擺在每一張牌的魔法及靈修傳統上，是它們將這張
牌創生為一個塔羅實體；我也會說明各種占星及喀巴拉要素，是如何融
混起來，創造出每張牌獨一無二的特性。（占卜上的意義和克勞利的占卜
方法，請見第二十章）。在可能的情況下，我也會摘錄哈利斯與克勞利討
論這張牌的書信內容，這是我覺得特別有趣的。

現在，我們開始要來討論托特塔羅的七十八張牌了。首先從大阿卡
納開始。

第 **13** 章

大阿卡納緒論

INTRODUCTION
TO THE MAJOR ARCANA

我書中所有的古老字母都是正確的，但「ϫ」並不是「星星」。這也是個祕
密：我的先知將會向智者揭露它[註9]。

沒有人眞的知道塔羅牌起源何處。很顯然地，在紙張發明之前，它們是不可能以紙牌的形式存在的。事實上，我們只能推溯到十五世紀前半的北義大利，在此之前，就無法有任何程度的確定性了。當時，它們被稱爲「carte da trionfi」（勝利之牌），用來玩一種類似現代橋牌的遊戲。後來，在一五三〇年代，這些牌的名稱就變成了「塔羅奇」（tarocchi，單數形爲tarocco，意爲「塔羅」）。

　　早期的牌，展現著激發文藝復興精英份子想像力的意象——古代的神祇、英雄、美德、惡行，以及高踞戰車寶座上的各種人物，作爲盛大凱旋遊行隊伍的一部分，依照地位順序「勝過」彼此。後來又增補了其他的人物，包括來自新舊約《聖經》預言書中的神祕意象。再後來，共濟會的概念也加入了，像是四種公衆及個人的美德：「節制」、「堅毅」（力量）、「正義」和「謹愼」（戀人？），也都出現在塔羅牌中。

大阿卡納的順序
THE ORDERING OF THE TRUMPS

　　大體而言，任何熟悉傳統塔羅圖像的人，應該都能立即辨識出「托特塔羅」中個別的大牌。「新紀元」牌是最爲顯著的例外。

　　在「托特塔羅」中，二十二張大牌的正式名稱是「Atus of Tahuti」。根據克勞利的說法，「Atu」是古埃及文，意爲「房屋」或「鑰匙」；而「塔胡提」（Tahuti）則是天神托特（相當於漢密斯或墨丘利的埃及神祇）的別名。克勞利也告訴我們，「atout」是法文片語「bon à tout」的縮寫，意爲「對什麼都好」，也就是玩牌的人所說的「百搭牌」（wild card）。

　　最早的塔羅牌上，大牌並沒有印上標題，它們的數字和順序也並不統一。不過，早在一四九〇年代，二十二位人物和圖像的基本陣容，已經

出現在整個歐洲，成爲一種標準的模型，而牌的順序也和現代塔羅大同小異。

沒有眞正的證據顯示，這種標準化的過程，是出於任何神祕學上的原因。它可能只是一種流行遊戲自然整合的結果。儘管如此，這種現象本身便可能有著深刻的蘊涵，透露人類心靈的內建構造，是如何對原型的意象做出反應。

在那個時代，人造的圖像只侷限於稀少的繪畫、雕像和建築上，一組可攜帶的彩色圖像的問世，讓人們可以在閒暇時一連觀賞好幾個小時，對十五世紀歐洲人的心靈想必會造成相當大的衝擊，不下於照相和電影之於十九、二十世紀的人們。

除了一處例外，「托特塔羅」的大牌順序和「馬賽塔羅」大致相符，而此順序則與最初由凱特林·傑佛瑞（Catelin Geoffroy）在一五五七年建立的牌序（註10）一致。「托特塔羅」同時也依循「金色黎明會」的祕密體系（也是只有一處例外），將某些希伯來字母及其對應的元素、行星或星座屬性分派給各張大牌。這個唯一的例外向來是（也將持續是）現代神祕學研習者熱烈討論和爭辯的源頭。在接下來的數頁中，我將盡我所能，解說托特塔羅爲何將希伯來字母「Tzaddi」（צ）分派給第四張大牌「皇帝」，而將字母「Hé」（ה）分派給第十七張「星星」，而非顛倒過來。這全是由於《律法之書》中一段詩篇中的一個句子：「我書中所有的古老字母都是正確的，但『צ』並不是『星星』」（註11）。

如果你一開始覺得以下的內容難以理解，請別感到沮喪。哈利斯夫人曾經相當坦白地對克勞利提出她的困惑：

> 同時我也覺得你沒把「Tzaddi」說清楚──「皇帝」。你可以提供一份圖表嗎？這陣子晚上我對安·克莉絲蒂（Ann Christie）

讀你的書，雖然她很有興趣，但卻無法理解你的書，到後來我也不確定自己是否懂得。這將是未來引起最多爭議的一點。除了保密之外，這兩個環圈有任何理由嗎？當然！若是沒有，為何不去掉這環圈，而「皇帝」應該是「17」還是「4」號，而「星星」又該是「4」號還是「17」，而「力量」是「11」，「正義」是「8」。我想我仍然一頭霧水，但是如果我弄錯了，你必須講得更清楚些，因為我的智力只比普通人差一點點。下回見啦 (註12)。

但願我們能看到克勞利對這封信的回覆。那可能會很類似他在稍晚出版的《人人的律法》（*The Law Is for All*）中的這段評論：

> 將「Tzaddi」的奧祕向「智者」揭露，我倒不覺得有什麼害處；其他人將難以理解我的說明。「Tzaddi」是「皇帝」牌，也就是第四號大牌的字母，而「Hé」則是「星星」，第十七號大牌。因此，水瓶座和牡羊座是互換了的，以雙魚座為樞軸旋轉，正如第八和第十一號大牌，獅子座與天秤座，以處女座為樞軸旋轉。這最後的揭示，令我們的塔羅屬性超卓、完美、無瑕地相互對稱 (註13)。

若無圖表參照，我們很難在腦海中想像這段說明。《托特之書》中包含了圖示和表格，但彼此並不總是相符。以下的圖表，是我試圖把事情釐清的最佳嘗試。

「金色黎明」的宗師們參考既存及／或創新的祕傳學說，為每張大牌都分派了一個希伯來字母。在其他蘊義之外，這二十二個希伯來字母也代表著三種原始元素、七顆行星，以及黃道的十二個星座。

表6 使用「托特塔羅」之標題及「金色黎明」之屬性的傳統序列

傳統的大牌號碼	大牌標題 (托特塔羅)	希伯來字母序列	二十二個希伯來字母
0	愚人 FOOL	1	Aleph（風元素）
1	魔法師 MAGUS	2	Beth（水星）
2	女祭司 HIGH PRIESTESS	3	Gimel（月亮）
3	皇后 EMPRESS	4	Daleth（金星）
4	皇帝 EMPEROR	5	Hé（牡羊座）
5	大祭司 HIEROPHANT	6	Vau（金牛座）
6	戀人 LOVERS	7	Zain（雙子座）
7	戰車 CHARIOT	8	Cheth（巨蟹座）
8	調節＊ ADJUSTMENT	12	Lamed（天秤座）＊ (Teth-獅子座在字母序列中位於此處)
9	隱士 HERMIT	10	Yod（處女座）
10	命運 FORTUNE	11	Kaph（木星）
11	慾望＊ LUST	9	Teth（獅子座）＊ (Lamed-天秤座在字母序列中位於此處)
12	吊人 HANGED MAN	13	Mem（水元素）
13	死神 DEATH	14	Nun（天蠍座）
14	藝術 ART	15	Samekh（射手座）
15	惡魔 DEVIL	16	Ayin（魔羯座）
17	塔 TOWER	17	Pé（火星）
17	星星 STAR	18	Tzaddi（水瓶座）
18	月亮 MOON	19	Qoph（雙魚座）
19	太陽 SUN	20	Resh（太陽）
20	新紀元 AEON	21	Shin（火元素 & 靈元素）
21	宇宙 UNIVERSE	22	Tau（土星 & 土元素）

　　除了兩處例外（在表六中以雙箭頭標出），二十二張大牌的順序齊整地依循著二十二個希伯來字母的序列。這兩處例外，關係著兩張大牌的傳統位置——八號牌（「調節」，在較早的牌中是「正義」）和十一號牌（「慾望」，在較早的牌中是「力量」）。如果我們依循希伯來字母的自然順序，「調節」會被分派到第九個希伯來字母「Teth」（代表獅子座），而「慾望」則會分派到第十二個字母「Lamed」（代表天秤座），但實際上並非如此，於是「金色黎明」的宗師們做出了修改。

在表七（只顯示代表星座的大牌）中，我們比較容易看清楚這一點。請留意「金色黎明」將「力量」牌（「慾望」）改爲第八號，而將希伯來字母「Teth」分派給它；又將「正義」（「調節」）改爲第十一號，將字母「Lamed」分派給它。如此的安排，同時回復了黃道十二星座和希伯來字母的自然順序。

儘管井然有序又合乎邏輯，這樣的安排卻打亂了大阿卡納牌的傳統順序。這令「金色黎明」的許多成員感到不安，包括克勞利。「托特塔羅」依循「金色黎明」的模式，將「Teth／獅子座」分派給「慾望」牌，而將「Lamed／天秤座」派給了「調節」，但它維持了傳統的大牌順序，以「慾望」爲第十一號、而「調節」爲第八號大牌。

表7　金色黎明的安排：回復了黃道星座及希伯來字母的自然順序

大牌號碼	大牌標題 （托特塔羅）	黃道星座	十二個代表黃道星座的希伯來字母
4	皇帝	牡羊座	Hé
5	大祭司	金牛座	Vau
6	戀人	雙子座	Zain
7	戰車	巨蟹座	Cheth
8	慾望＊	獅子座	Teth＊
9	隱士	處女座	Yod
11	調節＊	天秤座	Lamed＊
13	死神	天蠍座	Nun
14	藝術	射手座	Samekh
15	惡魔	魔羯座	Ayin
17	星星	水瓶座	Tzaddi
18	月亮	雙魚座	Qoph

如果我們將此變動投射在黃道帶上,就會像是在處女座前後形成了一個扭彎或環圈,將星座的自然順序由「獅子—處女—天秤」轉變為「天秤—處女—獅子」。

圖二十三顯示黃道十二星座的自然順序;圖二十四則顯示了獅子/天秤的扭轉。

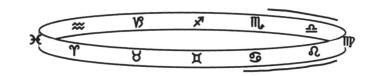

圖23　黃道十二星座的自然順序

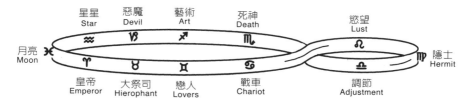

圖24

扭了彎的黃道帶。「TETH」(獅子座)和「LAMED」(天秤座)交換了位置。
請留意處女座的位置維持不變

此種安排給了我們一個奇特而不太平衡的黃道圖,但克勞利似乎不以為意,至少直到一九〇四年四月八日正午十二點過後不久。當時他正在開羅的旅館房間內,透過高靈「愛華斯」(Aiwass)接收《律法之書》的第一章。為努特女神發聲的愛華斯,剛剛口授了以下的字句:「在我的星星之下呼喚我!愛即律法,意志下的愛。亦不要讓愚者誤解了愛;因為愛與愛互不相同。有鴿子,也有蛇。你要善加選擇。他,我的先知,已經做了選擇,明白堡壘的律法,以及『神之屋宇』的偉大奧祕。」[註14]

當克勞利「聽見」愛華斯提及「堡壘」和「神之屋宇」等詞句（第十六號大牌「塔」的別名），心中生起了一個疑問，尋思塔羅大牌順序的整體正確性。當愛華斯口授下一句時，他的疑問立刻得到了回答：「我書中所有的古老字母都是正確的，但『צ』並不是『星星』。這也是個祕密：我的先知將會向智者揭露它。」[註15]

這段評述令克勞利感到困惑。如果「Tzaddi」不是「星星」，又會是哪張牌？分派給「星星」牌的，又該是哪個希伯來字母？這個問題的答案過了一段時日方才揭曉，但是當它來臨時，克勞利無疑認為自己心中早已了然。「Tzaddi」是「皇帝」。

這張牌被分派給字母「Tzaddi」，而它對應著黃道中的「牡羊座」。這個星座的守護星是火星，而太陽在此坐旺（exalted）。因此這個星座的能量組合，乃是最為物質的能量形式，且帶著「權威」的概念。「TZ」或「TS」的符號，以最為原始、擬聲的語言形式暗示著這一切。它係由梵文的字根演變而來，原意為「頭」及「年齡」，而今天在「凱撒」（Caesar）、「沙皇」（Tsar）、「司令官」（Sirdar）、「元老院」（Senate）、「年長的」（Senior）、「紳士」（Signor）、「先生」（Señor）、「爵爺」（Seigneur）之類的字詞中都能見到[註16]。

原本分派給「皇帝」的字母是「Hé」，現在它要被分派給「星星」。「Hé」這個字母既是「YHVH」的陰性成分（「Binah」的天界母親「Hé」，以及「Malkuth」未被救贖的女兒「Hé」），亦是第十七號大牌所描繪的「星星女神」之完美代表。為什麼以前就沒人想到呢？

當然，克勞利並不滿足於僅僅知道如何調換；他必須找出更合乎神祕學及內在規則的理由，來解釋「Tzaddi」為何不是「星星」。

看看表八和圖二十五便會發現，對調希伯來字母「Hé」和「Tzaddi」所代表的大牌，就會打亂黃道帶另一端的星座之自然順序，彷彿雙魚座的前後也出現了一個環圈，將星座的順序從「水瓶—雙魚—牡羊」變成了「牡羊—雙魚—水瓶」。

表8　克勞利的安排：回復了黃道星座及希伯來字母的自然順序

大牌號碼	大牌標題 (托特塔羅)	黃道星座	十二個代表黃道星座的希伯來字母
4	皇帝	牡羊座	Tzaddi ←
5	大祭司	金牛座	Vau
6	戀人	雙子座	Zain
7	戰車	巨蟹座	Cheth
8	調節	天秤座	Lamed*
9	隱士	處女座	Yod
11	慾望	獅子座	Teth*
13	死神	天蠍座	Nun
14	藝術	射手座	Samekh
15	惡魔	魔羯座	Ayin
17	星星	水瓶座	Hé ←
18	月亮	雙魚座	Qoph

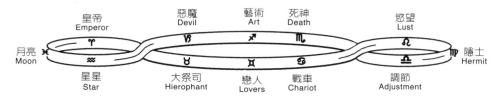

圖25

有兩個環圈的黃道帶。「金色黎明」對調了「Teth」（獅子座）和「Lamed」（天秤座）；而克勞利則對調了「皇帝」（Tzaddi）和「星星」（Hé）

看來這樁公案始終是脫不了困惑和爭議的了。雪上加霜的是,克勞利在《托特之書》中提供給我們的圖表和敘述,也常常自相矛盾。最令人抓狂的是:

- 表二十,將水瓶座分派給「皇帝」,而將牡羊座分派給「星星」;

- 在他討論「皇帝」牌的最後一段(《托特之書》第78頁)中,他提到「皇帝」牌在「生命樹」上的路徑,彷彿它還佔據著原來的位置,連接薩弗拉二「Chokmah」和薩弗拉六「Tiphareth」。

這是出於無可避免的排版錯誤,還是由於克勞利不願令《律法之書》中任何特定的文句變成嚴格的教義,可能永遠會是個謎。但我整理了一份快捷的參照表,是我希望在我開始研習托特塔羅之初就能擁有的。它可能並不符合《托特之書》中的每一個陳述和圖表,但已是我所能做出的最為前後一致的一覽表。

第四號大牌是「皇帝」

- 分派給「皇帝」牌的黃道星座是牡羊座;

- 分派給「皇帝」牌的希伯來字母是צ「Tzaddi」(以及צ「Tzaddi」所代表的一切);

- 在「生命之樹」上,「皇帝」牌的位置是在「路徑28」上,它連結著第七個「薩弗拉」「Netzach」和第九個「薩弗拉」「Yesod」。

第八號大牌是「調節」

- 分派給「調節」牌的黃道星座是天秤座;

- 分派給「調節」牌的希伯來字母是ל「Lamed」(以及「Lamed」所

代表的一切）：

- 在「生命之樹」上，「調節」牌的位置是在「路徑22」上，它連結著第五個「薩弗拉」「Geburah」和第六個「薩弗拉」「Tiphareth」。

第十一號大牌是「慾望」

- 分派給「慾望」牌的黃道星座是獅子座；

- 分派給「慾望」牌的希伯來字母是ט「Teth」（以及「Teth」所代表的一切）；

- 在「生命之樹」上，「慾望」牌的位置是在「路徑19」上，它連結著第四個「薩弗拉」「Chesed」和第五個「薩弗拉」「Geburah」。

第十七號大牌是「星星」

- 分派給「星星」牌的黃道星座是水瓶座；

- 分派給「星星」牌的希伯來字母是ה「Hé」（以及「Hé」所代表的一切）；

- 在「生命之樹」上，「星星」牌的位置是在「路徑15」上，它連結著第二個「薩弗拉」「Chokmah」和第六個「薩弗拉」「Tiphareth」。

大阿卡納的分組
THE DIVISION OF THE TRUMPS

　　幾乎有無限多的方式，可以將二十二張大牌分組、結合，以供冥思及啓迪之用。最明顯的，當然是將之區分爲三張元素牌、七張行星牌，以及十二張星座牌。另一種十分風行的分組方法，是將「愚人」擺在最頂上，然後以連號的順序，排成每組七張的三個橫列，每一列都代表某種性格或意識的面向或特質。如此，這些牌亦可被視爲每行三張的七行牌，彼此以某種方式起著聯繫。舉例而言，第一行會是「魔法師」在最頂上，「調節」居中，而「惡魔」在下，或許暗示著某種宇宙的眞理，關係著「魔法師」的顯化本質，或是某種諸如此類的靈性功課。

　　我個人則相信，任何安排或組合這些牌的方式，都是一種合理的冥想練習。說到底，大阿卡納乃是一種普世的意象字母系統，無論我們如何拼湊、組合，它們都必然會拼出些什麼來。

　　深埋在《托特之書》中，在克勞利對「女祭司」牌之評註的最後一段，他揭露了關於二十二張大牌根本性質的一項最驚人的祕密：

> 　　特別要留意的是，那三個連續的字母──「Gimel」、「Daleth」和「Hé」（第二、三及十七號大牌），以組成「三位一體女神」的三種形式，展現了陰性的象徵（陰）。緊接在此「三位組合」之後，是三位與之對應而互補的父親──「Vau」、「Tzaddi」和「Yod」（第四、五及九號大牌）。零號和一號大牌是雌雄同體的。其餘的十四張大牌，則表現著這些「存有的原初精粹」之連結、作用或顯化 [註17]。

　　如果上文令你一頭霧水，或是有些無感，且讓我拿出我的「克勞利文／英文」字典，試著翻譯一下：

有八張大牌（「愚人」、「魔法師」、「女祭司」、「皇后」、「皇帝」、「大祭司」、「隱士」，和「星星」）是屬於某種特殊的級別。它們是「存有的原初精粹」（為了好玩，就讓我們稱之為「一級大牌」好了）。

依照性別，「一級大牌」又可分為三類：

一、「愚人」和「魔法師」是雌雄同體的；

二、「女祭司」、「皇后」和「星星」，以三種形式展現陰性的象徵；

三、「皇帝」、「大祭司」和「隱士」，以三種形式展現陽性的象徵。此三者與「女祭司」、「皇后」和「星星」乃是相互對應而互補的（雖然克勞利並未清楚指出如何配對）。

其餘的十四張大牌（我們姑且稱之為「二級大牌」），每一張都以下列三種方式之一，表現一或多張「一級大牌」：

一、作為該「一級大牌」與它七位同伴中的一或多張結合時，其特性及行為的一種表現；

二、作為該「一級大牌」如何起作用的一種表現；

三、作為該「一級大牌」如何顯化的一種表現。

克勞利並沒有給我們任何例子，而是讓我們自己想辦法去運用這條理論，但只消將這些牌把玩片刻，便能提供許多思考的素材。

舉例而言（也是最明顯的），二級大牌「戀人」，可以被視為一級大牌「皇后」與「皇帝」結合時，其特質及行為的表現（就這點而言，「女祭司」和「隱士」也是如此）。

這種演練，以及許許多多在你的塔羅生涯中可能會遇到的其他練

習，隨著你對牌日益熟悉，將自然而然地變得更加有效（也更有趣）。在我看來，你需要銘記在心的最重要的事情是，沒有任何一張大牌（事實上，是任何一張塔羅牌）是獨立存在的。它們全都密切相連。大阿卡納是一齣皇皇大戲，其中有二十二幕，可以如模組般，以無限多種方式組合演出。

說了這麼多，該是為這齣大戲揭開序幕、介紹人物卡司的時候了。不過在此之前，我想提醒讀者，塔羅訴說著一個故事，而正如一齣戲或一部電影，最好是從開頭看到最後，才能充分領略它的訊息。

一旦你熟悉了它的人物和情節，便可以跳來跳去，更加仔細地研究你最喜歡的場景和人物。因此我強烈建議，當你初次閱讀下面討論單張牌的章節時，最好依照它們出場的順序，一路讀到最後。

塔羅的故事就是你的故事。細細品味它，當你讀完——你將會脫胎換骨，成為另一個人。

第 14 章

大阿卡納牌

ATU OF TAHUTI—
THE MAJOR ARCANA TRUMPS

終極而言,大阿卡納所有的這些象徵,乃存在於一個超越理智且高於
理智的領域。研究這些牌最重要的目的,便是訓練心智,以此種崇高的
方式清晰且連貫地思考。這向來是大祭司們所瞭解的啟蒙法門之特徵
〔註18〕。

零號牌 / 愚人

ATU 0
THE FOOL

乙太之靈
The Spirit of the Æther

風之元素牌
Elemental Trump of Air

❋

原始設計 /
一位以側影示人的蓄鬚老者。他笑著，左手捧
著一顆球，裡頭包藏著「幻覺」；而在他的右
肩，一柄長463行的柱杖則握在他的右手中。
他腳下蹲伏著一頭獅子和一條龍，但他對牠們
的攻擊或愛撫似乎毫無所覺[註19]。

希伯來字母 /
Aleph（公牛）。

生命之樹 /
路徑11，連結（1）「Kether」——王冠，至
（2）「Chokmah」——智慧。

色彩 /
明亮的淺黃、天藍、藍翡翠綠、灑金斑的翡翠
綠。

一無所知！
對純真而言，一切途徑均為正當。
純然的愚昧乃是啟蒙的鑰匙。
寂靜迸發而為狂喜。

非男非女，而是二而為一。
寂然靜默，藍色之卵中的嬰孩，如此
你將可成長，承受聖矛與聖杯！

獨自漫遊、歌唱！在國王的宮殿中
他的女兒正等待著你[註20]。

我將會和「愚人」搏鬥一番。他不斷扭來扭去,我看不清他。他身邊可有小孩?他的袋子是不是弄臣的氣球?那份純真的興高采烈需要聖人的畫筆,而我畫出來的線條卻像是黏糊糊的糖蜜。但願我能以水晶來作畫[註21]。

—— 哈利斯致克勞利,日期不詳

你可能會感到奇怪,但我將引用克勞利對於最後一張大牌「宇宙」的描述,來開啟我對第一張塔羅大牌「愚人」的評論:

因此這張牌本身包含著某種完成的符號,標記著最高意義上之「偉大工作」的完成,正如「愚人」牌象徵著它的開始。「愚人」是正要流入顯化的「負」;而「宇宙」則是顯化的表現,它的目的已經完成,準備回歸。這兩張牌之間的二十張牌,則展現「偉大工作」及其媒介之各個不同的階段[註22]。

在本質上,其實並沒有二十二張大牌,而只有一張——「愚人」。所有其他的大牌,都住在「愚人」之內(並由之釋出)。在所有七十八張塔羅牌中,沒有比它更受尊崇、也更被誤解的了。在《托特之書》中,克勞利用了超過二十四頁的篇幅,單單討論這張牌,此中,他給了我們一趟旋風般的旅行,遍訪了希臘、羅馬、印度、希伯來、基督教和「異教」神話的重要神祇。

「愚人」最為人熟悉的形象是一位年輕的流浪漢,頭上戴著月桂葉或長春藤編織的花環。他手握一朵白玫瑰,身穿五顏六色的外衣,肩上挑著一根木棒,尾端繫著一個袋子或包袱。有時會有一隻狗或鱷魚在啃咬他的腳。他漫不經心地走向懸崖邊緣,眼光不負責地投向天空。他一腳仍然踩在實地上,另一腳則作勢跨出致命的一步,墜入萬丈深淵。哈

利斯夫人的「愚人」則有所不同——他的兩隻腳都不太穩固地踏在半空中！

　　為何「愚人」如此神祕而又令人敬畏？他難道不僅只是中世紀人物卡司中的一員，對著「皇帝」、「皇后」，和「大祭司」插科打諢的弄臣？或許吧！這種形象確實符合這張牌許多傳統版本的圖像。但是從神祕學的觀點來看，「愚人」要比這多得多（事實上，是少很多、很多）。「愚人」提出了終極的謎題，萬物的創生和生命的意義是個難以理解的玩笑。「愚人」超越了神。他就是「無」，是當我們說，「『無』創造了神。『無』超越神。『無』比神更偉大」時，所指的「無」。「愚人」的腦袋全然空空如也，因為如果裡頭有任何東西，他的天真便會被摧毀。

　　作為第一張大阿卡納牌，「愚人」被視為第一號牌，是很合乎邏輯的。然而，他卻並非第一號牌，他是零號。這是「愚人」頭一個、也是最偉大的戲法——從「無」之中創造出「一」（以及隨之而來的所有其他的一切）。

　　你的理性頭腦在吶喊：「這太瘋狂了！」而你的理性頭腦是正確的——在某種程度上。「無」中可以生出「有」，這不合理。然而，如果我們要將「無中生有」的非理性概念擬人化，還有什麼會比一個不知所謂的傻瓜——也就是愚人——更好的吉祥物呢？

　　我曾看過好幾幅被克勞利打回票的早期草圖。令我開心萬分的是，我發現其中兩幅，確然無誤地呈現著喜劇演員哈潑·馬克斯（Harpo Marx）的造型。太貼切了！在馬克斯兄弟的電影中，哈潑一向是典型的傻子。即使是「哈潑」這個名字，都透露了他的真實身份。他不僅僅是那個追逐女孩的小丑，愚弄著所有一本正經、道貌岸然的角色，而且他還從頭到尾不發一語。他沉默不語，就像「愚人」由之取材建

構的那些神話人物；他沉默不語，就像希臘的純眞之神哈潑克拉提斯（Harpocrates）；他沉默不語，就像被潘修斯王（Pentheus）詢問「何爲眞理？」的酒神戴奧尼修斯（Dionysus）；他沉默不語，就像站在羅馬總督彼拉多面前、被詢問同一個問題的耶穌基督。

　　「托特塔羅」的「愚人」牌保留了傳統塔羅爲人熟知的元素，但也大膽地主張，我們正在處理的人物不是別的，而是每個時代和文化中最不可思議的至上神祇。他是異教徒的「春之綠人」；是贏得「聖杯」的天眞傻瓜帕西法爾（Parsifal）；是純眞的古埃及寂靜之神胡爾－帕－克拉特（Hoor-Pa-Kraat），足踏著鱷魚神──「吞食者」塞貝克（Sebek）。他狂野的雙眼、頭上的角、腳邊的老虎，還有松毬、葡萄和藤蔓，顯示他是千百年來以「戴奧尼修斯」之名受人崇拜的宇宙祕密要素──戴奧尼修斯・札格列歐斯（Dionysus Zagreus），生著角的宙斯之子；以及巴庫斯・戴弗斯（Bacchus Diphues），醺醉且瘋狂「泛性」（omni-sexual）的神聖狂喜之神。

　　哈利斯夫人筆下的「愚人」，是神聖意象的萬花筒，其中許多意象要在長久冥思之後（還得藉助一面放大鏡），才會顯現出來。有三道迴圈從他的心臟發出，然後又回歸到心臟。從這些迴圈後面，他迸入存有的半空中。這三道迴圈是「Ain」、「Ain Soph」，和「Ain Soph Aur」，也就是喀巴拉學者所教導、肇生出造物之奇蹟的「空無之三重帷幕」（註23）。他的包袱滿滿裝載著行星及星座的硬幣，亦即整個宇宙。

　　「愚人」就是聖靈本尊。聖靈的象徵「白鴿」；轉化的象徵「蝴蝶」；變幻不定的風之象徵「生著翅膀的圓球」；以及古埃及的兀鷹女神「姆特」（Muat）（註24），全都從「愚人」右手所執的「聖杯」中湧流而出。如同聖處女瑪利亞，瑪特感應風之聖靈（氣息）而受了孕。「這整個圖像，」克勞利告訴我們，「便是一幅創造之光的圖形符文」（註25）。

瞭解這些之後，最後我想將讀者的注意力帶到覆蓋「愚人」鼠蹊部位的太陽圖形，以及位於鱷魚頭頂、幾乎難以看見的月亮圖形上。居於這兩個原初陰陽象徵之間的，是克勞利所謂的「在中央螺旋上相互擁抱的孿生嬰兒，上方懸掛著三花合一的賜福。」[註26]

　　對於這些象徵符號的意義，我們只能思索推測。在我看來，它們極有可能是在暗示（至少是部分地）性煉金術的某些面向，而這是克勞利不太會在出版資料中詳細論述的。

　　確實，生殖過程的力量和無限的潛能，可以很妥適地歸入「創造之光」的範疇。在其他揣測之外，在此處，當我們就要開始研習其他的牌時，請諸君不要忽略這個明顯的事實──「愚人」的生殖器官被「太陽」給隱藏住了。

一號牌 / 魔法師

ATU I
THE MAGUS

力量的魔法師
The Magus of Power

水星之行星牌
Planetary Trump of Mercury

原始設計 /
一位俊美的年輕人，頭盔和腳踝上生著翅膀，
配備著魔法師的法器，施展著他的技藝。他
的姿態暗示著「卍」字（Swastika），或是閃
電，亦即神的信息[註27]。

希伯來字母 /
希伯來字母：Beth（房屋）。

生命之樹 /
路徑12，連結（1）「Kether」——王冠，至
（3）「Binah」——理解。

色彩 /
黃、紫、灰，以及泛紫羅蘭光的靛藍色。

真實自我即是真實意志之意義：
透過你的作風瞭解你自己！

好好估算你的行為準則！

自由地創造；喜悅地吸收；用心地劃分；
完整地鞏固。

在永恆中工作，並為永恆工作，
全能，全知，無所不在[註28]。

我有一張目錄的封套，是由「太陽雕版公司」（Sun Engraving Co.）製作的。這將會印製得很精美，將「魔法師」以紙牌的形式完美地複製，尺寸正確，雕版刻印[註29]。

——哈利斯致克勞利，一九四一年五月十一日

在討論「魔法師」牌的象徵意義之前，我首先必須平息那則荒謬的傳言，說克勞利意圖為「托特塔羅」設計三張「魔法師」牌。克勞利無論如何也不可能打算創造二十四張大牌，或是一套八十張的塔羅牌。任何相反的理論或暗示，都會令他在墳墓中（如果他有墳墓的話）輾轉難安，並且也顯示對克勞利及《托特之書》的深度無知。克勞利只認可一張「魔法師」，將之納入托特塔羅，那就是刊印在《托特之書》中的那幅圖像，也是「美國遊戲公司」（U.S. Games Systems, Inc.）目前出版的托特塔羅牌中，唯一的一張「魔法師」牌。

托特塔羅的三位魔法師之謎，其實根本不是個謎。一副標準塔羅牌的七十八張牌，在印製時是用四大張卡紙引刷，每張可印二十張牌。因此每次印刷，可以印出八十張紙牌尺寸的圖像。大多數出版商會多印兩張教學或促銷用的牌，來填滿多餘的空間，但是瑞士出版商「A.G. Mueller」卻決定給「克勞利／哈利斯迷」一點額外的紅利，利用這多出來的空間，印了兩張哈利斯繪製完成、但卻被克勞利否決掉的較早版本的「魔法師」。這兩張額外的「魔法師」，只是一家慷慨的出版商所提供的貼心小禮物，並無更多神祕學上的深意。所以拜託，別再提什麼「三位智者」了！

「托特塔羅」中「魔法師」牌的名稱用的是「Magus」這個字，而非多數塔羅牌中的「Magician」或「Juggler」。它不僅僅是這張水星大牌

的標題，同時也是人類靈魂所能達到的、第二高階的靈性啓悟之稱號。克勞利晚年曾經推估，他在四十歲生日那天，也就是公元一九一五年十月十二日，達到了此一修行階層。六年之前，在一九〇九年十二月十七日，在鄰近阿爾及利亞比斯克拉城（Biskra）的北非撒哈拉沙漠中，他記錄了他以儀式誘發的以諾魔法（Enochian）第三重天的靈視異象（註30），而這也是他的「魔法師」牌中許多意象的源頭。他將之描述如下：

> 墨丘利（水星）最首要地，是「權杖」的持有者：能量放射而出。這張牌因而代表世界由之創生的「智慧」（the Wisdom），「意志」（the Will），「神之話語」（the Word），「神之道法」（the Logos）……它代表「意志」。簡言之，他是「子」，是「父」之意念的行動顯化。他是「女祭司」的男性對應人物（註31）。

「魔法師」同時也是第一張「煉金術」大牌，代表「汞」（Mercury）之煉金元素及其原則。（譯註：「Mercury」這個字，在英文中意指希臘天神「墨丘利」，同時亦指行星「水星」及煉金物質「汞」，即水銀。在本篇中，這三種意義往往是互通的。）「墨丘利（汞），」克勞利說明：「代表一切形式及階段的行動。他是所有活動之傳輸的流體基礎；並且在宇宙的動力論中，他本身便是由之而生的實質。」（註32）

事實上，「魔法師」的形體便構成了「汞」的煉金符號。他頭上的兩條蛇形成了角，而他腳旁風格化的巨大翅膀，則構成了箭頭。他被投射在墨丘利的法杖「神使之杖」（caduceus）上，在他左腳邊的翅膀後方，一道金色的陽光若隱若現，確認了墨丘利作為「太陽使者」的角色。在他右腳邊的翅膀後方，則是「托特之猿」塞諾西法拉斯（Cynolcephalus），似乎正在從牌的右下角攀緣而上。此一生物乃是一種嘲諷詛咒的擬人化表現，施加在「托特/墨丘利」神、以及所有到達

「魔法師」層級的人。由於虛假和誤解，始終存在於一切言語及書寫之中，「托特之猿」的天命任務，便是不斷地嘲諷「魔法師」的工作，並扭曲他的話語。如同克勞利曾經指出的：「顯化即暗藏著幻象。」（註33）

「魔法師」的傳統法器，是權杖、聖杯、寶劍和圓盤。克勞利論道：「他（魔法師）以『權杖』來創造，以『聖杯』來保存，以『匕首』來破壞，以『錢幣』來救贖。」（註34）托特牌中的「魔法師」歡樂地在半空中拋擲耍弄的，正是這四種法器，此外還有四種象徵：尖嘴筆、莎草紙、火炬，以及生著翅膀的卵。那權杖乃是「鳳凰魔杖」，象徵著透過自然生殖過程的復活；那聖杯係採取希臘式的風格，有著兩隻握柄；那寶劍看來是一柄窄刃匕首，是偷盜、欺騙和報復的武器；圓盤呈現著墨丘利的八角星；紙和筆則是書記的工具和器械。

在托特塔羅逐步演進的象徵體系中，那生著翅膀的卵是個特別重要的元素。在這張牌中，它適切地代表著「先於存在的零」，這，就如同「魔法師」本身，是一切正向顯化的源頭。不過它很快便會在第六號「戀人」及其他大牌中，以人稱「奧菲克祕卵」（Orphic Egg）的象徵再次出現。隨著大牌的進展，此一「祕卵」將會經歷一場最最神奇的煉金旅程，一場只在托特塔羅中曾被訴說的奇妙冒險。

這張牌中某些其他的元素，乍看之下很難察見。如果我們仔細端詳，便會發現那「神使之杖」比初見之時大了許多。它的杖柄延伸到「魔法師」腳下，一路到達牌的最底部；在此，藉由向上的推刺，它看來似乎不斷地伸展，最後穿透了空間的外膜（註35）。「神使之杖」的雙翼，橫跨了牌面上緣的整個寬度，向下一直延伸到「魔法師」頸後。柱杖頂端的圓盤之中有個圖形，看來像是一個尖端向下的箭頭，實則乃是「下降之鴿」的象徵。

二號牌 / 女祭司

ATU II
THE HIGH PRIESTESS

銀星之女祭司
The Priestess of the Silver Star

月亮之行星牌
Planetary Trump of the Moon

原始設計 /
一位戴著頭冠的女祭司，坐在賽斯（Seth）的
雙柱之間、伊西斯的帷幕之前。她正專注地讀
著一本翻開的書〔註36〕。

希伯來字母 /
Gimel（駱駝）。

生命之樹 /
路徑13，連結（1）「Kether」──王冠，至
（6）「Tiphareth」──美。

色彩 /
藍，銀，冷調的淺藍色，以及泛天藍光的銀
色。

「純淨」便是只向至高而活；而「至高」
即是「一切」：無論汝如阿蒂密絲還是潘！

汝當研讀《律法之書》，並穿透
「聖處女」的帷幕〔註37〕！

月亮，如她所為，參與了至高及至低，並填滿其間所有的空間，乃是行星之中最為普世者[註38]。

「女祭司」牌代表月亮，但第十八號大牌「月亮」，卻代表黃道星座雙魚座，這似乎有點兒奇怪。當我們討論「月亮」牌時，將會看到克勞利對這件事的說法。在此，且讓我們滿足於瞭解這一點：「女祭司」代表月亮較高的面向——連結人與神的面向；而第十八號大牌「月亮」則是——嗯……某種別的東西。

作為唯一跨越「深淵」的中柱路徑，「女祭司」在「生命之樹」上的位置是很獨特的。她連繫著終極父親「Kether」和兒子「Tiphareth」，於此同時，也將「天界三角」與「生命樹」的其餘部分連結了起來。「這張牌，」克勞利指出：「是原型世界與形式世界的唯一鏈結。」[註39] 她所跨越的「深淵」（Abyss），恰如其名地，就是靈魂的沙漠；而如同沙漠之舟駱駝，她是唯一有能力橫渡這片可怕荒漠的載具。

傳統上，與這張牌連結的主要神靈，乃是月亮女神、處女祭司、女獵神，以及，最重要地，女性作為啟蒙者的力量與奧祕。如果你細看這張牌，你會發現她膝上的弓其實是一具三弦豎琴，「因她是位獵者，以魅惑來狩獵。」[註40]

這張牌是「綜合投影幾何」（synthetic projective geometry）之繪圖原則的教科書範例[註41]。女祭司的雙臂向上揚起，拉扯、扭曲了空間與光線的格狀網絡，構成一只新月形的巨碗，一盞月光色澤的華美銀杯[註42]。她左右兩側的柱子被斜向的網格遮蔽了，不太容易看清，但當我們思索這張牌的構成時，意識到這對柱子的存在是十分重要的。哈利斯出色地執行了克勞利在《托特之書》中對「女祭司」的描述：

伊西斯最具靈性的形式「永恆處女」；希臘人的阿蒂蜜絲（Artemis）。燦然生輝的光之紗幕是她僅有的衣著。對於高度啟蒙十分重要的是，不把「光」視為「永恆之靈」的完美顯現，而是掩藏那「靈」的帷幕。如此，由於它無可比擬的耀眼光輝，它的效力將更為宏大。因此她是光，以及光之體。她是「光之帷幕」背後的真理。她是光的靈魂〔註43〕。

「女祭司」即是啟蒙者。「啟蒙」（initiation）意味著「開始」。出現在牌面下半部的物體，就其本身而言，並非是月亮的象徵。那駱駝，當然是指希伯來字母「Gimel」（分派給「女祭司」牌的字母）；但是其他的物件，像是水晶和種籽，則暗示著生命之始隱匿且玄奧的祕密。

三號牌 / 皇后

ATU III
THE EMPRESS

強者之女
The Daughter of the Mighty Ones

金星之行星牌
Planetary Trump of Venus

※

原始設計 /
一位生著雙翼、以星星為冠的女神站在月亮
上。她手持一柄權杖和一面盾牌，上有鴿子的
圖案，作為陽性及陰性力量的象徵[註44]。

希伯來字母 /
Daleth（門）。

生命之樹 /
路徑14，連結（2）「Chokmah」——智慧，至
（3）「Binah」——理解。

色彩 /
翡翠綠、天藍、早春綠、泛淺綠光的鮮亮玫瑰
色，或櫻桃色。

這是宇宙的和諧，
愛，結合了意志去創造，帶著
對那創造的瞭解：
瞭解你自身的意志！

去愛也允許愛。在每一種形式的愛中
歡欣喜樂，並從中汲取
你的狂喜與滋養[註45]。

要總結此一女性象徵的意義是不可能的，正因為這個緣故，她不斷以無窮多變的形式一再出現。「許多寶座，許多心思，許多誘惑，宙斯之女。」〔註46〕。

還真多謝您呀，克勞利先生！

至少我們可以這麼說——「Daleth」的意思是「門」，而當我們被受孕時，女性是天堂之門；當我們出生時，女性是生命之門。

「皇后」是金星之牌，即維納斯，而在神話中，維納斯——或稱愛芙羅黛蒂（Aphrodite）——確實有著（或者似乎是導致）她的一份麻煩。不過，多半時候，她往往並非是那狡獪的爭端煽動者，而比較算是外在情勢的悲劇受害者。無論是何種狀況，幾乎每個人都愛她，而她也確實為奧林匹亞的肥皂劇（譯註：奧林匹亞山是希臘諸神的居所）增添了不少佐料。

說到佐料，「皇后」是第二張「煉金術」大牌，代表「鹽」元素及原則。就像維納斯斜倚在她的貴妃椅上，等待下一位情人的到來，克勞利描述她為「大自然之非主動原則；『鹽』之為物，必須被『硫』激活，以維持宇宙急速迴旋的均衡狀態。」〔註47〕

「硫」，如同我們將在下一張牌看見的，是由「皇帝」所代表。「皇帝」的黃道星座是「牡羊座」——其守護星為火星，即戰神馬爾斯（Mars）——維納斯的情人。（當這些事物開始串連起來，就變得有點兒嚇人，是不是？）

然而「皇后」這張牌，並不僅只是天神界的郝思嘉之全彩插頁海報。「Daleth」的路徑，是「生命樹」上僅有的三條完全位於「深淵」上方的

路徑之一。它連結著第二個薩弗拉「Chokmah」（天界之父）和第三個薩弗拉「Binah」（天界之母）。那是我們的喀巴拉童話中，王后躡手躡腳地走到國王的臥室時，所經過的通道。這是無可想像之愛的交流路徑。

哈利斯的「皇后」或許是整副牌中最為雅緻，且最令人放鬆的一張。那清涼的色彩，立刻就讓我的血壓降了下來。

初見之下，她似乎就像是「植栽」的女神，而她的確也是。她的身影在高聳的植物及長草之間，劃出了一道門徑。她寶座兩旁的支柱是由旋扭的草葉所構成，柱頂上則棲息著麻雀和鴿子，即維納斯的聖鳥。她的綠裙之上是紅色的上衣，代表熱情，上頭裝飾著蜜蜂圖案，以及看來像是骨牌四周圍繞著螺旋環圈的圖形。她的腰際，則繫著黃道星座的金腰帶。

她的雙臂暗示著「鹽」的煉金符號，右手握著蓮花權杖，左手則微妙地彎曲著，彷彿將一個隱形的嬰兒抱在懷裡。這是一種魔法姿勢，稱為「母之勝利」（Mater Triumphans）——即伊西斯為嬰兒荷魯斯哺乳。或許這只是在為即將來臨的事件，預作演練。如果你還沒注意到，「皇后」已然身懷六甲，她的嬰兒幸福無憂地漂浮在一片羊水的鹽海中。

呼應母性的主題，我們在牌的左下角發現一隻白色的鵜鶘，正在以自己胸口的血喂養雛鳥。牌的右下角則是一面盾牌，上有一隻白色的雙頭鷹，口中啣著月亮。這代表煉金術中的白色「染酊」（tincture），其性質屬「月」屬「銀」。此外還有紅色的染酊，我們將會在下一張大牌「皇帝」中發現它。

這種種象徵，全都安置在一張飾有鳶尾花紋章及小魚圖案的地毯上。這些紋飾，借用克勞利的話，「似乎裝飾著寶座基部的『祕密薔薇』。」[註48]

　　「皇后」的祕密薔薇，當然值得隆重裝飾。而她的尊榮地位，是無懈可擊的：

　　　　我是自然我是神：我君臨，我是，獨自一人。

　　　　沒有他者可與我分離：他們會萎敗，

　　　　被吸引進入我，進入我成熟的生命。

　　　　沒有任何別的胸懷，去承載，去滋養，

　　　　去存在：在我藍金地帶底下一切的心是明亮的鮮紅色，

　　　　去珍愛我自身的生命，

　　　　那即是，而並非其他；

　　　　因為我是神，是大自然，是汝之母親[註49]。

四號牌 / 皇帝

ATU IV
THE EMPEROR

早晨的朝陽，強者的首領
Sun of the Morning, Chief among the Mighty

牡羊之星座牌
Zodiacal Trump of Aries

原始設計 /
一位以火焰為衣的神祇，拿著相稱的象徵物件。他的姿勢暗示著煉金術中「硫」的符號。他坐在立方體的石墩上，石墩側邊顯現綠色的獅子和白色的老鷹[註50]。

希伯來字母 /
Tzaddi（魚鉤）。

生命之樹 /
路徑28，連結（7）「Netzach」——勝利，至（9）「Yesod」——基礎。

色彩 /
猩紅、紅、鮮豔的火焰色、灼熱的紅色。

運用你所有的能量去宰制你的思想：
如同鳳凰般燃燒你的思想[註51]。

我今天從上午十一點到傍晚七點半外出旅行，剛剛回來才接到你的來信。在火車站和令人窒息的車廂裡，和粗魯的軍人和小孩擠作一團〔註52〕。

—— 哈利斯致克勞利，一九四一年五月二十一日

在第十三章，我曾經提到在《托特之書》的一個段落中，克勞利著實給我們擲了一記變化球——關於那整樁「『Tzaddi』並不是『星星』」的公案。該書中有好幾處，克勞利似乎在這個主題上自相矛盾，此處即是其中之一。在我繼續往下討論「皇帝」牌之前，我會試圖克制一肚子的惱怒，冷靜地處理這樁令人萬分洩氣的問題。麻煩似乎導源於，在這張牌上，光線是從哪個方向來的。

首先讓我們審視克勞利對我們說過的話——以毫不模稜的措辭，而且在好幾處不同的文字中：

一、第四號大牌是「皇帝」。

二、分派給「皇帝」牌的黃道星座是「牡羊座」。

三、「皇帝」牌的希伯來字母是 צ「Tzaddi」（以及 צ「Tzaddi」所代表的一切）。

四、在「生命之樹」上，「皇帝」牌的位置是在「路徑28」，連結著第七個薩弗拉「Netzach」和第九個薩弗拉「Yesod」。

很好！我對此沒有異議。我同意克勞利對於「Tzaddi/ Hé」相互對調的詳細解說。這和他的「生命之樹」圖表是相符的。它所抵觸的是克勞利在《托特之書》中第七十八頁「皇帝」牌評註的最後一段。他在那兒告訴我們：

最後要留意的是，降臨在他身上的白光，指出這張牌在「生命之樹」上的位置。他的權威是衍生自「Chokmah」，創造性的「智慧」，那「神之話語」（the Word），而施加於「Tiphareth」上，即有條理的人（註53）。

這張牌中的「白光」是從右上角射出，斜斜地照向牌的中央。換句話說，克勞利說得好像「皇帝」在「生命之樹」的位置，是在連結第二個薩弗拉「Chokmah」和第六個薩弗拉「Tiphareth」的路徑上。而這條路徑，他在幾乎其他每個地方都告訴我們，應該是屬於「星星」的。天哪！

我個人認為，在此處，哈利斯夫人乃是根據對大阿卡納牌及其「生命樹」位置的傳統理解來操作的，而克勞利的文字則粗心大意地疏忽了，未曾指出這一點。儘管如此，我確信塔羅牌和克勞利的研習者，將會永遠在這個題目上爭論不休。就我而言，我唯一確切知道的，是《律法之書》的作者本人曾告訴我們：「我書中所有的古老字母都是正確的，但『צ』並不是『星星』。」（註54）所以，讓我們往下進行吧——拜託！

第四號大牌——「皇帝」，代表牡羊星座，它的守護星是火星，而太陽在此「坐旺」（exalted）。「此一星座，」克勞利指出，「其能量組合乃是最為物質的能量形式，且帶著『權威』的概念。」（註55）關於這張牌，克勞利甚至給我們上了一堂帶點挖苦意味的公民課：

他端坐在王座中，其上端是喜馬拉雅野公羊的頭，因為「牡羊座」即意味著公羊。在他腳下蹲伏著的，則是羔羊和旗幟，在較低的層面上確認此種屬性。因為牡羊，在本性上，是種狂野而勇敢的動物，孤獨地處於孤獨的所在；而當牠們被養馴、躺在綠色的牧草地時，野性便蕩然無存，變成馴服、怯懦、愛好群居且鮮美可口的動物。這就是政府的統治理論（註56）。

「皇帝」是第三張煉金術大牌，代表「硫」。他的雙臂構成「硫」之符號中的三角形，雙腿則形成底下的十字。而克勞利告訴我們，「硫」是「宇宙的陽性火象能量，相當於印度哲學中的『Rajas』。這是迅捷的創造性能量，是一切存有的原動力。」(註57)

　　「皇帝」盾牌上的圖案是一頭紅鷹，這將他連結上煉金術士所謂的紅色「染酊」。紅色染酊象徵火一般的熱烈行動，其性質屬「太陽」屬「金」，正如「皇后」盾牌上的白色老鷹，將她連結上白色的染酊，象徵「月亮」與「銀」的作用及性質。煉金術的偉大處方，指示我們首先必須找到白色的染酊，然後是紅色的，繼而將之結合，以成就偉大的工作。這當然暗示「皇后」與「皇帝」之間享有的關係，其親密程度遠大於我們期待政府官員者。我們將在第十四號大牌「藝術」中，看見他們變得十分熟絡。

五號牌 / 大祭司

ATU V
THE HIEROPHANT

永恆之大法師
The Magus of the Eternal

金牛之星座牌
Zodiacal Trump of Taurus

金星守護——月亮廟旺
Venus Rules—Luna Exalted

原始設計 /

兩柱之間，坐著一位老者。他以一種三重的方式，頭戴冠冕，手持權杖，賜福給所有的人。四頭活生生的動物崇拜著他，整體的形狀暗示著一個五角星 [註58]。

希伯來字母 /

Vau（釘子）。

生命之樹 /

路徑16，連結（2）「Chokmah」——智慧，至（4）「Chesed」——仁慈。

色彩 /

紅；橘；深靛藍；溫暖的深橄欖綠；深濃的褐色。

將自己如處子般奉獻給
與你的神聖守護天使之認知與對話！
其餘的一切皆是陷阱。

讓自己成為擁有八隻手腳的瑜珈高手；
因為沒有這些，你便未有足夠的訓練
來面對任何戰鬥 [註59]。

我真想花上幾個小時來扒挖你的腦袋。我有一千個問題想問你,當我見到你時,又全都不記得了!喀巴拉、中文、愛丁頓什麼雜七雜八的,一堆問題和要求需要你詳詳細細的解說,好穿透包圍在我四周的「以太」[註60]。

——哈利斯致克勞利,一九四○年一月二十八日

這張牌包含著如此豐富的傳統意象和「泰勒瑪」象徵,很難決定從哪兒說起。有一件事是立顯而易見的——這並非「歐西里斯紀元」的「教皇」。這整張牌被呈現為「荷魯斯紀元」大祭司的神殿,而這仁兄還有著些許男性魅力呢!

相對於矜貴的高階教士,在某種正經八百的禮拜儀式中執行職務,那種蒼白嚴肅的樣貌,這位彷彿巴比倫祭司王的鮮明自信形象十分令人興奮——一位名符其實的啓蒙者。他不似「歐西里斯紀元」的教皇般,被溫馴的小沙彌謙恭地侍奉著;而是由仗劍而立的「猩紅之女」積極地協助著——她是金牛座的守護星「金星」、亦即神聖維納斯的化身。「讓那女子配著寶劍站在我身前……」《律法之書》如此指示[註61]。「這女子,」克勞利說,「代表此一新紀元的維納斯;不再只是她的男性對象的工具,而是有所武裝、富戰鬥性的。」[註62]

她手持一輪新月,那是「坐旺」(exalted)於金牛座的天體。此外,我們還在照亮神殿的華麗窗戶上,看見這份新的啓蒙之愛情關係的證據,被戲劇化地凸顯出來。克勞利如此描述這扇窗:

此種象徵意義,在那扇凸窗中獲得更進一步的實現。在此,在陽具般的頭飾後方,五瓣薔薇正在盛開。蛇與鴿子的象徵,則呼應著《律法之書》第一章第五十七節的這一段詩句:「因為愛與愛互不

相同。有鴿子，也有蛇。」[註63]

　　這扇窗係以九根鉚釘固定著。數字「9」，象徵第九個薩弗拉「Yesod」，月之領域。「大祭司」的神殿，被四頭神獸護衛著。此處，我想我們應該來討論一下這四頭神獸的位置——乍看之下，哈利斯夫人似乎犯了錯誤，但果真如此嗎？

　　那四頭神獸代表黃道的四個固定星座：獅子座（火象之固定星座，以獅子為象徵）、天蠍座（水象之固定星座，以天鷹為象徵）、水瓶座（風象之固定星座，以人或天使為象徵），和金牛座（土象之固定星座，以公牛為象徵）。遠溯至最早的牌種，塔羅在傳統上往往會在幾張不同大牌（最常見的是「命運之輪」和「世界」）的四角畫上這四頭神獸。在這些早期的塔羅牌上，這四頭神獸的位置幾乎都是一致的——代表獅子座的獅子在右下角；代表天蠍座的老鷹在右上角；代表水瓶座的人或天使在左上角；而代表金牛座的牡牛則在左下角。這是這四個固定星座在黃道帶上的自然順序，也是合乎邏輯的配置方式。

　　然而在托特塔羅中，哈利斯的「大祭司」和「宇宙」牌，似乎在這四頭神獸的配置上打破了此項傳統。公牛和獅子忠實地佔據了傳統的角落，但天使和老鷹卻調換了位置。難道哈利斯夫人不知道黃道星座的順序，而克勞利也在兩張重要的牌上放過了她？抑或是，在「荷魯斯紀元」，黃道的星座被重新安排了？

　　這兩個問題的答案，都是否定的。在新紀元中，更動的並非黃道星座的位置，而是各星座所屬的神獸象徵。

　　當克勞利進入「以諾魔法」第二十三重天的靈視異象，他看見風象固定星座「水瓶座」的象徵現在變成了老鷹，而水象固定星座「天蠍座」的標記則成了天使：

「野獸」和「猩紅之女」被分派給了「獅子」和「天蠍」。它們是「新紀元的赫魯－拉－哈（Heru-Ra-Ha）神殿」二合一的首席執掌者。（留意在二十三重天中「天鷹」神獸代表水瓶，而天蠍則是「蛇女」（Woman-Serpent）。這很重要，因為舊有的分派方式是把「天鷹」歸給「天蠍」。）[註64]

　　「大祭司」的寶座兩側由大象護衛著。他坐在金牛座的牡牛之上，右手握著一柄權杖，頂端有三個環圈，象徵「荷魯斯紀元」從先前的「愛西斯」及「奧西里斯紀元」升座登基。他的左手張開，做出賜福的手勢。

　　這種種新紀元的意象都很精彩，但我們最該銘記在心的，是此一事實：「大祭司」是四字母聖名יהוה「YHVH」中的ו「Vau」。他是神性大宇宙意識的「六」，我們必須將俗世之小宇宙意識的「五」，「釘」在上頭。他是宇宙童話中的白馬王子——我們的神聖守護天使。以「對神聖守護天使的認知和對話」為特徵的啟蒙階層，在這張牌中係以五角星與六角星的結合來闡釋。在「大祭司」之大宇宙的胸膛上，我們小宇宙的自我，便是那個在五角星中跳舞的小孩，而隱約可見的六角星，則包圍著「大祭司」的整個身體。

六號牌 / 戀人
ATU VI
THE LOVERS

天聲的孩子
The Children of the Voice

強大諸神之聖諭
The Oracle of the Mighty Gods

雙子之星座牌
Zodiacal Trump of Gemini

水星守護——月交點「龍首」廟旺
Mercury Rules—Dragon's Head Exalted

✳

原始設計 /
一位年輕的先知，比著「歐西里斯復活」
（Osiris Risen）的手勢。他得到阿波羅的啟
示，預言一切神聖及世俗的事物：一位持弓的
男孩代表著他，還有兩個女子，一位女祭司和
一位妓女[註65]。

希伯來字母 /
Zain（劍）。

生命之樹 /
路徑17，連結（3）「Binah」——理解，至（6）
「Tiphareth」——美。

色彩 /
橘、淡紫、新黃皮革色、泛紅的灰色，趨近於
淡紫。

諸神的神諭便是你自己靈魂中
愛的孩童之聲！聆聽它吧！

別理會感官的妖魅之聲，
或是理智的虛幻之聲：安住在單純中，
並聆聽那寂靜[註66]。

親愛的艾利斯特，我正在和一場重感冒和「戀人」牌搏鬥——不過後者開始歡快起來。我還沒決定是否要回頭去醞釀「愚人」，還是就留在這兒[註67]。

——哈利斯致克勞利，日期不詳

六號牌「戀人」是第四張煉金術大牌。有句為人熟知的煉金格言「solve et coagula」，意為「溶解與凝結」。「溶解」的過程，在塔羅牌中以「戀人」來表現；而「凝結」的過程，則呈現在「藝術」牌中。

這在占星學上也有其意義，因為在黃道帶上，雙子座（戀人）就在射手座（藝術）的正對面。在這兩張大阿卡納牌之間，還有其他的大牌，代表「溶解」與「凝結」之間的演進階段。

「溶解與凝結」是個關於婚姻和懷孕的故事。這樁煉金愛情故事的主角並非新娘或新郎，而是兩者結合而來的小孩。在托特塔羅中，這小孩是以「奧菲克祕卵」（編注：古希臘奧菲教派中象徵世界萬物起源的祕卵）來象徵，此卵——如克勞利提示我們——「代表歸屬於雌雄原則之下的一切生命之本質。」[註68]

就像圍繞著任何嬰兒誕生的事件，我們的煉金腳本是分為好幾個階段來發展的。第六號牌「戀人」是結婚典禮；第十四號「藝術」則是蜜月；在第九號牌「隱士」中，卵子受精了；而第十三號牌「死神」則令它在孵化前的最後一個階段中保持溫暖舒適。

這張牌是煉金術名著《克里斯汀・羅森克洛茲之煉金婚配》（*The Chymical Marriage of Christian Rosenkreutz*）中的一幕場景。此書乃是有史以來最著名的煉金文獻之一，克勞利描述它是「一部鉅作，但

是太過冗長散漫，無法在此處引述。但其分析的本質，是對立概念如同蹺蹺板般的持續互動。它是二元性的符號。」（註69）讓我們看看哈利斯夫人是如何用這張牌，來為這場偉大羅曼史的第一階段鋪設場景。

從牌的最底下開始，我們看見了那顆「奧菲克祕卵」。它生著翅膀，彷彿剛從「魔法師」牌中飛了進來。在此運作的初始階段，它還只是潛伏的生命種籽。它位於一隻白鷹和一頭紅獅之間，此二者象徵我們的配方中雌性與雄性的成分——「皇后」與「皇帝」的白紅染劑。稍後在「藝術」牌中，我們將會看見此一運作的後期階段——那紅獅將會變成白色，而白鷹則會轉為紅色。

伴隨著新娘、新郎的兩個小孩不是別人，正是該隱和亞伯。他們的出現，連同左右上角的莉莉絲（Lilith）和夏娃，都是出自於克勞利在《靈視與靈聽》中第二重天所見的異象。新娘是白皮膚，戴著銀色的頭冠。她手握一盞金杯，上面繪著聖靈之鴿降臨的圖像。她的袍子上裝飾著蜜蜂的圖案，如同我們在「皇后」與「皇帝」的衣袍上看見的。新郎則是黑色皮膚，戴著一頂金冠。他手持聖矛，亦即與新娘的金杯配對的武器。他的袍子飾有蛇的圖案，如同我們在「皇帝」的衣著上見過的。

主持婚禮儀式的祭司不是別人，正是第九號大牌中的「隱士」。他向新郎和新娘伸出雙手，比著「進入者」（Enterer）的魔法手勢。纏繞其雙臂的是一卷經文（宇宙的結婚證書），絞扭著構成永恆的「梅比斯環」（möbius strip）。

在眾人頭頂，蒙著雙眼的丘比特（或艾洛斯）威脅地將他的金箭指向某個似乎威脅不到任何人的方向。這便是《靈視與靈聽》中，第五重天的天使所提及的向下的箭頭（註70）。這個向下的箭頭據說是從「YHVH」中的「Yod」「最頂上的那個點」（註71）射出。如同我們在第九

章學到過，「Yod」「最頂上的那個點」是在「Kether」中，但它的主體則存在於「Chokmah」。如我們在「戀人」牌中見到的，丘比特將他的箭頭直接從「Kether」指向「Chokmah」。

這整個典禮乃是在數柄鋼劍所構成的拱門之下進行（分派給「戀人」牌的希伯來字母「Zain」，意思就是「劍」）。

當我們討論第十四號牌「藝術」時，將會看見這種種象徵是如何逆轉、融混。但是首先，我們還有其他的牌要討論，包括代表從「溶解」到「凝結」之間各個煉金階段的那些牌。

七號牌 / 戰車

ATU VII
THE CHARIOT

水之力量之子
The Child of the Powers of the Waters

光之勝利之主
The Lord of the Triumph of Light

巨蟹之星座牌
Zodiacal Trump of Cancer

月亮守護——木星廟旺
Luna Rules—Jupiter Exalted

原始設計 /
一位年輕的聖王，置身於綴滿星星的頂篷下。他熱烈地駕駛著一輛由兩頭人面獅身獸所拉的戰車，如同列維（Levi）所繪的那樣〔註72〕。

希伯來字母 /
Cheth（籬笆）。

生命之樹 /
路徑18，連結（3）「Binah」——理解，至（5）「Geburah」——嚴厲。

色彩 /
琥珀色、褐紫紅色、亮濃赤褐色、暗綠褐色。

兀鷹的子嗣，二合一，
被傳載了；這是力量的戰車。

「嗑」：最後的神諭〔註73〕！

「Abracadabra」（戰車馭者）字樣和「金牛圓盤」的修改已經完成。請原諒這簡短的知會，這是由於我知道你是如此頭腦清楚又有邏輯，我可以寫信告訴你，我已這樣自作主張而未曾事先諮詢你，因為你會明白這是個說「小菜一碟！」的時刻[註74]。

——哈利斯致克勞利，一九四一年五月十一日

希望讀者諸君能夠諒解，我不會花很多時間來討論這張牌的表面特徵——它們和這張牌的傳統版本十分類似。「戰車」是由人面獅身獸拉著，牠們是四頭守護神獸之元素的混合體。綴滿星星的頂篷代表夜空。戰車的駕馭者全副甲冑，就像螃蟹，也就是此牌所屬星座「巨蟹座」的代表動物。他手持「聖杯」，在這裡呈現為一塊雕琢華麗的紫水晶（木星的聖物，坐旺於巨蟹座）。這整張牌便是克勞利在《靈視與靈聽》中第十二重天之靈視異象的呈現[註75]。

我想在此特別討論的是一項「性煉金術」的祕密，那是克勞利似乎在《托特之書》中「戰車」牌的評註裡，亟欲傳達的。讓我們先來看看本篇稍早引述的詩句——摘自克勞利所撰述的〈大牌應用時的一般特質〉：

兀鷹的子嗣，二合一，
被傳載了；這是力量的戰車。
「嗑」：最後的神諭[註76]！

這或許是該篇文章所有詩句中，最為晦澀難解的。它提到「二合一，被傳載了」、「戰車」，載送著戰車的駕馭者，當然他也傳載了「聖杯」。因此，這「聖杯」必定代表（或包含）那所謂的「二合一」。但那「聖杯」究竟是什麼，而「二合一」指的又是什麼呢？

「聖杯」神話告訴我們，「聖杯」是基督在最後晚餐時飲酒的杯子，當基督被釘上十字架，他的腹側被矛槍刺出嘴唇般的傷口，流出的鮮血被亞利馬太的約瑟用此杯裝盛了起來。約瑟後來將這「聖杯」和聖矛載送到一座以魔法建構的城堡，在此，此二者的神祕力量，曾令許多世代的高貴騎士有過曲折離奇的遭遇。以一種非常真實的方式，「戰車」可說是「有輪子的聖杯禮拜堂」。

我是在試圖告訴你，基督的寶貴體液，事實上便是「聖杯」中的「二合一」雞尾酒的成分嗎？就某方面而言，是的。但是讓我們以另一種方式來看待它——將之視為「兀鷹的子嗣」。

在古埃及神話中，兀鷹乃是「正義及至高均衡」的女神「瑪特」（Maat，埃及神話中的正義女神。以秤心儀式為亡靈在世時的作為，進行審判。詳見本書「八號牌，調節」）的聖物。兀鷹據說可以未經交配而懷孕，牠的幼鳥在一種神祕的內在過程中，無瑕地受孕，而此過程在其他生物則需要雌雄兩方的貢獻。「兀鷹的子嗣」因此是兩種完美均衡之物——或「二合一」——內在結合的產物（或小孩）。

這全都很好很棒，但在現實世界，兀鷹也像所有其他鳥類一樣要交配，而即使牠們不交配，我們人類又怎能仿效這神奇的過程？對我們而言，無論男性或女性都並非完整的生殖單元，男性所沒有的存在於女性之中，反之亦然。導致一個人類寶寶誕生的「二合一」的創造過程，是我們所有合作的努力中，最為自然（通常也是最為愉悅）的。然而，實現每一次人類性行為的那些原則，是如何反映於宇宙的規模上？即使我們知道如何創造它，我們又該如何對待這真正的「二合一」？

答案是「嗑」(Thinc)，一個神諭的字眼，源自於法國作家拉伯雷（François Rabelais，1494～1553）的一部玄祕諷刺小說《巨人傳》

（*Gargantua and Pantagruel*，直譯爲「高康大與龐大固埃」）。在這個故事中，主角之一巴奴日（Panurge）尋覓著這個問題的答案：「我該結婚嗎？」，他和夥伴們最後決定尋求「聖瓶」的神諭，以求解答。在許許多多冒險之後，他們終於抵達「聖瓶之神殿」。他們穿過一道門，門上寫著「酒中有眞理」，然後在神殿女祭司的引領下，來到了「聖瓶」面前。巴奴日提出他的問題，而「聖瓶」則發出了一聲尖銳的「嗑！」（喝！），很像是玻璃碎裂的聲音，作爲回答。巴奴日將之詮釋爲肯定的答案，並且是在勸告他要深深暢飲生命與知識的泉水。

你可能會猜想，巴奴日的問題「我該結婚嗎？」，在質疑婚姻生活明智與否之外，是否帶有更加深層的魔法蘊涵？我們對此應該特別感興趣，因爲我們在托特塔羅的諸多大牌中，看見了如此多的「婚事」在進行。回想第十一章中，我們的喀巴拉童話全是關於婚姻的：王子與公主（「神聖守護天使」和他的守護對象）的結合，以及天界國王與王后的結合。在塔羅中，兩樣東西合而爲一，似乎是種至爲重要的靈性方程式。但是對於「我該結婚嗎？」這個問題，「嗑」（喝）似乎是個奇怪的答案。喝什麼呢？

與「戰車」牌對應的希伯來字母是「Cheth」，如果完整地拼出來，其數字值相當於「418」，與象徵小宇宙和大宇宙（或求道者與他的「神聖守護天使」）結合的魔法文字「ABRAHADABRA」相同。我們可以看見這個字刺繡在「戰車」的頂篷上（雖然哈利斯夫人拼錯了一點點）。「ABRAHADABRA」也代表雌與雄的結合，我們在其他的大牌上，亦曾看見此一概念以其他煉金意象來表現，像是紅／白獅子與白／紅老鷹等等。

「戰車」牌代表黃道星座「巨蟹座」，其標誌「♋」是一種有點露骨的象形符號，象徵譚崔瑜珈（Tantric Yoga，原爲印度教的一門支派，在

結合瑜伽技術後，成爲一種透過性能量修練，提升自我的技巧）中一種特殊的技巧，將雌雄的能量及精髓完美地調配、平衡，並交換，以創造「二合一」的生命靈藥。然後這種靈藥會以一種特殊的方式傳輸給瑜珈師，作爲一種蘊藏無限創造潛能的靈通法寶。

在「泰勒瑪」的意象語言中，這劑靈藥是由「Binah」（喀巴拉童話中的「王后」）中的「巴巴隆／努特」在「聖杯」中調製的，她將之獻給「Chokmah」（喀巴拉童話中的「國王」）中的「野獸／哈地德」，兩人歡然共飲（嗑，喝），進入狂喜的酣醉狀態。如此，他們消滅了所有的分離感，如此這般（如果你需要重溫這整個故事，請見第十一章。）

「戰車」牌的路徑跨越了「深淵」，連結著第五個薩弗拉「Geburah」和第三個薩弗拉「Binah」。它在「生命樹」上的位置是如此之高，其奧義乃關係著宇宙自然及意識之最爲殊聖、深刻的面向。當你想要單只以性煉金術的一種表現來看待這張牌（以及我的評註）時，請將這點記在心中。雖然此法可能效力強大，它僅只是諸神之魔法的一種反映，是創造、維繫並毀滅宇宙之巨大驅力、能量，和愛的微弱回聲。

八號牌 / 調節
ATU VIII
ADJUSTMENT

眞理之主的女兒
The Daughter of the Lords of Truth

平衡的守護者
The Ruler of Balance

天秤之星座牌
Zodiacal Trump of Libra

金星守護——土星廟旺
Venus Rules—Saturn Exalted

原始設計 /
一位手持天秤的傳統正義之神〔註77〕。

希伯來字母 /
Lamed（趕牛棒）。

生命之樹 /
路徑22，連結（5）「Geburah」——嚴厲，至
（6）「Tiphareth」——美。

色彩 /
翡翠綠、藍、深藍綠色、淺綠。

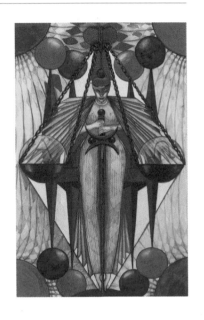

以恰恰相對的想法平衡每一個念頭！
因為兩者的結合乃是
錯覺的終結〔註78〕。

那女子獲得了滿足。從她飛舞的翅膀鮮明豐茂的斗篷下，她伸出了雙手；手中握著魔法師的陽具般的寶劍之柄。她將劍身置於兩腿中央〔註79〕。

　　──哈利斯致克勞利，於一九三九年十一月三日至十二月十九日之間

我會重新畫一幅「正義」，她真可惡！你認為可曾有任何女子「獲得了滿足？」她會以怎樣的笑容迎接黎明〔註80〕。

　　──哈利斯致克勞利，一九三九年十二月十九日

我對滿足的女性的經驗是，她們確實會帶著滿意的笑容迎接黎明；如果不是黎明，也會是直至下午五點的任何時間。只有當它消褪之後，才需要重新來過。

這些對於「正義」的評註，又或者我們比較喜歡叫她「調節」，……我猜當我做出那些批評時，情緒大概很差，但我確實強烈感到，瑪特的羽飾太不起眼了，而那鴿子和烏鴉看起來也很生硬多餘；此外我也覺得那棋盤狀的鑲嵌地面不是很對。

總的評論是，這張牌有點太冷了。天秤座是秋天的星座，是薄霧與甘醇收成的季節，是成熟太陽的知心密友。在妳的牌上，妳表現出靜態平衡的概念，而它卻應該是動態的。大自然並非是秤量著一磅砂糖的雜貨商；它是各種複雜節奏的補整、代償。我希望妳能感到每次調節都是一種宏大的熱情；調整補償應該是種歡慶的活動，而非一位因帳目正確而沾沾自喜的記帳員。

在我看來，此一信念乃是「存在是純粹的喜悅」這條經句非常重要的評註，而我很確定在這方面，金星和土星與這個星座的關連是饒富意義的。這種補償無疑是「萬有之父的往昔」（the Eld of the All-Father）之覺醒，是「原初的純粹」從幻象之最後階段的

不斷再生。（參照我上文關於數字「十」的說明）……

再回到「調節」；那些鳥讓我很煩。我不覺得他們應該在這兒。我覺得
他們是來自諾亞方舟。把他們整個拿掉以簡化牌面，還比較好些。我
確信，當妳將金星與土星跳舞的母題牢牢根植心中，妳就能畫出一位更
合心意的女士〔註81〕。

——克勞利致哈利斯，一九三九年十二月十九日

「調節」一直很古怪。她始終堅持要做比亞茲萊（Beardsley，〔註82〕）！
丑角哈立群（Harlequin）也一直在其中進進出出，使我不得不屈服。但
為什麼是哈立群呢？其間有任何關連嗎？同時她也不肯坐下來，而是用
趾尖勉強維持平衡地站立著。設計的結果很不錯。藍色用的是含鈷的
顏料。你的指示是藍／藍綠。淺翡翠綠。那種翡翠在海報顏料中是種險
惡的色料明〔註83〕。

——哈利斯致克勞利，一九四〇年七月十二日

　　從上面摘錄的克勞利與哈利斯的通信內容判斷，「調節」牌早期的
草圖顯然與最後的成品鮮少相似之處。克勞利對所需的要素有著清楚的
想法，而他討論此事時行文的態度是如此熱切，更凸顯了這張大牌在他
心目中的重要性。然而他的話不僅是針對作為藝術家的佛瑞妲・哈利斯
說的，也是對他的魔法學生「查巴姊妹」（譯者註：Soror Tzaba，即哈利
斯夫人的「法名」）而發。他不僅希望「調節」牌最後的面貌如他所願，
也希望哈利斯能體察它在靈修上的重要性，繼而達到某種心領神會。在
我看來，兩者都成功了。

　　「調節」女神處於完美的平衡狀態，從左到右，從上到下。在光與

暗的球體之間，她踮著腳尖，站在寶劍的尖鋒上。一座巨大的天秤從她的頭冠尖端正中央懸吊下來（那是埃及正義女神「瑪特」的鴕鳥羽冠），天秤左邊的秤盤上裝盛著「阿爾法」（alpha），右邊則是「歐米迦」（omega）——希臘文第一個和最後一個字母（編注：「A」與「Ω」爲希臘文第一與最後的字母，代表世間的一切）。從她的趾尖連接到天秤的兩個秤盤，再連接到她頭冠頂端的線條，構成了一個菱形。那是「維西卡」（vesica，（註84）），即「雙圓光輪」的一種型態——神祕幾何學的研習者會用「維西卡」來測量不可量測之物。在此，這個菱形撐開了空間的肌理，顯現出這位女神。

克勞利稱「調節」爲「『愚人』的女性對應者」（註85）。將代表這兩張牌的希伯來字母「Aleph」和「Lamed」組合起來，即成爲「AL」，其數字值爲「31」。「AL」是希伯來文中「神」這個字的字根；而「LA」則是希伯來文的「不」或「非」。在「泰勒瑪」的西方禪學中，「神非神」乃是一個非常重要的概念。

九號牌 / 隱士

ATU IX
THE HERMIT

永恆的先知
The Prophet of the Eternal

力量之聲的魔法師
The Magus of the Voice of Power

處女之星座牌
Zodiacal Trump of Virgo

水星守護──水星廟旺
Mercury Rules—Mercury Exalted

原始設計 /
一位老者裹著斗篷,戴著風帽,手持燈籠和枴杖踽踽獨行。在他前方,一條聖蛇昂首領路〔註86〕。

希伯來字母 /
Yod(手)。

生命之樹 /
路徑20,連結(4)「Chesed」──仁慈,至(6)「Tiphareth」──美。

色彩 /
綠(泛黃)、暗藍灰色、綠灰、梅紅色。

踽踽獨行;拿著燈籠和手杖!
讓那燈光如此明亮
以致於無人看見你!

別為任何事物所動,外在或內在:
始終保持靜默〔註87〕!

你為何不喜歡我關於那顆卵的問題？是不是因為你也不知道答案（註88）？

——哈利斯致克勞利，一九三九年十一月三十日

到目前為止，你可能已經聽煩了我談論「土」元素特殊的內在美德。你或許認為，你已經聽得夠多，關於卑微的「土」，是如何與「靈」有著獨特的關連，而它又是如何有助於滋生「高中之高」，只因為它乃是「低中之低」（見第十一章）。

嗯嗯，準備好再多聽一些吧！因為我們還沒講完。事實上，在接下來的篇幅中，這一劑克勞利稱之為「降入物質的高潮」（climax of the Descent into Matter，（註89））的學說藥方，我將會開出相當大的劑量給你，持續不斷地餵你吃這劑藥。這為何如此重要？首先是因為它將幫助你理解塔羅活生生的本質；不過更重要的是，因為你本身就是降入物質的宏偉高潮。

我一直試圖組織本書的素材，好讓你在讀到最後一張塔羅牌「圓盤十」時，已經配備好足夠的神祕學知識，去理解發生在那兒的偉大魔法。此一過程，克勞利稱之為「偉大工作的實現模式」（the mode of fulfillment of the Great Work，（註90））。

我很確定你不會這麼做，不過如果你翻到本書最後，讀一讀我寫的關於「圓盤十」的文字，你就會學到（雖然有點過早），負責創造那「偉大工作之實現模式」的三位關鍵宇宙角色，是「土」元素、水星（墨丘利）和太陽。這其實應該不會令你驚訝，畢竟「土」是你聽都已經聽膩、那「低中之低」的特殊元素；塔羅是由托特／墨丘利掌管的領域，而太陽則是普世生命的祕密種籽，自從我們在「愚人」鼠蹊前方初次看見它燦爛

發光，就知道它會是如此地重要。在第九號大牌「隱士」中，「土」元素、墨丘利，和太陽這三大巨頭進行了第一次重要的戰略會議。

且讓我們看看「土」元素、墨丘利和太陽是如何在「隱士」中會合。「隱士」代表黃道星座中的處女座，處女座是土象的變動星座，它的守護星是水星墨丘利，而水星又坐旺於處女座。「隱士」手提「太陽」之燈，他用這燈火為世界帶來光明。就是這麼簡單。

我們先前已經見過「隱士」一回，他便是第六號大牌「戀人」中，那位頭帶罩帽、主持皇室婚禮的人物；儘管他的性別不太明顯，但他的確是位男性，並且是陽性創造能量的一種重要表現。處女座和「隱士」牌的希伯來神聖字母是י「Yod」，那是第十個字母，也是上帝之名יהוה「YHVH」起首的至高字母。以一種非常真實的方式，「Yod」的小小火焰可以說是最根本的希伯來字母，所有其他的字母都是由此一基本形式創生而來。作為希伯來字母系統的隱匿種籽，「Yod」也象徵著精子的奧祕，那隱密的種籽，繁殖的核心祕密。（看見「隱士」是如何緊緊盯著那顆「奧菲克祕卵」嗎？如果我是那顆卵，我會感到十分緊張！）克勞利寫道：「這張大牌示現了生命的全盤奧祕，在它最為隱密的運作中。」(註91)

儘管在我看來，這始終是真確的，但我們必須記得當克勞利辭世時，DNA尚未被發現，因此他對生物學的理解自然是不完整的，而且是基於過時的學說和理論。然而這張牌中卻有大量的意象，能夠毫無困難地適應更先進的科學發現；同時也不需要一位火箭科學家才能告訴我們，這張牌非常之有料。讓我們看看哈利斯夫人是如何以圖像處理這一切。

首先「隱士」本身的形體，便是一個大大的風格化的「Yod」。他的髮型神似「埃及聖鷺」，那是托特與墨丘利的聖鳥。其他唯一看得見的部

位是他的手（「Yod」在希伯來文中的意思就是「手」）。他站在豐饒的麥田中，那沉重飽滿的大頭麥桿暗示著精子。他手提「太陽」的燈籠，身旁尾隨著「塞勃洛斯」（Cerberus）——傳說中有三個頭的冥府看門犬，當漢密斯／墨丘利受命從冥王手中搭救波瑟芬妮時，曾以蜂蜜蛋糕馴服了牠。

這張牌中最爲引人的意象，或許便是左下角（看來像是）正在蠕蠕扭動的精子細胞。事實上，那是「精子微人」（Homunculus，想像中精子裡的超小人）的圖像，最早是由一位名叫尼古拉斯·哈特蘇克（Nicolaas Hartsoeker）的仁兄在一六九四年畫出來的。他提倡一種叫做「精子預成論」（spermist preformation）的生殖理論[註92]，不過該理論早已被推翻。如果你細看那個「精子微人」的頭部，你會看見一個大頭嬰兒以胚胎的姿勢蜷曲著。儘管此一概念乃是奠基於生物學上的謬誤理論，它卻表達著更爲普世、且在魔法上是正確的「相應」學說：「如其在上，如其在下」（as above, so below）。

如果你把「隱士」與第十五號大牌「惡魔」並列在一起對照研究，或許會很有收穫。

十號牌 / 命運
ATU X
FORTUNE

生命驅力之主
The Lord of the Forces of Life

木星之行星牌
Planetary Trump of Jupiter

原始設計 /
一個有六根軸的輪子，赫密阿努比斯（Hermanubis）、人面獅身獸，和堤豐（Typhon）這「三位組」（同時也是煉金元素汞、硫、鹽；或是印度哲學中的三種「屬性」：sattvas、rajas和tamas）環繞著它不斷旋轉[註93]。

希伯來字母 /
Kaph（手掌）。

生命之樹 /
路徑21，連結（4）「Chesed」——仁慈，至（7）「Netzach」——勝利。

色彩 /
紫羅蘭色、藍、濃紫、泛黃光的亮藍色。

依循汝之「命運」，不論它將引領汝至何方！
輪軸如如不動：抱持住它[註94]！

如果你期待塔羅會是一種賺錢的手段，或是指望我的地位有利於推動它——我很抱歉對於這樣一種事業，我並非合適的媒介。因為當這些牌推出時，我打算保持沒沒無名，因為我並不喜歡招人非議。你的書非常棒，但你不能指望閱讀或營利的世界會買帳，因為他們並不喜歡思考〔註95〕。

——哈利斯致克勞利，一九三九年五月十日

數世紀來，「命運之輪」都被解讀為幸運之牌。這只對了一部分。它同時也是厄運之牌；是運氣好轉的牌，也是運氣走下坡的牌。無論你心中想的是怎樣的運氣，有一件事是確定的：它將會改變。「這張牌，」克勞利強調：「因此代表『宇宙』變動不居的面向。」〔註96〕

變化即是穩定，隨著穩定而來的是秩序，而為所謂的「造物」帶來秩序的神祇便是「造物神」（Demiurge，〔註97〕）。「造物神」位居「深淵」之下的最高位——那「創造」之神，祂認為自己是至高的神祇，因為祂並不知曉自身被創造的情境。請容我以羅馬神話來說明這個概念。

薩騰（Saturn）和妻子希巴莉（Cybele）都是泰坦神（Titans），是所謂「有秩序的宇宙」創生之前的混沌舊勢力。薩騰接到預言的警告，祂的子嗣之一，有一天會僭奪祂的王位，因此每當希巴莉生出孩子，薩騰就將那嬰兒一口吞下。只要祂持續如此，宇宙便維持在純然的潛能中，我們所知的「創世」被約制住了。最後希巴莉終於厭倦了這種吃嬰兒的行為，當她生出第六個孩子朱比特（Jupiter），她用一塊石頭掉了包，給薩騰吞食。然後她將這嬰兒偷偷帶到地球上撫養，不讓薩騰發現。薩騰後來消化不良，嘔出了那塊石頭，連同其他五個孩子也一併吐出。如預言所述，朱比特後來推翻了薩騰，將祂的兄弟姊妹組織起來，為天地帶來秩序，並且——就我們凡人的觀點看來——創造了宇宙。

我為何要在此講述這個故事？因為以喀巴拉的宇宙論而言，當希巴莉從薩騰跟前帶走了嬰兒朱比特，她便打亂了創世前混沌的穩定均勢，而在如此做的同時，她創造出「生命樹」的三個地標式的環境：「天界三角」（創世前的狀態）、「深淵」（將「天界三角」與造物隔離起來），以及「深淵」之下的七個「薩弗洛斯」。

　　在「深淵」之上，所有的對立面都化解了。那兒沒有「變化」或「運氣」的概念，或是任何其他我們能夠理解的觀念。只有在「深淵」之下，那似乎推動著宇宙之驅力與原則的笨重器械才被發動了起來。推動這巨大的機器、製造出我們理解為「存有」的一切事物者，是那原初的慣性輪（flywheel）。它是一種非常有效率的恆動小裝置，位於「深淵」之下最高的薩弗拉「Chesed」中——那是朱比特（木星）的領域，三種「屬性」（gunas）圍繞它旋轉著。而這具三衝程引擎的藍圖，即是第十號大牌「命運」。

　　如果你非常仔細地端詳哈利斯夫人的牌，你會看見一個大大的三角形，它的尖端向上，就在那巨輪的正後方。三角形的基部有點模糊不清，而遮蔽它的是十道長羽般的能量流，它們從每條輪輻的末端噴射而出，就像是輪轉焰火的熱烈火花。巨輪的軸心位在三角形之內，此種由兩部分組成的象徵，稱為「Centrum In Centri Trigono」[註98]。這句拉丁文大略的意思是「在其他三種東西當中的中心之物」，是朱比特的祕密之象徵性關鍵，同時也是超越朱比特的祕密之關鍵。

　　每年全球各地的「東方聖殿會」團體，都會公開演出克勞利的七行星儀式「埃猶西斯儀式」（the Rites of Eleusis）。如果你有機會參觀，我強力建議你不要錯過這些生動的觀眾參與劇。在「木星儀式」（the Rite of Jupiter）一開始，舞台上便呈現著第十號大牌「命運」。佔據場景主要位置的是一個巨大的輪子，扮演「C.I.C.T.」（即「Centrum In

Centri Trigono」)的演員坐在巨輪的軸心，飾演赫密阿努比斯、堤豐和人面獅身獸的三位演員則攀附在輪子邊緣。在第一幕的大半時間中，三人都在彼此爭吵，同時繞著輪緣打轉，徒勞地企圖觸及靜止不動的軸心。

儘管赫密阿努比斯、堤豐和人面獅身獸，並未被明白指出等同於煉金三元素「汞」、「鹽」和「硫」，或是塔羅大牌「魔法師」、「皇后」和「皇帝」，以及印度哲學的三種屬性「sattvas」、「tamas」和「rajas」，但它們確實就是，並且被鎖在一種永恆的「爭佔上風」的遊戲中。

「C.I.C.T.」稱堤豐為「情感」，赫密阿努比斯為「思想」，而人面獅身獸為「狂喜」。在父親般寬大慈愛的瞬間，他與他們分享了朱比特饒富禪機的祕密：

> 情感、思想與狂喜
> 只不過是我的壽衣。
> 如行星般被從「太陽」擲出
> 你們只是「至一」的衛星。
> 但若你們停止旋轉
> 就會無可避免地墜落
> 在中央靈魂之內一頭栽下，
> 而所有的部分就成為整體。
> 怠惰與活動與平和，
> 你們何時才能學會必須止息？[註99]

十一號牌 / 慾望

ATU XI
LUST

火焰寶劍之女
The Daughter of the Flaming Sword

獅子之星座牌
Zodiacal Trump of Leo

太陽守護——天王星廟旺
Sol Rules—Uranus Exalted

原始設計 /
一位微笑的女子握住猛獅張開的下頷 [註100]。

希伯來字母 /
Teth（蛇）。

生命之樹 /
路徑19，連結（4）「Chesed」——仁慈，至
（5）「Geburah」——嚴厲。

色彩 /
黃（泛綠）、深紫、灰、泛紅的琥珀色。

以愛來緩和能量；但要讓愛
吞噬一切。
崇拜 ＿＿＿＿＿＿＿ 之名，
穩固方正，不可思議，神妙奇異，
和他的屋宇418之名 [註101]。

（克勞利註）：這個名字只透露給那些值得啟蒙的人。

嗯，你必須明白它的感覺。想想，如果你看見很棒的巧克力，然後拿起來吃，味道是多麼地好，那是什麼感覺。這幅畫面，就是你對這些巧克力的感覺[註102]。

——哈利斯致克勞利，一九四二年三月二十五日

　　哈利斯夫人在一次畫展中，對一個好問的孩子如此解說「慾望」牌。傳統上，與這張牌連結的主要神靈，乃是與激起、駕馭並導引動物本性的女性能力相關的神祇：狄米特和騎乘獅子的亞絲塔蒂（Astarte，古希臘神話中的生育女神）、壓制火山火焰的維納斯，以及《啓示錄》中「偉大的巴巴隆」和「巨獸」。

　　在整副托特塔羅中，「慾望」或許是最爲美麗撩人的一張牌了。它也是最能例示克勞利記述在《靈視與靈聽》中的靈視與啓蒙經驗的數張大牌之一，尤其是他在第十二重天的靈視異象。

　　儘管以現代的標準來看，此牌的圖像算是相當溫和的了，但是巴巴隆[註103]，那「猩紅浪女」的裸體形象，高舉「聖杯」、跨騎著一隻奇異可怖的七頭「巨獸」[註104]，對許多二十一世紀的敏感人士而言，還是過於大膽了些。在美國各地的州立及聯邦監獄，托特塔羅（就因爲這張「慾望」牌）被視爲色情違禁品，禁止囚徒持有。即便是理應更有見識的老練塔羅師當中，也有人認爲「慾望」是克勞利用他的齷齪腦袋，污染了塔羅牌的又一例證。

　　這眞是錯得太離譜了。此牌的意象，乃是在闡釋最爲普世、殊聖的靈性奧祕——將一切小我狂喜地消融（「泰勒瑪」文獻稱之爲「聖徒之血」），與神性的大我（由偉大的「妓女」和她所化身的「聖杯」來象徵）合而爲一。這並不是——我再次重申——這並不是關於道德或不道德

的陳述！這或許是最完美的範例，例示克勞利是如何運用舊紀元的「褻瀆之詞」，來闡釋新紀元的靈性認知中某種更為正確的觀念。

兩千年來，「處女」一向是西方文明中「純真載具」（the pure vessel）的象徵，也是至高的女性心靈典範。就其作用而言，它是個很棒的象徵，探討著神性之靈降入物質的偉大奧祕。巴巴隆的奧祕則是一個全然不同的概念——一切進化中的生命和意識重行融入「Binah」，也就是偉大超凡的女性之中。在此奧祕中，「妓女」的象徵（她不加揀擇地接收一切）便成為至高而神聖的意象。請聽克勞利第十二重天的天使是如何描述她：

> 這是巴巴隆的奧祕，那厭憎之母，而這是她淫亂的奧祕，因為她對活著的一切事物獻出自己，並成為其奧祕的參與者。而由於她令自己成為眾生的奴僕，因而她也成為萬物的主人 (註105)。

此牌殊聖的靈性訊息，或許可以用這樣的文字總結起來：我們每一個人最終都將到達如此深湛崇高的意識階層，唯一高過它的只有神性本身的宇宙意識。我們與此無限大我的融合乃是終極的獻祭、終極的婚合。神渴欲她所有的孩子歸返於她的時刻。有朝一日，我們每一個人也將渴欲那個時刻。

十二號牌 / 吊人

ATU XII
THE HANGED MAN

強大水域之靈
The Spirit of the Mighty Waters

水之元素牌
Elemental Trump of Water

✳

原始設計 /
一個被倒吊或釘在十字架上的人。從一座字母
（Daleth）形狀的絞架上，一位俊美的年輕
男子以單腳倒吊著。他的另一條腿與懸吊著
的那條腿構成一個十字，雙手緊扣在腦後，構
成一個正立的三角形，散放光芒。他的嘴巴堅
決地緊閉著[註106]。

希伯來字母 /
Mem（水）。

生命之樹 /
路徑23，連結（5）「Geburah」——嚴厲，至
（8）「Hod」——宏偉。

色彩 /
深藍、海綠、深橄欖綠、灑紫斑的白色。

別讓你旅途踏過的水沾濕了你！
而當你上了岸，請種植
葡萄藤並毫無羞愧地歡慶[註107]。

有這整副牌在腦袋裡，我們最後會像是夢遊仙境的愛麗絲。晚安〔註 108〕。

　　　　　　　　——哈利斯致克勞利，一九三九年秋

我早已預見我們的辛勞最後會有「愛麗絲夢遊仙境」般的結果，但如果妳記得，那是對生命之美覺醒的信號〔註109〕。

　　　　　　　　——克勞利致哈利斯，一九三九年十二月十九日

　　借用我在「大祭司」篇章中說過的話，第十二號大牌並非「歐西里斯紀元」的「吊人」，也不是「伊西斯紀元」的「吊人」。克勞利在《托特之書》中，煞費心力地試圖說明箇中的緣由。請別誤解，當我用「試圖說明」這樣的措辭時，我並無不敬之意，當然也並非暗示我可以說明得比他更好。我只是很確定，在克勞利坐下來撰寫他對這張牌的評註時，他一定吞下了一把名為，「我想我要試著解釋生命最內在的祕密，以及高深魔法和整體宇宙的一切奧祕」的藥丸。

　　克勞利頗為盡力。他甚至為我們寫下幾段極富啓發性的文字，揭露了性煉金術與魔法的深刻祕密，絕對值得對這些主題有興趣的人去做更進一步的研究和冥想（見本書第十一章）。他之所以在他的評論中扯得如此之遠，原因或許是他相信，就歷史及傳統上所理解的「吊人」，如今在一副新紀元的塔羅牌中已然過時了。事實上，他告訴我們要將它視為舊紀元的邪惡遺產，甚至相當貶抑地將之比擬為人體中的盲腸。

　　這張牌很美——以一種奇異、古老而即將消亡的方式。這是「垂死之神」的牌，它在目前這副牌中的重要性，僅僅相當於一座衣冠塚〔註110〕。

衣冠塚是一座墳墓或紀念碑，用來紀念一個遺體其實葬在別處的人。即便如此，他接著還是為「吊人」做了一番很棒的「荷魯斯紀元」的詮釋，而這番論述的重點——儘管我並沒有「我想我要試著……」的藥丸——我試著總結如下：

　　首先，請看我們這位被釘在十字架上的主人翁，他的手臂和雙腿構成一個三角形，頂端有個十字。克勞利告訴我們，這象徵「光降入黑暗，目的在救贖它」[註111]。這可謂是宇宙的獻祭，是創造、維繫，和摧毀宇宙的祭典。人類對於自身是如何參與這宏大獻祭的認知，隨著時代逐漸演進。對於我們「伊西斯紀元」的遠祖，這獻祭意味著一回事；對於「歐西里斯紀元」的祖先又是另一回事；而在現今的「荷魯斯紀元」，如我們將會看見，又有著全然不同的意義。（如果出於某種原因，你跳過了本書的第六章，我建議你在往下讀之前先回頭讀它）

　　克勞利將「伊西斯紀元」歸屬於「水」元素。在這個時期，世人普遍相信人類的生命單單來自於母親。此時是由女性以她自己的身體為祭壇做出獻祭，而「吊人」即是未出世的胎兒，在即將出生時，頭下腳上地漂浮在子宮的羊水中。

　　「歐西里斯紀元」則屬於「風」元素，它與「水」和「火」都有所交感。因此，「歐西里斯紀元」的獻祭是妥協的犧牲。這是「垂死之神」的時代，此時，一個人無法成為真正的救主，除非他先從水裡出來（受洗等等），然後獻出自己的身體，容許自己被折磨、殺害，繼而被釘或吊在樹上以救贖其子民的生命。幾千年前，這種無私的姿態是靈性修養上的大步躍進。事實上，對於「歐西里斯紀元」，它成為由ＩＮ Ｒ Ｉ／ＩＡＯ所表達的修行造詣之至高準則（見第八章）。

　　「荷魯斯紀元」則歸屬於「火」元素（以希伯來字母ש「Shin」和大

阿卡納「新紀元」牌代表）。在「荷魯斯紀元」，「吊人」之「水」與「新紀元」之「火」完全不相容。在此「新紀元」中，克勞利提醒我們：「整個獻祭的概念，便是對自然的誤解⋯⋯」[註112]。獻祭式自殺的表現不僅過時，而且一整個只有反效果：

> 但現在，在「新紀元」火象的主宰之下，那「水」元素──就「深淵」之下的水而言，肯定是不友善的，除非此種對立是蘊含在婚合之中的合宜對立[註113]。

他所謂的「婚合」，乃是指「自我在被愛者之中的消融」[註114]。在此牌中，這是以「圓環加十字」的「安卡」（ankh）十字架來象徵（「薔薇」與「十字」，亦即「陰」與「陽」的結合）。就是這種獻身的狂喜，消融了一切分離之感，如我在第十一章中所描述的。此種「婚合」，如同每個時代與文化的密契修行者和聖徒一直試圖告訴我們的，便是至高的獻祭。

托特塔羅的「吊人」，仍然象徵「光之降入黑暗，目的在救贖黑暗」。但是「救贖」這個詞，不再暗示某種需要被償還的既存業債。代之的是，「荷魯斯紀元」的救贖乃是開悟者的高尚責任，要為未開悟者帶來啓明。

請留意哈利斯夫人是如何巧妙地運用投影幾何，將這張牌和其他幾張與「水」有關的牌連結起來。試試將「吊人」與「女祭司」和「聖杯王后」頂端對頂端併攏排列，看看效果如何。其他的趣味點還包括背景中風格化的「以諾魔法」格版，以及她如何運用綠色來注入維納斯（金星）的影響氛圍。

十三號牌 / 死神

ATU XIII
DEATH

偉大轉化者之子
The Child of the Great Transformers

死亡之門的主宰
The Lord of the Gate of Death

天蠍之星座牌
Zodiacal Trump of Scorpio

火星守護——冥王星廟旺
Mars Rules—Pluto Exalted

原始設計 /
一具骷髏正拿著鐮刀收割人頭。鐮刀刀柄的
形狀是個「ת」(Tau)〔註115〕。

希伯來字母 /
Nun（魚）。

生命之樹 /
路徑24，連結（6）「Tiphareth」——美，至
（7）「Netzach」——勝利。

色彩 /
綠藍色、晦暗的褐色、極暗的褐色、暗沉的靛
褐色。

宇宙即是變化；每次變化
都是一種愛之行動的效果；而一切愛之行動
都包含著純粹的喜悅。日日死去吧！

死亡乃是蛇般生命之一段弧線的巔頂：
將一切對立面視為必要的補充，
並歡欣慶祝〔註116〕。

我會試試你的建議。「對那料理後事的主子又有更多工作了。」我說〔註
117〕。

——哈利斯致克勞利，一九三九年秋

在莎翁名劇《哈姆雷特》中，馬塞勒（Marcellus）對何瑞修
（Horatio）說：「丹麥國裡恐怕有些腐敗的事兒。」他也可以換個說法：
「有些事聞起來有點魚腥味兒（fishy）。」這兩種說法都很奇異地貼
近「死神」牌的主題。分派給「死神」的希伯來字母是「Nun」，意思是
「魚」。在西方文明的傳統中，「魚」是最受尊崇的符號之一，象徵頑強
的生命與復活。死魚腐敗得很快，聞起來很腥臭（在丹麥和其他每個地
方都一樣！），但是生命的祕密便存在於那腥臭之物中。

要討論「死神」牌，很難不同時討論下一張大牌——「藝術」。從煉
金術的觀點來看，「死神」牌其實應該排列在「藝術」之後，因為「藝術」
牌預示著「偉大工作」的最後階段，而「死神」便是那最後的階段。雖然
並未出現在「死神」牌上，我們那被蛇纏繞的「奧菲克祕卵」——那潛藏
的生命種籽，最初在「魔法師」牌中邂逅，其元素在「戀人」牌中結合，
繼而由「隱士」授精——現在正要進入最後的發展階段，然後孵化成為
新的生命。

在某種程度上，「藝術」牌其實將「死神」納入了它的意象體系。如
果你往後翻過幾頁，看看「藝術」牌的圖像，你會看見一位男女合體的人
物，正在將火和水傾倒在獅子和老鷹頭上，然後再注入一個大鍋爐中。
如果你細看那鍋爐爐身，你會看見一隻烏鴉停棲在骷髏頭上。哈利斯夫
人只差沒在這鍋爐上畫個牌子，寫著：「這個鍋爐就是『死神』牌。」

這個「烏鴉加骷髏」的圖案有個名目，叫做「caput mortuum」（意

爲「死亡之頭」），是指發生在鍋爐之中的煉金過程。此一過程便是腐敗、分解，而「腐敗分解」就是「死神」牌的要旨：

> 在煉金術中，這張牌解釋了「腐化」的概念，這是精擅此術的煉金師爲一系列化學變化所起的技術名稱。這些變化從「奧菲克祕卵」中的原初潛藏種籽，發展出生命的最終形式[註118]。

丹麥國裡或許有些腐敗的事兒，但是在塔羅的煉金術中，腐敗的惡臭乃是即將到來之成功的甜美氣味。在「奧菲克祕卵」即將孵化前、最爲敏感的最後階段中，它在一種「三重過程」裡被緩緩地加溫。如果我們往鍋爐裡瞧，當會看見此一過程汨汨蒸騰，淬煉出一隻蠍子、一條蛇，和一頭老鷹，也就是「天蠍座」的三種意象及面向。

我們可以在「死神」牌的右下角看見那蠍子，根據克勞利的說法，牠象徵著「天蠍座」最低階的面向。

> 最低者係由「蠍子」來象徵，早期的自然觀察者以爲，牠會在發現自己被火圈包圍，或是陷入其他絕境時自我了斷。這代表最低形式的「腐敗」。當環境的壓力變得無可忍受，被攻擊的元素便會自願接受改變[註119]。

「天蠍」的中間面向，克勞利解說道，乃是由蛇來代表。我們可以在牌的左下角見到牠：

> 蛇是神聖的，是生與死的主宰，而牠行進的方式，暗示著這兩個孿生的生命階段——我們分別稱之爲生與死——有節奏的起伏[註120]。

「天蠍」的第三個象徵是老鷹，我們可以在「死神」牌的左上角看見牠。這老鷹，據克勞利描述，乃是飄飄然的氣體！

這張牌的最高面向是「老鷹」，牠代表超越固態物質的躍升。據早期化學家的理解，在某些實驗中，最純粹（亦即最纖細稀薄）的元素會如同瓦斯或蒸汽般逸散飛昇[註121]。

如果我們讓這三個面向全都完美地依序開展，它們便會產生必要的溫和熱力，孵育處於最後發展階段的「奧菲克祕卵」。

托特塔羅的「死神」牌，是傳統塔羅中「死神」的反面對照。他並非站在大地上、嚴厲陰森的僵冷收割者，不問長幼貴賤，一視同仁地刈割人命。這位「死神」是活潑而靈動的。他戴著「歐西里斯」之冠，狂野地在海底跳舞。他並不以鐮刀收割人命，而是用它來攪動看似死寂腐敗的沉積淤泥，激起新生命的氣泡。「所以，」克勞利評述道：「永續生命的處方是死亡，或是腐朽。」[註122]因此「死神」事實上乃是「原初、祕密的男性創造之神。」[註123]

十四號牌 / 藝術

ATU XIV
ART

調解者之女，生命的生發者
The Daughter of the Reconcilers,
the Bringer forth of Life

射手之星座牌
Zodiacal Trump of Sagittarius

木星守護──月交點「龍尾」廟旺
Jupiter Rules—Dragon's Tail Exalted

❋

原始設計 /
女獵者黛安娜的形象。一位生著翅膀、頭戴冠冕的女神，繫著金光閃耀的腰帶。她站立著，右手的火把向一頭老鷹傾注火焰，而左手的水甕則向一頭獅子注水。在她雙足之間有個月亮形的銀鼎，散發著裊裊香霧(註124)。

希伯來字母 /
Samekh（帳篷釘）。

生命之樹 /
路徑25，連結（6）「Tiphareth」──美，至（9）「Yesod」──基礎。

色彩 /
藍、黃、綠、鮮明的暗藍色。

將你所有的一切毫不保留地
從你右手的瓶中傾出，一滴都別漏！
你的左手中是否也有個瓶子？

將一切完全轉化為你意志的形象，
將每一滴都帶至
它完美的表徵！

將珍珠溶解在酒杯中：飲下，
並彰顯那珍珠的美德(註125)！

「節制」還真難搞得緊[註126]。

——哈利斯致克勞利，一九三九年，日期不詳

「射手座」（Sagittarius）的原意是「弓箭手」；而這張牌的傳統圖像是女獵神戴安娜。我們在牌面頂端的兩張銀弓上，看見此一原始主題的餘響——還有從那煉金鍋爐的虹彩煙霧中，向上飛昇的小箭。古城以弗所（Ephesis）著名的戴安娜神像有著許多個乳房；而「藝術」牌主人翁深深的領口顯露出三排齊整的乳房，令人聯想起這尊馳名的以弗所戴安娜雕像。

除了這幾處例外，射手座的意象幾乎完全被煉金術的象徵給淹沒了。誠如克勞利所指出的，「這張牌代表第六號牌中那場皇室婚禮的完成」[註127]，而「藝術」是「戀人」牌的「溶解」之後的「凝結」。同時在這張牌中，「皇后」的白染酊與「皇帝」的紅染酊也結合在一起了。

我們已經在第八章學到，「魔法師」、「皇后」和「皇帝」分別代表煉金元素「汞」、「鹽」和「硫」。我們也學到當這三種元素結合起來、並達到完美的均衡時，便會創造出宇宙溶劑(Vitrol)。但我們未曾學到的是，要拿這宇宙溶劑來做什麼，我們究竟要用它來溶解什麼？我猜最簡單的回答會是，它溶解了老舊的生命，以創造新生。讓我們審視「藝術」牌，看看這新生命將從何而來。

首先請留意，牌面前方的人物是站在一個巨卵之前。這當然就是「奧菲克祕卵」，而我們所見在這祕卵前方發生的一切，事實上是在此卵內部進行的祕密工作。一輪金色的光環在祕卵周圍閃閃發光，彷彿是在為卵中光燦的生命打廣告般，以優美的字體寫著這句煉金格言：

「VISITA INTERIORA TERRAE RECTIFICANDO INVENIES

OCCULTUM LAPIDEM」，意思是：「探尋那大地的深處，透過粹煉提昇、去蕪存菁，將找到隱匿的寶石」。

正在調製靈藥、使得此種造訪成為可能的，是位奇妙而特異的人物。我們初次見到他時，他還是兩個人，也就是第六號牌「戀人」中的新郎和新娘。那黑色的國王和白色的王后，現在已合而為一，變成一位生著兩個頭的人物。白新娘現在變成黑髮，頭戴金冠；而黑新郎則變成金髮，戴著銀冠。她／他的手臂露出半截，顯示出身體的膚色也對調了。

此人衣袍上飾有蜜蜂與蛇的圖案，而他／她的前方有一具鍋爐，她／他以左手的銀杯往鍋爐裡注水，右手則傾入火焰。獅子和老鷹在兩側護衛著鍋爐（如同牠們在「戀人」牌中護衛著「奧菲克祕卵」），牠們也有了戲劇性的變化。獅子現在變成了白色，而老鷹則轉變為紅色，透過火與水的雙重洗禮（紅、白染酊的結合），各自轉變為相對的特質。

在牌面最下方，火與水和諧地並存著。克勞利寫道：

> 但這只是此一靈性概念的粗糙象徵，它是一種不完整的元素，透過同化與之相等而對立者，以成全其配方，而獲致欲望的滿足 (註128)。

我明白對許多讀者而言，這些對於奇異深奧的煉金世界的突襲造訪，似乎像是不受歡迎的離題，偏離了塔羅的主調。然而，它們卻是克勞利式的突襲，是托特塔羅的重要面向，是它與其他較為傳統的塔羅牌之區隔所在。這些煉金術的面向，乃蘊含在托特塔羅本身的基本結構中。的確直到我熟悉了克勞利在《托特之書》中介紹的煉金過程，否則我真的完全搞不懂，為何「節制／藝術」牌的原始標題會是「調解者之女，生命的生發者」。

十五號牌 / 惡魔

ATU XV
THE DEVIL

物質之門的主宰
The Lord of the Gates of Matter

時間驅力之子
The Child of the Forces of Time

魔羯之星座牌
Zodiacal Trump of Capricorn

土星守護——火星廟旺
Saturn Rules—Mars Exalted

——❊——

原始設計 /
希臘神祇潘（Pan）或普里阿帕斯（Priapus）
的形象。列維的「巴弗滅」（Baphomet）是
對此一奧祕的紮實評註，但應不見於文字中〔註
129〕。

希伯來字母 /
Ayin（眼睛）。

生命之樹 /
路徑26，連結（6）「Tiphareth」——美，至
（8）「Hod」——宏偉。

色彩 /
靛藍、黑、藍黑、趨近黑色的冷暗灰色。

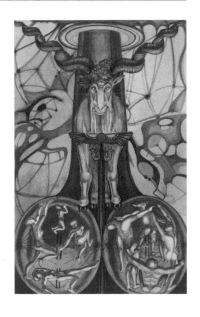

以汝之右眼為汝自身創造一切，
而以左眼接受一切
以其他方式創造的〔註130〕！

「惡魔」並不存在。那是由「黑暗弟兄」所編造的偽名，在他們無知的散亂渾水中，暗示著某種「合一」。獲致「合一」的惡魔便會是神[註131]。

「惡魔」或許並不存在，但是塔羅牌中肯定有一張「惡魔」牌；而在我看來，他是整副牌中最廣受世人誤解的人物。（不過，或許你已經猜到我會這麼說了！）

這是「魔羯座」之牌，那屬於山羊的星座。就算命的用途而言，「惡魔」牌確實是一切想像得到、能夠降臨在我們身上的邪惡事兒的代罪羔羊，還有那些時時引誘我們，走向自我毀滅之邪惡誘惑的代名詞。還真是方便哩！

但如果「惡魔」是代表邪惡的牌，我們又該挑選哪張牌，來代表美善呢？所有其他的大阿卡納全都具有代表善、惡兩種特質的潛力，為何我們需要一張牌單單代表惡呢？

難道「愚人」還不夠莽撞輕率，「魔法師」不夠竊佔成習，「女祭司」不夠蠱惑人心，「皇后」不夠妖冶挑逗，「皇帝」不夠專橫獨裁，「大祭司」不夠頑固狹隘，「戀人」不夠濫情不忠，「戰車」不夠炫耀自負，「慾望」不夠淫蕩縱情，「隱士」不夠自虐孤僻，「命運」不夠災厄不祥，「調節」不夠偏頗不公，「吊人」不夠飽受折磨，「死神」不夠殺人如麻，「藝術」不夠混沌無序，「塔」牌不夠多災多難，「星星」不夠消沉沮喪，「月亮」不夠虛幻迷惘，「太陽」不夠自我陶醉，「新紀元」不夠具毀滅性，或是「宇宙」不夠冰冷殘酷，來處理世上的一切邪惡嗎？

至此我們應該很明白，「惡魔」並非終極之邪惡，而是別的什麼。而這「別的什麼」，正是他的完整稱號所宣告的：「物質之門的主宰。」這就其本身而言，可能就相當嚇人了，尤其是如果你已經被說服，俗世生

活是與神疏離的，而物質層面的一切事物，包括你和我，都是天生邪惡的。快長大吧！

無論「至高存有」究竟是什麼，如果它不包含萬事萬物，包括你和我——還有「惡魔」——它都不會是至高存有。似乎相當明顯，「惡魔」只不過是被無知與邪惡者誤解的神。克勞利如此解說：

> 這張牌代表最具物質形式的創造能量；在黃道帶，魔羯座的位置是在天頂（Zenith），它是所有星座中位置最高的；它是在地球巔頂帶著慾力跳躍的山羊——在這個星座中火星是廟旺的，展現著它最佳的形式，那火一般的物質創造能量。這張牌代表「泛生者潘」（Pan Pangenetor），萬物生發之父（All-Begetter）[註132]。

克勞利在另文中告訴我們，「愚人」、「隱士」和「惡魔」這三張牌，「為陽性創造能量提供了一種三重的詮釋；但是這張牌（惡魔）尤其代表陽剛中的陽剛能量……」[註133]。陽剛中的陽剛能量，誠然如此！看看這張牌！我無須畫張圖給你。哈利斯夫人畫得再明白不過了。這整張牌就是「惡魔」。一頭雄偉的喜馬拉雅三眼山羊站在一棵大樹前方，樹下是兩顆透明的巨大球狀樹根。最有趣的，或許是那神似睪丸的球根裡的人形了。

在傳統塔羅牌中，「惡魔」牌描繪著一對男女，以崇拜並受縛的奇特姿態立在惡魔座下。在哈利斯的畫作中，這兩個人物被轉譯為左邊睪丸中的四個女體，和右邊睪丸中的四個男體。最上方的男體，頭上生著典型的「惡魔之角」，看來似乎已爭得了上風。那一對對斷掉的線條暗指染色體，而球體中線的星芒則暗示細胞分裂。這便是這個世界教我們去懼怕的「惡魔」。他是生命本身，未受拘束，陷入狂愛，尋求滋長，並與一

切事物結合。

　　此牌的準則是對一切存在之物的完全欣賞。他在崎嶇與不毛之處歡欣鼓舞，不減於平坦與豐饒之處。一切事物都同等地提振他。他意味著在每個現象中發現狂喜，無論它原本是多麼令人嫌惡；他超越了一切限制；他是「潘」；他是一切萬有(註134)。

在克勞利撰寫的寓言故事《清醒世界》（The Wake World）中，他編織了一則迷人的童話，是關於一個小女孩攀上「生命之樹」的啓蒙之旅。這女孩名叫蘿拉（Lola），她的嚮導是她的「神聖守護天使」，她稱他為「神仙王子」。當他們來到第二十六條路徑（屬於希伯來字母「Ayin」和「惡魔」牌），他們參加了一場在石南荒原上舉行的奇異宴會。

　　那是午夜，「惡魔」降臨，坐在中央；但我的神仙王子對我耳語道：「噓，別作聲！這是個大祕密，其實他名叫『耶赫斯華』（Yeheswah），是世界的救星。」這很好笑，因為我旁邊的女孩以為他是耶穌基督，直到另一位神仙王子（我的王子的兄弟）在親吻她時低聲說道：「噓，別告訴任何人，那是撒旦，是世界的救星。」(註135)

十六號牌 / 塔

ATU XVI
THE TOWER

強者東主之主宰
The Lord of the Hosts of the Mighty

火星之行星牌
Planetary Trump of Mars

原始設計 /
一座高塔被分叉的閃電擊中。人形從塔上墜落，其姿勢暗示著希伯來字母ע（Ayin）[註136]。

希伯來字母 /
Pé（嘴）。

生命之樹 /
路徑27，連結（7）「Netzach」——勝利，至（8）「Hod」——輝煌、宏偉。

色彩 /
猩紅、紅、威尼斯紅、泛蔚藍或翠綠光的亮紅色。

擊毀你個人自我的堡壘，
你的真理將會從廢墟中
自由湧出！[註137]

這「神之屋宇」在我看來像是個漩渦，而非嘴巴。或者它是你的，無論如何嘗試，都無法被凡人的努力填滿 [註138]。

——哈利斯致克勞利，日期不詳

你可曾見過一項大型建築工事的各個階段？在第一階段，推土機煙塵飛揚地清理地基，樹木被毫不留情地連根拔起。花草植物被剷起、耙成一堆，然後被掩埋或燒掉。這是一幕全面毀滅的荒蕪景象。如果在此一階段的尾聲拍張照片，你會有一幅大災難的畫面。然而一、二年後，這畫面改變了。建設已經完成，現在一座宏偉的建築物昂然聳立，有著花木扶疏的造景，或許還有個美麗的小瀑布和小湖，三、兩隻天鵝悠游其中。

在托特塔羅中，這第一階段是由第十六號大牌「塔」來代表，而第二階段則是第二十號牌「新紀元」。「塔」並非世界末日，它只是看起來像是世界末日。簡單明瞭地說，它便是克勞利所謂的，「宇宙能量以其最粗糙形式的展現」。[註139]

「塔」是火星的行星牌，它吸納了此牌傳統版本大部分的典型意象——一座被毀滅的高塔，有人從塔中墜落。然而多數較早的版本，描繪這塔是被來自高處的閃電擊中，彷彿遭受到某種天譴。在哈利斯夫人的版本中，這塔是被下方的火焰襲擊，彷彿是由冥府之口噴出的怒火（希伯來字母「Pé」的意思就是「嘴」）。這是象徵意象中，一處最具深意的逆轉。哈利斯版本所獨有的另一特徵，是牌面頂端的那隻大眼睛，它似乎放射出一道曲折的閃電或火焰，可能是點燃下方地獄之火的火星。

在《托特之書》中，克勞利稱此眼為「荷魯斯之眼」（the Eye of Horus），有時也叫它「濕婆之眼」（the Eye of Shiva）。這隻眼睛，令克

勞利變得相當富於哲思。他甚至以關於性魔法和這隻眼睛的評論來逗弄我們：

> 有種技術性的特殊魔法意義，只對「東方聖殿會」第十一階的門徒明白解說；此一階層是如此地祕密，甚至未曾列入官方文獻中。即使研習了第十六號大牌中的「眼睛」，也無法瞭解。或許無妨一提，阿拉伯聖哲和波斯詩人，並不總是很設防地，曾就此題目寫過一些詩文〔註140〕。

如果「眼睛」這檔子事兒是如此祕密，幹嘛要提起這個話題呢？這是一段極其隱密且晦澀的參考文獻，而克勞利非常清楚，絕大多數讀者是無法理解或領會的。顯然，「眼」是指身體的各個孔竅，以及它們所連結的心靈中樞。儘管這一切從臨床性魔法的觀點看來都非常有趣，但它之於我們對這張大牌一般意義的理解並無多大幫助。另一方面，「濕婆之眼」的概念卻很有幫助。

印度教的三位一體「三相神」：梵天（Brahma）、毗濕奴（Vishnu），和濕婆（編註：梵天、毗濕奴、濕婆為印度教三大主神），分別負責創造、維持和毀滅宇宙。濕婆是「毀滅之神」，而且克勞利警示我們，祂只消張開眼睛，便能摧毀世界。

> 濕婆被描繪為在信眾的屍體上跳舞，對西方的心靈而言，要瞭解這個概念並不容易。簡短地說，其教義是：終極的實相（也就是完美）乃是空無。因此一切有相，無論多麼華美輝煌、多麼令人愉悅，都只是污漬。要獲致完美，一切存在之物都必須被毀滅〔註141〕。

「塔」牌的傳統標題是「神之屋宇」，或「神之屋宇的毀滅」。在《律

法之書》第一章，詩篇五十七中，努特女神直接提及了此一名稱：

> 在我的星星之下呼喚我！愛即律法，意志下的愛。亦不要讓
> 愚者誤解了愛；因為愛與愛互不相同。有鴿子，也有蛇。你要善加
> 選擇。他，我的先知，已經做了選擇，明白堡壘的律法，以及「神
> 之屋宇」的偉大奧祕。

我們在牌面頂端那隻巨眼附近，看見了鴿子與蛇。鴿子口中銜著橄
欖枝。克勞利如此描述此一意象：

> 那蛇被描繪成「獅蛇」克奴比斯（Xnoubis）或阿勃拉克斯
> （Abraxas）。它們代表兩種形式的欲望；也就是叔本華所謂的
> 「生之意志」和「死之意志」。它們代表陰性與陽性的衝動；後
> 者之高尚，或許植基於對前者之徒勞的認知。這或許便是為什麼
> 棄絕所有尋常意義上的「愛」，這般常被宣稱為通往啟蒙的第一
> 步。這是一種不必要的僵化觀點。這張牌並非整副牌中唯一的一
> 張，「生之意志」與「死之意志」也並非互不相容(註142)。

就宏觀而言，這張牌終究並非如此之糟。「荷魯斯紀元」的公民無
須再懼怕「塔」牌所描繪的自然過程。當杜奎特（即在下本人）自家的
「登基得勝之子」（the Crowned and Conquering Child）——犬子尙
保羅——四歲大時，有一天他問我世界最終會變成怎樣。我告訴他沒人
確切知道，不過印度人崇拜一位名叫濕婆的神，負責摧毀宇宙。

「濕婆只需要睜開眼睛，」我說：「宇宙就會被完全摧毀。你覺得怎
樣？」他一刻也不遲疑，回答：「那祂就閉上另一隻眼睛。」

我仍在思考他的話。

十七號牌 / 星星

ATU XVII
THE STAR

蒼穹之女
The Daughter of the Firmament

居於池間水畔者
The Dweller between the Waters

水瓶之星座牌
Zodiacal Trump of Aquarius

土星守護──海王星廟旺
Saturn Rules—Neptune Exalted

原始設計 /
嬉戲自娛的水仙子。一名裸體少女左膝跪地，以右手中的水瓶向河中傾注銀色水液；河畔生著薔薇，四周彩蝶紛飛。她用左手中的水瓶向自己頭上傾倒金色水液，那水消失在她的長髮之中。她的姿態暗示著「卐」字（Swastika），在她頭頂，一顆七芒大星星如火焰般閃耀發光〔註143〕。

希伯來字母 /
Hé（窗）。

生命之樹 /
路徑15，連結(2)「Chokmah」──智慧，至(6)「Tiphareth」──美。

色彩 /
紫羅蘭、天藍、泛藍的淡紫色、染紫暈的白色。

向你自己傾注泉水：如此
你將成為宇宙的源泉。

在每一顆星星中找到自己！

成就每一個可能性！〔註144〕

我想，看到完成的牌，你會記起所有你已遺忘的一連串記憶，而我也會被那些修改擊垮，它們會搞亂結構設計，並把任何旁觀者弄暈。所以，請容忍小孩子找你問東問西，也別用太多的象徵把他們弄糊塗，並對飽受折磨的佛瑞妲高抬貴手[註145]。

——哈利斯致克勞利，日期不詳

從《律法之書》第一章中汲取意象的「星星」牌，是整副托特塔羅中，蘊含「泰勒瑪」元素最為強烈、豐富的牌之一。要真正領略它的祕密，你必須熟悉這一章的要旨，對它可能的蘊意有所認知。核心的主題正是「努特」本尊。在此，她並非被描繪成夜空的無垠天穹（如我們在「昭示之碑」或第二十號牌「新紀元」中所見），而是具體地擬人化為一位美麗的女神。

牌面上的三顆七芒星，乃是「巴巴隆之星」（the Star of Babalon）的各種變貌，這三顆星星向我們揭示（如果我們還沒搞清楚），努特和巴巴隆——對克勞利而言——是同一位女神的兩種面向：「巴巴隆，」他告訴我們：「是『努特』之原始概念更進一步的實體化；她是那『猩紅之女』，那神聖的妓女，也就是第十一號大牌中的那位女士。」[註146]，他同時也將此七芒星喚作「『維納斯之星』，彷彿在宣告她的本質之首要特徵就是『愛』。」[註147]

「巴巴隆／努特」在「生命樹」上的居所是第三個薩弗拉「Binah」，天界之母。在四字母聖名「Yod Hé Vau Hé」中，母親是第一個「Hé」。將「Hé」分派給這張大牌完全是順理成章的，因為它呈現了無垠空間之女神的崇高形象。

哈利斯版的「星星」十分忠於原始的描述（見前頁牌圖）。她甚至還納入了薔薇和蝴蝶（見牌面右下角），這在較為傳統的牌中是缺席的。那河流──有點不容易看到──從牌面下方流過，被遠方岸邊的山丘勾勒出輪廓。在此牌與傳統版本的歧異中，最令人興奮的，或許要數佔據牌面焦點的巨大球形天體了。這天體往往被誤認為地球。如果它是地球，將會大大減損此牌的精神及宇宙層級。

　　那球體代表包圍地球的整個天球。因此這張牌上所有其他意象，凡是位於此一天球之外的，必定代表、甚至超越無垠空間之概念的靈性環境。那三顆七芒星中，最大和最小的都在這天球之外：前者在牌面左上角，像個宇宙的輪轉焰火般以逆時針方向旋轉；後者則如同一顆小小的星星種子，從女神右手的金碗中，以順時針方向滾落。第三顆星星則在那天球之上，以逆時針方向迴旋。

　　女神手中的兩個杯子，克勞利寫道，乃是依乳房的形狀塑造，「如其所述，『從她乳頭流出的星星之乳；是的，從她乳頭流出的星星之乳』。」、「從那金杯之中，」他繼續說道：「她傾出天界之水──它同時也是乳汁和油和血，灌注在自己頭上，暗示各門各類的永恆更新，天地萬物無窮無盡的可能性。」[註148]

　　克勞利如此為這段描述作結：

　　　　她低垂的左手握著一盞銀杯，她也從中傾出永生不朽的生命酒漿（那酒漿是印度哲人的「艾姆麗塔」（Amrita），希臘人的「忘憂飲」和「神仙饌」，煉金師的「萬能溶劑」（Alkahest）和「宇宙靈藥」，「聖杯」中的寶血；或者，更確切地說，是作為那寶血之母的甘露瓊漿（nectar）。）[註148]

傳統上，「星星」是希望之牌——是對無形之物的允諾。什麼是努特給予我們的希望？什麼是星星女神給我們的允諾？但願我能直接把《律法之書》的第一章整篇轉載於此，但以下簡短的摘錄或許能給你一點概念：

　　　　我給予塵世中難以想像的喜悅：篤定，而非信仰，在生時，於死後；無可言說的安詳，歇息，狂喜，而我也不要求任何獻祭 [註149]。

十八號牌 / 月亮

ATU XVIII
THE MOON

潮起潮落的主宰
The Ruler of the Flux and Reflux

強者之子的孩兒
The Child of the Sons of the Mighty

雙魚之星座牌
Zodiacal Trump of Pisces

木星守護——金星廟旺
Jupiter Rules—Venus Exalted

原始設計 /
虧蝕之月。下方，一條小徑穿過兩座高塔，由兩頭胡狼守衛；從海中，一隻聖甲蟲爬向陸地〔註150〕。

希伯來字母 /
Qoph（後腦）。

生命之樹 /
路徑29，連結（7）「Netzach」——勝利，至（10）「Malkuth」——王國。

色彩 /
緋紅色（紫外光）、灑銀白斑點的暗黃色、半透明的淺粉紅褐色、石頭色。

讓這世界的幻覺通過你，
未曾被留意，當你從子夜
走向清晨〔註151〕。

在這張大牌——她最低階的化身中，她將「Netzach」的地土之域與
「Malkuth」連結起來，那巫術與惡行之月。她是劇毒的黑暗，是光明
重生的條件（註152）。

　　無庸置疑地，這是張令人發毛的牌。它是黑暗創造出來的光、它是
照亮你夢境的光——還有你的夢魘。

　　我們還記得，分派給月亮的大阿卡納是第二號牌——「女祭司」。她
是逐漸盈滿的月亮，代表月神「露娜」（Luna）的最高面向，那構成人與
天之鏈結的那一面向（「女祭司」在「生命樹」上的路徑跨越了「深淵」，
連結著「Tiphareth」和「Kether」）。第十八號牌「月亮」，卻是「露娜」
的一個非常不同的面向，對於它，我所能說的最愉快的事就是，「它是會
改變的。」

　　現在，在許多巫術界的兄弟姊妹感到被冒犯之前，容我趕緊指出，
克勞利在前面的引文中提到的「巫術」，並非是指在他死後（1947年）方
才於全球蓬勃發展的「新異教運動」（the neopagan movements），那
種熱愛自然、肯定生命的宗教。他指的是狂熱偏執的獵巫者，在扭曲淫
穢的妄想中所臆想出來的那種巫術。

　　第十八號牌中的月光，是照亮我們魅影幢幢的夢魘之幽光——所有
無法正視自身恐懼之黑暗驚怖的人共有的夢魘。「月亮」牌顯示了一條
路徑，穿過並超越了這夢魘，但它不是條好走的路。各個時代與文化的
神話都明白揭示，這條穿越「劇毒黑暗」的旅程，是每個英雄的追尋之
旅必要的篇章。如同克勞利提醒我們：

　　　　這條道路是由塔布（Tabu）守衛。她是不潔與妖魅。在山丘
　　上，是無名奧祕、驚怖和恐懼的黑塔。一切偏見，一切迷信，死去

的傳統和先祖的厭憎，全都結合起來，令她的面孔在世人眼裡更加陰鬱。要踏上這條道路，需要百折不回的勇氣(註153)。

哈利斯的詮釋，充滿令人不安地駭人陰森，但它和傳統的版本並無太大歧異。穿過雙塔之間的道路係由埃及神祇——阿努比斯（Anubis）守衛，祂是守護死者之城、並為死者塗裹油膏的神祇。毒血從瀕死的月亮滴落。牌面下方，從水中爬出的動物代表聖甲蟲，牠是埃及神祇——凱普拉（Kephra）——午夜的太陽神——的聖物。

傳統版本的「月亮」牌畫著一隻螯蝦，或者是龍蝦，而非聖甲蟲；而午夜太陽神的象徵，也失落在對焗烤奶油龍蝦的記憶中。我必須承認，哈利斯的聖甲蟲看起來也不是很像聖甲蟲。事實上，牠是隻水蜘蛛。無論如何，牠將太陽帶出黑暗的水域，且於此同時，向我們保證這可怕的黑夜終將結束。

在《托特之書》中，克勞利也在他對這張牌的最後論述中，對勇敢的追尋者做出了保證：

　　這喚起了潛意識中隱約了然的心靈回聲，那密契修行者在他們對「靈魂暗夜」的描述中不斷頌揚的至高罪咎。但是最優秀的人，真正的人，全然不以此種角度看待這件事。無論怎樣的恐怖折磨著靈魂，怎樣的可憎之物激起心中的嫌惡，怎樣的驚駭襲擊著心靈，在每個階段，他的回答都是一樣的：「這是多麼精彩的冒險！」(註154)

十九號牌 / 太陽

ATU XIX
THE SUN

世界之火的主宰
The Lord of the Fire of the World

太陽之行星牌
Planetary Trump of the Sun

原始設計 /
一輪紅日。下方是一堵牆，牆的前方，在一個「精靈圈」(fairy ring) 之內，兩個小孩絲毫不感羞赧地盡情擁抱[註155]。

希伯來字母 /
Resh（頭）。

生命之樹 /
路徑30，連結 (8)「Hod」──宏偉，至 (9)「Yesod」──基礎。

色彩 /
橘、金黃、濃琥珀色、泛紅光的琥珀色。

對一切萬物放送你的光，毫無遲疑：
陰雲和暗影對你都無所謂。

讓言語與沉默，能量與靜止，
成為你遊戲的孿生形式！[註156]

每個男女都是一顆星星[註157]。

在命理傳統中，「太陽」往往被解讀爲代表問卜者的牌，或是問卜者對世界展現的面貌。在我看來，這暗示在內心深處我們生來全都知道，人類終極而言乃是源自太陽的生命。克勞利如此解說：

　　這是最簡單的牌之一；它代表「赫魯－拉－哈」（Heru-Ra-Ha），「新紀元」的主宰，在靈性上、道德上，以及實體上，以太陽的面貌對世人顯現。祂是光之主宰，以及生命、自由和愛的主宰。此一「新紀元」的目的，便是人類的完全解放[註158]。

這是相當撼人的陳述，而我相信克勞利每一個字都是認眞的。每當我被要求解釋「泰勒瑪」哲學，或者說是「泰勒瑪」宗教時，我的第一句話通常是「它是現代的太陽崇拜。」不過我會趕緊補充：「當我說到『太陽』這個詞時，我同時也是指我自己。」

克勞利是否同意我粗略的歸納，是可堪爭議的。然而我相信它確實以最簡單素樸的詞語，描述了「泰勒瑪」的精髓。既然人類的意識，由於知道太陽會持續存在，而經歷了微妙的「質變」——它既不會在夜晚死去，也不會在秋天撲向寂滅——人類已經準備好，要將自身的意識認同於這樣的現象。正如太陽是永恆的，意識也會延續不絕：死亡是種幻象，正如夜晚是種幻象。永生不朽，不過就是意識到存在的永續。

「赫魯－拉－哈」是埃及神祇荷魯斯的一種特殊的名號，代表他相對且相等的兩種形式。「胡爾－帕－克拉特」（Hoor-Pa-Kraat）是被動、天眞的寂靜之神，具有無限的潛能。祂往往被描繪爲一個以胚胎姿勢蜷伏的嬰兒，用拇指或食指按著嘴唇：「拉－胡爾－庫特」（Ra-Hoor-

Khut，（註159））則是積極主動而暴烈的，是生著鷹頭的眾神之復仇者。此二者結合起來，即名為「赫魯－拉－哈」，祂們是「靈」元素之消極／積極動力的神性表現（註160）。哈利斯夫人在第二十號大牌「新紀元」中，描繪了這兩位神祇的古典埃及形象。

為何太陽——我們太陽系中「合一」與「獨一無二」的終極象徵——會被認為具有此種雙重的性質？自不可考的遠古起，「孿生太陽」的教義便在奧義的聖殿中祕密地汩汩湧動。古代的傳統曾述及地球的太陽有個雙胞胎，它和我們整個太陽系一同環繞著太陽，以億萬年的週期之舞旋轉著。早期的諾斯底（Gnostic）基督徒也稱撒旦為基督的孿生兄弟，暗示某種偉大的太陽奧祕隱藏在此種關係之中。

無論我們的遠祖，原本是在何種環境和動機之下，創造出這些古代的傳統，現代科學證實，太陽的祕密的確潛藏於兩種巨大力量的永恆抗爭：主動的熱核過程，燃燒太陽的燃料，並向太空放射光與能量；以及太陽自身質量之被動的重力作用。前者防止太陽自我崩塌；後者則令燃燒的過程永遠保持穩定、受控。

「愚人」牌中的孿生嬰兒，以及「戀人」牌中的兩個小孩和新郎新娘，是「太陽」牌中一對跳舞孩兒在塔羅中的前身。據克勞利的說法：

> 他們代表男性和女性，永遠年輕，無所羞恥，天真無邪。他們在光中跳舞，但卻居住在地上。他們代表人類即將到達的下一個階段，那時，我們對地球上的太陽能量有了新的存取方式，而完全的自由是它的原因，也是結果（註161）。

二十號牌 / 新紀元

ATU XX
THE AEON

原初火焰之靈
The Spirit of the Primal Fire

火與靈之元素牌
Elemental Trump of Fire and Spirit

原始設計 /

大天使伊斯拉斐爾吹響最後的號角,死者從墓中甦醒。天使吹著號角,一面金色的旗幟在旁飄揚,上頭繪有白色的十字。下方,一位俊美的年輕人從石棺中站起,以埃及神祇「舒」(Shu)支撐天空的姿態站立。在他左方,一位淺色髮膚的女子雙手在胸前比出「水」的符號——尖端向下的三角形;在他右邊,一個暗色髮膚的男子則在前額比出「火」的符號——尖端向上的三角形[註162]。

希伯來字母 /

Shin(牙齒)。

生命之樹 /

路徑31,連結(8)「Hod」——宏偉,至(10)「Malkuth」——王國。

火元素的色彩 /

灼熱的橘紅色、硃砂色、灑金斑的猩紅色、灑緋紅斑的硃砂色、翡翠綠。

靈元素的色彩 /

近灰的白色、近黑的深紫色、稜鏡折射的七色(紫色在外)、白、紅、黃、藍、黑(此色在外)。

讓每個行動都是愛與崇敬的行動!
讓每個行動都是神的意旨!
讓每個行動都是燦爛榮光的源頭![註163]

「拉一胡爾一庫特」於「神之分點」（The Equinox of the Gods）在東
方登上了寶座（註164）。

　　這張牌的傳統名稱是「審判」，或是「最後的審判」。傳統的設計呈
現著大天使伊斯拉斐爾（Israfel）吹響號角，將死者從墳墓中喚醒，同時
宣告世界的終結。在第六章中（它事實上是這張牌的延伸評註），我試圖
解釋為何在托特塔羅中，克勞利以「新紀元」取代了「最後審判」。讀者
若是尚未閱讀這一章，我強烈建議您現在就先讀一遍。在此我只簡單地
把該章的內容做個總結：根據克勞利的看法，「最後審判」已經過時了。
那張牌中所描繪的事件（烈火毀滅了世界）已然發生了。我們所謂的世
界，當然，是指心靈上的「歐西里斯紀元」。托特塔羅的「新紀元」所描
繪的，乃是啟動下一個時代「荷魯斯紀元」的靈性力量。

　　克勞利將此事件視為一種魔法上的「衛兵換崗」，而「金色黎明
會」則以一種季節性的定期儀式來象徵性地預示它。每隔六個月，該會
的儀式執行官都會在典禮上被晉升一個位階，並被授予新的「通關密
語」。在此儀式中，原先擔任第二執行官（在魔法上象徵埃及神祇荷魯
斯）的幹部受到任命，在接下來的六個月中擔任「大祭司」（象徵歐西
里斯）。《律法之書》將此種典禮的「宇宙版本」稱為「神之分點」（The
Equinox of the Gods）。

　　荷魯斯是力與火之神，祂繼任為「新紀元的主宰」，在靈性上以火
焰摧毀了舊世界。這只有在那些無法接受舊的靈性觀點，可能會被新觀
點取代的人眼中，才會像是世界末日。

　　如我們在第五章中讀到，克勞利認為最近的一次「神之分點」發生
在一九〇四年三月二十日，地點在開羅。當時克勞利的妻子蘿絲受到神

靈附體，而後兩人發現了一塊古埃及第二十五王朝的葬禮木碑，繼而催生了一連串的事件，最終導致此一時刻的到來。這塊「昭示之碑」上刻畫著埃及神祇荷魯斯（即「拉－胡爾－庫特」）坐在王座上，前方是一個祭壇，葬禮的死者安卡阿夫納庫蘇（Ankh-af-na-khonsu）則站在祭壇之旁。

努特——夜空與無限空間的女神——將身子拱成弓形，覆蓋了木碑的整個頂部。在她心臟的正下方，是一個有翼的太陽圓盤，《律法之書》指稱那是神祇「哈地德」（Hadit）。

在第二十號牌「新紀元」中，哈利斯夫人以她所有大阿卡納作品中，色彩最豐富、且在美感上最令人愉悅的一幅圖像，來詮釋這面「昭示之碑」。女神努特在狂喜中繞著一顆巨蛋彎折身軀，她的身上佈滿星子，乳房流溢出迴旋的星雲，構成一個美麗的藍色「歐米迦」字母。巨蛋之中是端坐王位的「拉－胡爾－庫特」，他右手握著鳳凰權杖，左手空著。站在前方的透明人形是他的孿生兄弟，「胡爾－帕－克拉特」（見「太陽」牌），手指貼著嘴唇，比出靜默的手勢。他的頭髮剃得精光（除了那簇「荷魯斯髮綹」），頭頂纏繞著兩條聖蛇。

被描繪成有翼太陽圓盤的「哈地德」，幾乎被整個畫面掩藏住了。這也確實恰如其分，因為他在《律法之書》的開場白中便已指出：

在天域中我是無所不在的圓心，正如她，那圓周，乃無處可覓。然而她會被知曉，而我永不 [註165]。

分派給「新紀元」的希伯來字母是「Shin」，而牌面下端有個大大的「Shin」字，如三叉火焰般燃燒著，火舌中藏著三個胚胎狀的人形。在它後方有個極為風格化的天秤，或許是暗指將會接續「荷魯斯紀元」的下一個時代——正義與均衡的女神「瑪特」的紀元。

克勞利對上一個紀元即將來臨時（大約兩千年前）的世局，與當時（二十世紀初）的世界大勢做了一番比較，爲他對這張牌的討論作結。他的話語帶著令人恐懼，但終究透露希望曙光的訊息：

一個新紀元誕生之際，其特徵似乎是政治力量的高度集中，伴隨著旅行與通訊工具的改良，哲學與科學的整體進步，以及宗教思想上整併、鞏固的普遍需求。將距今大約兩千年前之危機前後五百年的世局，與一九〇四年前後的這段時期做個比較，是很具啓發性的。

對於目前這一代人，五百年的黑暗時期可能會降臨在我們身上，實在是很難教人寬心。但若是這個類比能夠成立，事情就會是這樣。

幸運的是，在今時今日，我們的火炬較昔日明亮，護持火炬的人也更多〔註166〕。

二十一號牌 / 宇宙

ATU XXI
THE UNIVERSE

時間之夜的「太一」
The Great One of the Night of Time

土星之行星牌
Planetary Trump of Saturn

土之元素牌
Elementary Trump of Earth

原始設計 /

牌中應該包含「與圓等周之方形」的例示。一個橢圓，由四百個較小的圓組成。牌的四角分別是一個人、一隻老鷹、一頭公牛，和一隻獅子。圓圈裡是個赤裸閃亮的人物，有著女性的胸部，閉著雙眼，姿態如同「土」的符號——右腳在前，右手前伸舉起，左手低垂後甩，雙手各握著一道燦爛的光束，螺旋狀，右手向右旋轉，而左手則是向左旋轉。一條紅色的披巾，其形狀暗示著字母コ，掩蓋住雄性的生殖器官。如此即為傳統的象形圖示 [註167]。

希伯來字母 /

Tau（十字）。

生命之樹 /

路徑32，連結（9）「Yesod」——基礎，至（10）「Malkuth」——王國。

土星的色彩 /

靛藍、黑、藍黑、泛藍光的黑色。

土元素的色彩 /

檸檬黃、橄欖綠、赤褐及黑色、琥珀色、暗褐色、灑黃斑的黑色。

將時間和事件的一切條件
視為你意志的僕人，被委派來
以你計畫的形式將宇宙呈現給你。

同時：對美好「星星」的先知獻上祝福與崇敬 [註168]。

那幾頭元素的守護神獸相當快活，但那位小女士卻不住翻扭，直到我被
那些扭動的線條搞得快發瘋，而我大概已經畫她畫了四十遍了[註169]。

—— 哈利斯致克勞利，日期不詳

　　許多年來，「宇宙」牌都擔任著「韋瑟」（Weiser）出版社印行的托
特塔羅的封面圖樣。它無疑是托特塔羅中辨識度最高的牌之一。不過
儘管我們對它如此熟悉，但它卻也是整副牌中，最為複雜、神祕的牌之
一。這張牌上有幾個元素，我一點兒也參不透。舉例而言，女神右手中黑
色半月形的物體是什麼？我一點頭緒也沒有。《托特之書》中從來不曾
提到過它。如果克勞利曾在任何其他著作中做過說明，我得承認我完全
沒找到。我最佳的猜測是，它是一柄鐮刀（對於一位土星女神而言，也算
是相稱的武器）。她似乎正在將它銳利的尖鋒，準確地扎入牌面頂端的
巨眼中央，或許是要令它迸發燦爛的光芒——但是我也無法確定。

　　這張牌中還有其他幾處意象，除非把牌放大，否則幾乎無法看見。
待會兒我會再討論它們。首先，讓我們看看克勞利自己的評註：

　　　　因此這張牌本身包含著某種完成的符號，標記著最高意義上
　　之「偉大工作」的完成，正如「愚人」牌象徵著它的開始。「愚人」
　　是正要流入顯化的「負」；而「宇宙」則是顯化的表現，它的目的
　　已經完成，準備回歸。這兩張牌之間的二十張牌，則展現「偉大工
　　作」及其媒介之各個不同的階段。於是，在此意義上，「宇宙」的
　　圖像乃是少女的形象，是「四字母聖名」中的最後一個字母[註170]。

　　第二十一號牌「宇宙」代表「土星」，同時也代表「土」元素。我們已
經知道，「土」在某些方面，實在是「喀巴拉」宇宙的二等公民。我們也
知道，由於它是低中之低，它也反諷地在宇宙萬物的規劃中，扮演某種

樞紐的角色。

「土星」也很特別。作為第三個薩弗拉「Binah」的代表，它是唯一位在「深淵」之上的行星領域。在許多方面，它可以說是高中之高。同時，在「生命之樹」上，「宇宙」牌的路徑（32）將「Yesod」（「生命之樹」上第九個、也是最後一個真正的「薩弗拉」）向下連結到「Malkuth」（它只是「生命之樹」的垂墜物，某種宇宙的渣滓）。多麼奇怪！高中之高與低中之低，竟然會由同一張牌代表。「宇宙」牌必定蘊藏著許多奧祕，克勞利也在這段文字中確認了這一點：

> 這張牌第一個、也是最明顯的特徵，就是它出現在最後，因此與「愚人」牌對應、互補。它被分派給字母「Tau」，於是「愚人」和「宇宙」合起來會拼出「Ath」這個字，意思是「本質」。因而在以這兩個字母構成起頭和結尾的序列中，一切實相都被妥協了。開端是「空無」，因此結尾必然也是「空無」，不過卻是完全擴展的「空無」，如我們先前解說過的[註171]。

如我們在「原始設計」的描述中所見，第二十一號牌「宇宙」應該包含「與圓等周之方形」（Quadrature of the Circle）的例示。祝你好運！數世紀來，密契數學家始終在挑戰這個「化圓為方」的不可能的任務，去建構──單靠圓規和直尺──與任何特定的圓之周長相等的正方形。這等同是在幾何上建構「新耶路撒冷」（New Jerusalem）──結合「天圓」與「地方」，天堂的永恆之圓與人間的塵世之方。

一八八二年，德國數學家卡爾・路易斯・斐迪南・范・林德曼（Carl Louis Ferdinand von Lindemann）終於證明，要構建與特定圓形之周長完全相等的正方形，在數學上是不可能的。然而，千百年來對不可能之任務的嘗試，卻也創造出一套繪圖與建築的圖案體系，為神殿廟宇、

天主教堂、聖像雕塑與繪畫提供了格局與比例的模型。它同時也為第二十一號大牌「宇宙」提供了藍圖。

大膽的追尋者也為這項探索引入了周邊的資料，像是出現在《新舊約聖經》的神祕數字，以及行星軌道的推估大小和比例。這類數學上的頭腦體操所帶來的心智刺激和狂喜可以令人上癮，乃至於導致情緒的不穩定。英國建築師威廉‧斯特林（William Stirling）——古文物重要著作《規約：保存在喀巴拉中作為一切藝術之規則的異教奧祕之闡述》（*The Canon: An Exposition of the Pagan Mystery Perpetuated in the Cabala as the Rule of All the Arts*）的作者——甚至嘗試將自己的頭顱割離身體，結果一命嗚呼，死狀極慘[註172]。（關於這類事情，人真的會想太多！）

我承認，當我試圖理解超越數學的邏輯和數字時，完全是絕望地一頭霧水。不過我確實能夠領略的是，當這些由冥思而來的數字，被轉譯為圖形設計時所散發的美感，尤其是所謂的「新耶路撒冷」圖形。由於我無法確切解釋，為何此一圖形是種「化圓為方」的嘗試，我將試著向讀者示範它是如何建構起來的，讓你自行決定是否要進一步鑽研它的奧祕。（但是，拜託，千萬別賠上你的腦袋！）

「新耶路撒冷」和「宇宙」牌都起始於一種特殊的橢圓形，稱為「魚囊」（vesica piscis，即拉丁文「魚的膀胱」）。我們在「宇宙」牌上看見兩處這樣的圖形：佔據整個牌面的大橢圓，以及大橢圓右上方的那隻眼睛。那個較小的「眼睛之囊」，似乎像是在將各種意象投射在牌面上，又像是在將它們全部吸納進來。

要畫出「魚囊」十分簡單，而它建構的初始，運用了一些你們現在應該已經很熟悉的喀巴拉概念。

一、首先，你必須有兩個等面積的圓，彼此的圓周通過對方的圓心（第一個圓是「Kether」，與它的反影「Chokmah」結合，創造出「Binah」母親的「尤尼」（Yoni），即神聖的陰戶，由此滋生出一切造物）。此種「魚囊」是文藝復興晚期及巴洛克早期，許多天主教堂的建築平面圖形，這些教堂幾乎全都是供奉聖母瑪麗亞的。

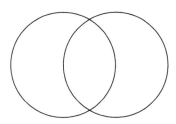

二、接下來，將這個「魚囊」包裹在與這兩個圓面積相等的第三個圓之中，並置於正中央（彷彿「天界三角」創造、並安置了這個「魚囊」）。右邊這個圖形看來像隻眼睛，不是嗎？

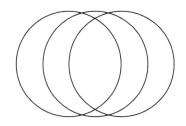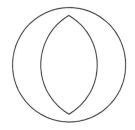

三、將此「魚囊」安置在一個長、寬與「魚囊」長度相同的正方形中央。

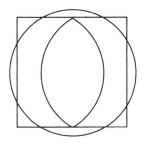

四、在正方形的四個對角畫出四個小圓，其圓心與大圓相交，而其圓周則與「魚囊」相切。

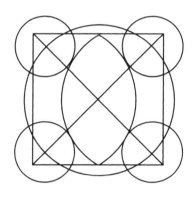

五、最後，用一個正方形包圍住這整個圖形。

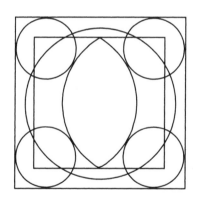

如此「新耶路撒冷」便完成了。它是傳統版本和克勞利／哈利斯版的「宇宙」牌之基本模型。你或許也會認出，這種設計乃是許多繪畫與彩繪玻璃窗的圖案格式，上頭通常描繪著基督、聖家庭，或「三位一體」，四周圍繞著天使（或人）、獅子、公牛，和老鷹的圖樣。在克勞利／哈利斯版的「宇宙」牌中，四頭守護神獸以與「大祭司」牌中相同的方式配置

在四個角落。

　　基於我始終搞不太清楚的原因，基督徒被告知這些動物分別代表撰寫福音書的四位使徒：馬太、馬可、路加，和約翰。猶太人很自然地認為它們是以色列人十二個支派中，被分派到以色列大營四角的四個支派之象徵[註173]：「人」象徵「流便支派」（Reuben）、「獅子」是「猶大支派」（Judah）、「公牛」是「以法蓮支派」（Ephraim），而「老鷹」則代表「但支派」（Dan）。而我們，當然則認為它們是「四神獸」。

　　儘管克勞利在對此牌之原始設計的描述中，指出此一「魚囊」應該是個由四百個較小的圓組成的橢圓形（其出處是分派給這張牌的希伯來字母「Tau」，其數字值為「400」），而哈利斯夫人只為我們畫了七十二個圓[註174]（沒錯，我數過），效果卻也不錯。它活靈活現地令人聯想到（至少在我看來）一條無窮巨大的蟒蛇肋條嶙峋的骨架。

　　我們既已知道，哈利斯夫人知其不可而為之地盡力「化圓為方」了，且讓我們拿起放大鏡，仔細瞧瞧她置入牌中的所有神奇事物。

　　在「魚囊」底端有個骨架般的構造，看來像是一座建築物的藍圖。沒錯，正是如此──它就是所謂的「物質之屋」。如果我們將此一構造投射到三度空間，便會看見一座四面的建築物，上頭共有九十二條細小的垂直線，代表當時已知的九十二種元素。它們依照位階順序巧妙地排列，並由一系列對角線連結起來，構成一幅物質宇宙之化學建構磚塊的圖示。此種設計的原型，乃是於J‧W‧N‧蘇利文（J. W. N. Sullivan）所著的《現代科學之基礎》（*The Bases of Modern Science*）中首次出現[註175]。

　　儘管此圖令人印象深刻，哈利斯夫人卻將它設置在一種更為宏偉、神祕的架構之上。若是仔細端詳，你會看見蘇利文的「物質之屋」後方

有三座金字塔，這令人聯想起埃及吉薩區（the Giza complex）的金字塔群。這棟「物質之屋」投射在最大的一座金字塔上，而如同吉薩的大金字塔，這座在畫面上居中的大金字塔，尖端也覆蓋著修整的石塊，令它的頂端看來微微膨起。

克勞利並未在《托特之書》中提及這些金字塔，而我可憐的腦袋為了思考它可能的蘊義而頭昏腦脹。不過他卻提到了某個看不見的東西——至少我是看不見啦：

> 在中央，一個光輪映出了「生命之樹」的形狀，並顯現出太陽系的十個主要天體。不過除了對那些心靈全然純潔的人，這棵樹是看不見的 (註176)。

噢！我想我受到重大的打擊了！國王發現自己其實沒穿衣服！好像我真的需要「佘利昂大師」來告訴我，我的心靈並不那麼純潔！我還真不訝異，我無法看見牌面中央那棵該死的「生命之樹」！

我看見的是一個非常美麗的綠色球體，上頭有個複雜的「梅比斯環」（Möbius strip）(註177)。事實上，它也沒那麼複雜。它只是一個扭轉了三個半圈的「梅比斯環」，而非如一般只扭轉一次（沒錯，為了確定，我自己製作了一個）。「梅比斯環」沒有終端，令它成為象徵「無限」的完美符號。而我猜測，是哈利斯夫人以此種出色而恰當的設計，取代了克勞利的隱形「生命之樹」。

這張牌的主要焦點是那位美麗的「小女士」，克勞利如此描述她：

> 在目前這張牌中，她被展現為一位舞者。她的手中操控著螺旋狀的光燦力量，主動與被動，各自擁有其雙重的極性。她的舞伴被示現為第十九號牌的「赫魯－拉－哈」(註178)。

她是努特／巴巴隆，土星之域的女神「Binah」嗎？或者，她是地土之域的處女公主「Malkuth」？而事實上，她既是那偉大的母親，也是永恆的處子女兒。

　　究竟是什麼，可能作為這位女神的原型——她同時是開始與終結，以及介於其間的一切事物？是什麼樣的靈視異象，給了哈利斯夫人如此的膽識，為此無形無相的永恆過程賦予了如此具體的形式？

　　一九〇九年十二月六日下午兩點到四點一刻之間，在阿爾及利亞布薩達城（Bou-Sada）附近的北非沙漠中，一個佈滿細沙的僻靜谷地裡，克勞利在詩人維多・紐柏格（Victor Nueberg）——他擔任克勞利的侍從和魔法書記——的陪伴下，越過了「深淵」[註179]，並體驗到以諾魔法第十重天的可怖異象。這次嚴酷考驗的細節，被記載在《靈視與靈聽》一書中[註180]。這整段經歷可以說是曾被記錄過的最為非凡儻人的魔法異象之一，而這次試煉始終是其核心的焦點。

　　第二天夜晚，也就是一九〇九年十二月七日，晚間九點半到十一點十分之間，由於此次魔法高潮的極度喜樂，意識仍相當興奮的克勞利，體驗到下一階段第九重天的異象。我將這次靈視異象很大一部分的內容摘錄於此，因為我相信，我或其他任何人都無法對第二十一號牌「宇宙」做出更為深刻或切題的闡釋了。那其實就是與「宇宙」女神面對面邂逅的一段記述。

　　　她的眼瞼極為深邃，睫毛甚長，雙目閉合，或是幾乎閉合。
　　她難描難繪，無可名狀。她裸著身子，全身覆蓋著金色的細毛，
　　那是電光火焰，是令人敬畏的強大天使的矛，他們的胸甲是她皮
　　膚上的鱗片。而她頭上的長髮，飄飄地垂至腳踝，那是天神本尊
　　的神光。通靈者在這幾重天內所見到的一切榮光中，沒有一件比

得上她最小的小指甲。因為，就算他未曾造訪天界，未曾經過儀式的準備，即使從遠處遙望這一重天，也就像參與了所有先前的那幾重天。

通靈者在這異象中渾然忘我，寧靜安詳。

在她上方的地平線，一群榮光四射的大天使手拉著手排成一圈，站在那兒歌頌：這是至美的巴巴隆女神的女兒，是她為萬有之父所生，為一切萬物所生的女兒。

這是王者之女。這是永恆的處女。這是她，是「神聖的至一」從「時間巨靈」那兒撐奪出來，給征服「空間」者的獎賞。這是她，置於「理解的寶座」上的聖女。神聖、神聖，神聖是她的名號，不可在凡人之間言說。因為他們稱她為「柯爾」（Koré），和「瑪爾侃」（Malkah），和「貝圖拉」（Betulah），和「波瑟芬妮」（Persephone）。

詩人為她編織詩歌，先知為她述說虛幻之事，青年做著徒勞的美夢；但這就是她，如此純淨無垢，其名不可言說。思想無法穿透護衛著她的榮光，因為思想在她面前會被擊滅。記憶一片空白，而在最最古老的魔法書中，既沒有咒語來召喚她，也沒有頌詞來讚美她。意志被彎折，就像在掃過她王國邊境的暴風雨中，被摧折的蘆葦。在水晶湖面、琉璃之海中，她立於蓮花之上，而凡人就連那蓮花的一片花瓣也無法想像。

是她，以七顆星星裝飾她的頭髮，那是神的七口氣息，掀動並激起它的卓美；她又以七柄梳子梳理她的長髮，上頭寫著神的七個祕密的名字，那是連天使，或大天使，或天兵天將的首領都

不知曉的。

神聖、神聖，神聖是妳，妳的聖名永受祝福。之於妳，紀元的
更迭只不過是妳血液的脈動[註181]。

於是我們來到大阿卡納的終點和起始了。我明白，對許多讀者而言，
這是一趟相當崎嶇顛簸的旅程。或許你覺得一口咬下了太多東西，沒辦
法咀嚼消化，而且你永遠沒法完全瞭解塔羅（尤其是托特塔羅）。你是對
的。你永遠沒法完全瞭解。沒人能夠。不過，你卻擁有全宇宙最棒的老
師隨時待命，在你靈性生活的所有領域中擔任導師和嚮導——你的神
聖守護天使。

這裡，在我們討論第二十一號牌的結尾，在「生命之樹」最低的一條
路徑上，記起我們的神聖守護天使是尤爲適切的。因爲，無論我們是否
意識到，無論我們是否已與自己的「神聖守護天使」建立了認知和對話，
或是才剛剛踏上啓蒙之旅，我們在道途上的每一步都受到了協助。

在克勞利的寓言故事《清醒世界》中[註182]，在蘿拉攀爬「生命之樹」
的旅程之初，當她和她的神仙王子（即神聖守護天使）剛剛進入「路徑
32」，即「Tau」和「宇宙」牌的路徑時，她感到膽怯了。

克勞利描述她的守護天使是如何安慰她、指點她——那是任何走
在靈修道途的人所能獲得的最佳忠告：

然後他說：「來吧！這只不過是『僕人之廳』（the
Servants' Hall），幾乎每個人都會在這兒待上一輩子。」我説：
「親吻我！」於是他説：「只有當妳説這句話，妳所踏出的每個腳
步才成爲可能。」[註183]

第15章

小阿卡納牌

THE MINOR ARCANA

「塔羅是從遊戲紙牌來的嗎?或者遊戲紙牌是從塔羅而來?」

「是的。」〔註184〕。

儘管塔羅迷寧可如此相信，但是現代的遊戲紙牌並非源自於塔羅。事實上，就小阿卡納的五十六張牌而言，遊戲紙牌才是它們的源頭。

　　這種遊戲叫做「馬穆魯克」（Mamluk），我們可以很容易地推溯到，在十五世紀的土耳其它就已經存在，並且十分風行。

　　「馬穆魯克」有四個牌組，每組有一號到十號牌。各個牌組分別畫著馬球桿、杯盞、寶劍，和錢幣的圖樣，每個牌組也都有一組三位的男性皇室人物：國王、埃米爾（Emir）王公，以及瓦齊爾（Wazir）大臣。「馬穆魯克」牌是在一三七〇年代出現在歐洲，比已知最早的塔羅牌至少早了五十年。

　　小阿卡納之伊斯蘭根源的揭露，為那些主張塔羅牌源自於喀巴拉的學者，提供了論證的依據。「馬穆魯克」被引進歐洲，幾乎必定是透過摩爾時代的西班牙，當時，此地也是喀巴拉活動的溫床。

　　然而，如我在討論大阿卡納時曾經說過，沒有證據顯示，塔羅之成形，其密傳或神祕的成分大過於流行遊戲習俗的自然整合。

　　儘管如此，這種現象本身可能便有著深刻的蘊涵，透露人類心靈的內建構造，是如何對原型的意象做出反應。

第 **16** 章

王牌之靈

THE SPIRIT OF THE ACES

「王牌」代表四種元素的根，它們遠遠高於、且不同於其他的小牌，正如「Kether」只能被「四字母聖名」中「Yod」的最高點來象徵。在「王牌」中，該元素並未以其物質的形式作出真正的顯化。它們構成小牌與「公主」之間的鏈結，後者統治著北極周圍的天界⋯⋯，在其現象和意義上，「王牌」都並非元素本身，而是那些元素的種籽〔註185〕。

你或許會感到奇怪，為何我討論這五十六張小阿卡納時，要以王牌開場，而非宮廷牌。畢竟，王牌不就只是小牌的第一號嗎？

但願我不會聽到任何人詢問這個問題。說王牌只是該牌組中號碼最小的塔羅小牌，就好比是說「Kether」只不過是「生命之樹」上第一個「薩弗拉」。

究竟而言，塔羅的小阿卡納並沒有五十六張牌，而只有四張——那四張王牌。其他的五十二張（十六張宮廷牌和三十六張小牌）都住在這四張王牌之中。

如我們在第八章中讀到，如果我們用一具魔法顯微鏡觀看任一牌組的王牌，首先會看到該牌組的四張宮廷牌舒適地住在裡面。不過我們別停在這兒。如果調升顯微鏡的放大倍率，我們將會看見該牌組的九張小牌排成三行三列，齊整地依偎在王牌裡頭。可不是井然有序？

當克勞利告訴我們，王牌並非元素本身，而是那些元素的種籽，他是什麼意思？

就喀巴拉而言，最明顯的回答是這個論據：「Kether」，「生命之樹」上的第一個「薩弗拉」，乃是自己特殊的世界中，不可思議、獨一無二的唯一。作為「天界三角」的頭領，它高於、且不同於其他在各自的世界中，真正表現一切顯化的「薩弗洛斯」。

不過這段解說，是否有點像是閃避之詞？它聽來好似我正試圖以另一種無法理解的東西為例，來解釋某種無法理解的東西。

圖26
小牌嵌埋在王牌之中。以十度的區間,二、三、四號牌代表黃道的本位星座;
五、六、七號牌代表固定星座;八、九、十號牌則代表變動星座。

　　過去我始終無法掌握這種「元素之根」的概念,直到我讀到物理學家也無法恰當地去定義物質的性質。他們甚至告訴我們,原子的組成成分——質子、電子、中子等次原子微粒,以及像是「夸克」(quark)、「魅夸克」(charm),和「夸克-膠子漿」(quark-gluon plasma)等奇奇怪怪的東西——根本就不是物質,而只能被描述為某種非物質的「傾向」(tendency)。

　　這對「Kether」而言是多麼完美的描述呀!這對「王牌」是多麼完美的描述呀!它是某個特定元素底層的至高基本傾向。「權杖王牌」並不是「火」,而是成為「火」與「權杖」牌組的傾向,或傾向之群組。

　　物理學家推論,這些「傾向」可能在極度高熱的條件下,以純粹的狀態存在於自然界,像是宇宙「大霹靂」(the Big Bang)之後最初幾毫秒中可能的環境。

無論正確與否，這些科學人目前試圖描述那些在顯化之前、自由漂浮在創世之無量高熱中的「傾向」的字句，已經足以讓各門各派的密契修行者起立致敬：像是暗物質（dark matter）、瑪納（mana）、UR-物質（ur-matter）、第五元素，以及（你準備好了嗎？）──靈！[註186]

　　第二十號大牌「新紀元」代表「靈」元素。但是，如我們先前看到，它也在「生命之樹」和塔羅中擔任著雙重任務，亦代表「火」元素。或許這就是塔羅的方式，指出「靈」原初的家是在「創世之火」本身之中；它同時也指出，王牌是如何作為其自身元素的根源，但卻──如克勞利告訴我們，「遠遠高於、且不同於其他的小牌。」[註187]

　　我們知道，每張王牌與該牌組的「公主牌」都有著某種獨特、且十分重要的關係。我們在第八章和第十一章中已經約略提過此種關係。「公主」是她的王牌之寶座，而當我們思考其中之一時，便必須考慮另一個。當我們討論宮廷牌和小牌時，此種關聯將會變得更為清晰。

　　在某些紙牌遊戲中，王牌僅僅被視為地位排在二號牌之前的那張牌。在塔羅中，王牌卻是所屬牌組的神，應該得到些許認真的尊重。就讓我們來看看這些王牌吧！

第 17 章

四張王牌

THE FOUR ACES

請試著回答我關於「王牌」的問題，它們把我搞昏了頭。我不斷在思考這四種元素，以及它們強大的威力，而我感到被水淹沒，被火焚燒，被風削割，被土掩埋。我感覺在這四者之中，「風」似乎最為堅實而死寂。這很奇怪，因為它理當如此輕盈[註188]。

——哈利斯致克勞利，日期不詳

權杖王牌
ACE OF WANDS

以「權杖公主」為其寶座,「權杖王牌」統轄著北極之上的「巨蟹/獅子/處女」象限,以及亞洲地區。

原始標題 /
火之力量的根源。

金色黎明模型 /
一隻手從牌面下方的雲朵中出現,手中握著一根燃燒的三叉棍棒。左右兩條分枝頂端各冒出三股火焰,而中央最頂上的那條分枝則冒出四股火焰。整個圖案由二十二個紅色火點或ﾔ(Yods)圍繞著,其排列形狀暗示著「生命之樹」的路徑。

色彩 /
光輝。

這張牌代表「火」元素在其肇始之初的本質。它是一種太陽/陽具式的火焰迸發,向四面八方噴射閃電[註189]。

如果克勞利是如此向哈利斯夫人描述他對這張牌的構想，那麼我們必須承認她做得好極了。「金色黎明」的模型，比上面的敘述所暗示的要來得複雜。

我見過「金色黎明」成員所繪製的一些成品，由於試圖畫出所有必備的意象，看起來幾乎有點兒滑稽。哈利斯把它們全都拋開，給了我們一幅巨大的「生命之樹」圖像，閃耀著十個火焰般燃燒的「薩弗洛斯」。

這幅圖像以一種非常真實的方式告訴我們，正如四棵「生命樹」上所有的「薩弗洛斯」都只是一個至高的「Kether」之各種面向，正如四個喀巴拉世界其實都只是最高世界的各個面向，正如「YHVH」中的「Hé」、「Vau」，和最後的「Hé」都只是「Yod」的不同面向，究竟而言，小阿卡納中所有的牌都住在一張牌之內——「權杖王牌」。

當然，我們得要有佛陀的智慧才能真正掌握這個概念，而且若是如此，塔羅牌就會變成很薄的一疊。或許我們最好還是依循喀巴拉的規約，將這張牌看成代表「Kether」、代表最高喀巴拉世界「Atziluth」的那棵「生命樹」。這個概念本身就已經夠沉重了。

這張牌是「聖杯王牌」陽性的互補，衍生自陽具，象徵「林伽」（Lingam）與太陽；正如「聖杯王牌」乃是衍生自陰戶，象徵「尤尼」（Yoni）和月亮[註190]。

聖杯王牌
ACE OF CUPS

以「聖杯公主」為其寶座,「聖杯王牌」統轄著北極之上的「天秤/天蠍/射手」象限,以及太平洋地區。

原始標題 /
水之力量的根源。

金色黎明模型 /
一隻手從牌面下方的雲朵中出現,手掌中捧著「籌備者之杯」(the cup of the Stolistes),水從杯中如噴泉般湧出。噴泉的水花形成希伯來字母ﬣ(Hé)的形狀,水從四面八方落下,流入平靜的海面,水中生著蓮花與睡蓮。

色彩 /
白色的光輝。

這張牌代表「水」元素最為祕密而原始的形式。它是「權杖王牌」陰性的互補,衍生自陰戶象徵「尤尼」和月亮,正如「權杖王牌」乃衍生自陽具象徵「林伽」與太陽[註191]。

這張牌是宇宙「尤尼」絕美驚人、且鮮明生動的意象。以華格納式的語彙而言，它是對應於「權杖王牌」之「聖矛」的「聖杯」。「金色黎明」的原始模型多少已被揚棄，而克勞利在《托特之書》中的描述也只適用於此牌較早的草圖，而非哈利斯夫人最後的成品。儘管如此，這張牌仍然是整副牌中最美麗的牌之一。

　　扇貝狀的生命光輝從杯盞中迸發而出，在海平面與起伏的水波匯合，並相互襯映。哈利斯夫人在「聖杯公主」的裙擺上重複了扇貝的圖案，或許是在暗示她作為這張王牌之寶座的關係。

　　「聖杯」本身是個簡單的藍色碗狀杯盞，左右的握柄看似兩條藍綠交纏的蛇。出於我並不完全清楚的原因，哈利斯在杯身前方畫了三個交疊的環圈（五號牌「大祭司」的權杖頂端也有相同的設計）。

　　克勞利描述這個符號，「象徵『伊西斯』、『歐西里斯』和『荷魯斯』三個紀元，及其相互連結的魔法準則。」[註192] 請不要將它與較為複雜的「野獸印記」（the Mark of the Beast）搞混了，後者會在「圓盤王牌」、「權杖王子」，和「權杖五」牌中出現。

　　至於哈利斯夫人為何要將這個三環圖案運用在杯身之上，我們就只能猜測了。

寶劍王牌
ACE OF SWORDS

以「寶劍公主」為其寶座,「寶劍王牌」統轄著北極之上的「魔羯／水瓶／雙魚」象限,以及美洲地區。

原始標題 /
風之力量的根源。

金色黎明模型 /
一隻手從牌面下方的雲朵中出現,手中握著一把寶劍的劍柄,劍尖刺穿了一頂燦爛的王冠。一條橄欖枝從王冠右方垂落,一條棕櫚枝則從左方垂落。六個希伯來字母ㄱ(Vau)從劍尖飄落到王冠頂上。

色彩 /
白色的光輝。

「寶劍王牌」代表「風」元素的原初能量,是「四字母聖名」中「Vau」的本質,亦為「Ruach」的整合、完成[註193]。

「寶劍王牌」是「風」元素的根，代表「Ruach」。「Ruach」是希伯來文，意味著靈魂的智識層面，我們在第八章中曾約略提過。

根據東方密契思想，「心智」是人的大敵，它猛烈地抗拒對意識之任何更高層面的認同。因此，從心智中湧出了衝突、挫折、焦慮、擔憂，以及懊惱。「寶劍」牌組中有那麼多不愉快的牌，又有何奇怪呢？然而，在明智的運用下，「寶劍」可以是刺穿虛妄的武器，而「寶劍王牌」正是「魔法師」的佩劍，「頂端是二十二道純粹光芒的冠冕」[註194]。

在《魔法四書》中，克勞利曾經描繪過這柄寶劍；而對於這張「寶劍王牌」，我無法做出更好的描述了：

> 此劍的劍柄應為銅鑄，護手應由兩彎新月組成——背對背排列，一為初昇之月，一為虧蝕之月。兩月之間有兩個圓球，與劍柄頂端的圓球構成等邊三角形。劍身筆直，劍尖與劍刃都開了鋒，一直到護手處都極為鋒銳。劍身係由精鋼打造，以與劍柄平衡，因為鋼乃是火星的金屬，而銅則是金星……，劍柄是金星（維納斯），因為此種無情分析的動機乃是「愛」——如若不然，此劍將會是黑魔法的武器。劍柄頂端的圓球是在「Daäth」之中，護手延伸到「Chesed」和「Geburah」；而劍尖則是在「Malkuth」之中[註195]。

在劍刃上，哈利斯夫人以「阿拉伯波紋」字體，銘刻了「泰勒瑪」（意志）的希臘文字樣。

圓盤王牌
ACE OF DISKS

以「圓盤公主」為其寶座,「圓盤王牌」統轄著北極之上的「牡羊/金牛/雙子」象限,以及歐洲和非洲地區。

* * *

原始標題 /
土之力量的根源。

金色黎明模型 /
一隻手從牌面下方的雲朵中出現,手中握著薔薇枝,頂端是一個由五圈同心圓構成的大圓盤,中心為白色,裝飾著一個紅色的希臘十字,放射出十二道白光,延伸至圓盤的內緣。圓盤之上有個「馬爾他十字」(Maltese Cross),外圍有個圓圈,左右有兩隻白色的翅膀。

色彩 /
灑金斑的白色。

別因為懼怕羞恥而偷這本書!

「圓盤王牌」——作者之名 [註196]。

爲了表現「土」元素的根源，以及物質世界「Assiah」，哈利斯夫人在層層疊疊「鈔票綠」色的植物紋飾（在歷史上裝飾著世界各國的紙幣）中央，將那境域中的終極錢幣呈現給我們。

　　有種可追溯至十六世紀義大利（當時各地政府會對塔羅牌抽稅、蓋印花）的塔羅傳統，要求塔羅牌的創作者將其簽名或標記，印在「圓盤王牌」或「圓盤二」上。克勞利顯然知道這項傳統，而且我想我們可以確信，他十分周密地監督了它的執行。這張「圓盤王牌」直可說是克勞利的魔法簽名。他的銘言「TO ΜΕΓΑ ΘHEPION」——致大余利昂，也就是希臘文「致偉大的野獸」，便被標示在圓盤的邊緣，而他個人的印記也出現在整個牌面的正中央。

　　一個十邊形妥貼地嵌進了圓盤最外圈的內緣，似乎創造出十個面，直通圓盤的中心，尾端奇特地連接著兩個五邊形的尖端。在這兩個五邊形之內有一個七角形（「泰勒瑪」的「巴巴隆之星」），而在這個七角形之中，我們看見了「野獸印記」（the Mark of the Beast）。

　　「野獸印記」是由三個重疊的圓圈構成。最上端的圓圈中央有一個點，創造出「太陽」的占星符號。在底下如搖籃般承托著太陽的，是個上翹的新月。兩者共同組成了「日月重光」的標記。這個符號的象徵意義如此繁多，若是我試圖爲它做個註腳，那我可眞是個白癡了！跨越下方的兩個圓圈，標註著數字「666」——太陽和「野獸」的數字。這個符號包含豐富的魔法及喀巴拉象徵意義，用上一丁點想像力，你還可以用鳥瞰的角度看出男性生殖器的三個主要特徵。可不是典型的克勞利風格！

第 **18** 章

宮廷牌的瘋狂混搭世界

THE CRAZY MIXED-UP WORLD
OF COURT CARDS

此種安排的便利之處在於，這些牌以一種粗略的、經驗上的方式，頗適於描述形形色色的男男女女。我們可以簡單地說，這些牌中的任何一張，都是描述某個人物的畫面——其星盤中的太陽或上升星座，落在該牌的黃道屬性之內〔註197〕。

我們傾向於將四張王牌視為其所屬元素的純粹典型。這並不全然正確。它們的確是各自元素最純粹的表現,但如果未曾包含其他三種元素的少許份量（或特質）,它們便無法相互結合,去構成物質與能量,以創造並維繫現象的宇宙。

簡單地說,如果個別的元素保持純粹,並與其他元素完全分離,造物根本就不會發生。如果「水」裡頭完全沒有一點點「風」作為吸引媒介,它便無法與「風」結合。反之亦然。為了顯化宇宙,這些東西必須被攪動、重組。「宮廷牌」便是四個非常混雜的家族。

混搭一號：十六種次元素
MIX-UP #1: SIXTEEN SUBELEMENTS

還記得嗎,當我們將一張王牌放到魔法顯微鏡底下,就會看見該牌組的四張宮廷牌住在裡頭?正如四張王牌代表火、水、風、土四元素,每個牌組中的四張宮廷牌,也代表該牌組再一次細分的四種元素。「騎士」是火的次分支;「王后」是水的次分支;「王子」是風的次分支;而「公主」則是土的次分支。這就給了我們宮廷牌家族的十六位成員,以及十六種次元素的特質,而克勞利又用它們來為人們歸類。

現代塔羅學者,尤其是琳達 · 蓋兒 · 華特斯（Linda Gail Walters,(註198)）完成了一項令人矚目的工作,將著名的「麥布二氏人格類型指標」（Myers-Briggs type indicators,(註199)）所定義的榮格人格類型應用到十六張宮廷牌上。心理學家亞瑟 · 羅森嘉頓（Arthur Rosengarten）也在他開創性的著作《心理學與塔羅》（*Psychology and Tarot*(註200)）中討論過二者的類同之處。我確信如果麥布二氏的學說,在克勞利撰寫《托特之書》之時便已問世,他必定也會談到這些概念,因為它們支持了他關

於宮廷牌之人格特質的理論。

正如我們每一種人格都是由許多因素，精密而複雜地融混、型塑而成，包括基因、環境、教育、經驗……，每一張宮廷牌也都是元素、行星，及黃道星座等因素的複雜混合。當我們思考下面的內容時，請銘記在心，元素的責任就在於「混合」（見表十四及十五，第305頁）。

混搭二號：
公主──空間的象限──而非時間的象限
MIX-UP #2: PRINCESSES—
QUADRANTS OF SPACE—NOT QUADRANTS OF TIME

「公主牌」是所屬牌組的土元素分支，並與該牌組的王牌享有某種特殊的關係。因為這個緣故，我們將「公主牌」與其他的家族成員分開來考量。「公主」和她們的王牌統轄著空間的象限（見第十一章）：「權杖王牌／公主」統轄著「巨蟹／獅子／處女座」的天界象限，以及亞洲地區；「聖杯王牌／公主」統轄著「天秤／天蠍／射手」象限，以及太平洋地區；「寶劍王牌／公主」統轄著「魔羯／水瓶／雙魚」象限，以及美洲地區；而「圓盤王牌／公主」則統轄著「牡羊／金牛／雙子」象限，以及歐洲和非洲地區。

混搭三號：騎士、王后和王子──時間的象限
MIX-UP #3: KNIGHTS, QUEENS, PRINCES—QUADRANTS OF TIME

每位「騎士」、「王后」，和「王子」，都分配到黃道帶的三十度。黃道帶是太陽運行的軌跡，每年繞行一周，共三百六十度。沙文主義的邏

輯暗示,「騎士」應該主導黃道中的本位星座,「王后」主導固定星座,而「王子」則主導變動星座——但是沙文主義的邏輯是錯誤的!

為了融混各種因素,「騎士」其實主導著變動星座:「權杖騎士」,射手座、「聖杯騎士」,雙魚座、「寶劍騎士」,雙子座、「圓盤騎士」,處女座。主導本位星座的事實上是「王后」:「權杖王后」,牡羊座、「聖杯王后」,巨蟹座、「寶劍王后」,天秤座、「圓盤王后」,魔羯座。「王子」主導的則是固定星座:「權杖王子」,獅子座、「聖杯王子」,天蠍座、「寶劍王子」,水瓶座、「圓盤王子」,金牛座——融混得十分徹底。

混搭四號:
騎士、王后和王子——向隔壁鄰居認養十度的方案 [註201]

MIX-UP #4: KNIGHTS, QUEENS, PRINCES—
THE ADOPT-A-NEIGHBOR'S-DECAN PROGRAM

融混的過程還並不僅止於此。你可能會留意到,我用的是「主導」(predominate)或「佔優勢」(dominate)這樣的詞,而非「統轄」(rule)。這是因為這十二張宮廷牌,沒有一張可以完全統轄任何一個黃道星座,而只能統轄某個星座的大部分。精確地說,每張宮廷牌都統轄著從某個星座的二十度到下一個星座的二十度之間的區塊(見表十四,第305頁)。儘管「權杖騎士」支配著變動火象星座「射手座」的前二十度(或三分之二),它同時也受制於塔羅的混合規則,得在黃道帶上挪動一下,讓出「射手座」後段的三分之一,並認養前一個星座後段的三分之一。這意味著「權杖騎士」必須認養固定水象星座「天蠍座」後段的十度(即一旬)。

再舉個例子,「聖杯王后」支配著本位水象星座「巨蟹座」的前二十

度，但她同時也得在變動風象星座「雙子座」的最後十度扮演女主人（並受到「雙子」的浸染）。「騎士」、「王后」，和「王子」便是如此編織出了「黃道帶」這片織錦。

黃道帶上每十度的區間也都被分派了專屬的行星，更進一步地影響著這十二張宮廷牌的特性。不過我會留到第十九章再討論這些行星。

現在我也被搞混了
NOW I'M MIXED UP

我知道這些內容乍看之下似乎相當複雜，也超出許多讀者的興趣範圍。如果是這樣，我要讚揚你的耐心，願意蹚過這趟技術性討論的渾水，一窺宮廷牌的複雜內涵。不過你可以感到安慰的是，就此刻而言，你並不需要完全掌握這全部的細節。比較重要的是你瞭解到，如果你真的想要，你是可以掌握它們的。

所以，作為你耐心閱讀的獎賞，我要告訴你一條小小的捷徑來瞭解宮廷牌，並能立刻將它們運用在塔羅解牌上。這要從克勞利的一段話說起，也就是我在本章開頭的引文：

> 此種安排的便利之處在於，這些牌以一種粗略的、經驗上的方式，頗適於描述形形色色的男男女女。我們可以簡單地說，這些牌中的任何一張，都是描述某個人物的畫面——其星盤中的太陽或上升星座，落在該牌的黃道屬性之內。

人物的特徵要比喀巴拉、或占星抽象概念的理論特性，容易瞭解、也好記多了。把每張「騎士」、「王后」，和「王子」想成某個人的生日卡，這樣便足夠了。從你自己開始。你是哪一張宮廷牌？我對這張牌的描述

與你相符嗎？克勞利的描述呢？若不相符，儘管忽略它們，基於你對自己的瞭解，給這張牌屬於你自己的定義。

接下來，收集一些熟人的生日——親戚、朋友、同事、敵人，甚至你知之甚詳的影視名人或歷史人物。用他們的生日來決定哪張宮廷牌屬於他們。很有可能，你和其他人所展現的性格特徵，與牌的典型描述十分相似；不過，要是並不相符又如何？嘿！也許是牌錯了也說不定。畢竟人們是真實世界中的真實人物，而塔羅牌只不過是一盒彩色印刷的卡紙。

為了刺激這類的沉思冥想，我在討論宮廷牌時，列出了一些予人特定印象的名人和歷史人物，依其出生日期歸屬於各牌組的「騎士」、「王后」，和「王子」。我心知肚明，這樣的脫軌帶有通俗文化的業餘氣息，而且也嚴重背離了我儘可能忠於「克氏風格」的宣言。對於所有「克勞利純正主義者」，若是對這項「非克勞利」的資訊感到不悅，我謹致上最誠摯的歉意。至於其他人——請盡情享用吧！

權杖騎士
KNIGHT OF WANDS
火中之火

天蠍座二十度到射手座二十度
十一月十三日到十二月十二日
統轄「聖杯七」、「權杖八」、「權杖九」

原始標題 /
火焰與閃電之主宰；火精靈之王；火蜥蜴之王。

紋飾 /
有翼的黑馬頭。

象徵 /
黑馬，起伏的火焰。棍棒。紅金色的斗蓬。

髮色 /
紅金色。

眼睛 /
灰色或淡褐色。

　　與這位人物相稱的品格特質是活躍、慷慨、猛烈、急躁、驕傲、衝動、行動迅速，且難以預測。如果能量被誤用，他會變得心懷惡意、殘酷、頑固偏執，且野蠻粗暴。在任一情況下，他都不太擅長貫徹自己的行動，無法根據客觀環境來修正它。如果初次的行動失敗，他便無計可施〔註202〕。

代表「火中之火」的「權杖騎士」，當然有潛力成為宮廷牌中最強大的一員。他代表「四字母聖名」（YHVH）中的「Yod」之「Yod」分支。

不過我們應該記住，就宮廷牌而言，「代表某個東西」和「作為某個東西」是不相同的。

哈利斯夫人將「金色黎明」的描述，轉譯為一幅壯觀而撼人的畫面，幾幾乎乎躍然紙上。我是說「跳躍」的「躍」嗎？或許「爆炸」會是更為貼切的形容。馬的鬃毛和尾巴，還有騎士的鬚髮，全都向前飄飛，暗示他們不太像是在跳躍，而是被後方某個無法想像的強大爆破力量所撼動。

這描繪著某個騎乘火箭的人——這是非常冒險的行為，如果火箭沒有好好瞄準，他便會錯失了標靶；如果燃料不夠，他便會摔得粉身碎骨；如果燃料太多，他就會被炸死。但是如果一切順利，這就會是最為壯觀的成功。

美國發明家羅勃・富爾敦（Robert Fulton）、印度前總理甘地夫人、美國政治家羅勃・甘迺迪、歌手法蘭克・辛納區，以及蘇格蘭的瑪麗女王全都是「權杖騎士」。

和其他「權杖」宮廷牌一樣，這張牌的主要色彩是火紅色、黃色和金色。

權杖王后
QUEEN OF WANDS
火中之水

雙魚座二十度到牡羊座二十度
三月十一日到四月十日
統轄「聖杯十」、「權杖二」、「權杖三」

原始標題 /
「火焰之寶座」的王后；火蜥蜴之后。

紋飾 /
有翼的花豹。

象徵 /
豹。穩定的火焰。有著沉重頂端或尾端的權
杖。

髮色 /
紅金色。

眼睛 /
藍色或褐色。

這位「王后」的特質是善於調適、持續的精力，以及沉靜的權威——她
也知道該如何運用，以增加自己的吸引力。她十分慷慨親切，但對反對
的意見缺乏耐性。對於愛與友誼，她有著無盡的容量，但永遠是由她主
控（註203）。

這張牌的上半部投射出如此強烈的意象，呈現出至高的女性力量和尊貴感，我們很能想像她被鑿成石像，作為某座大型公共建築或紀念碑的門面。遺憾的是，美麗如她，卻也有幾分「堂皇其外」的意味。克勞利甚至暗示，她帶有些許勢利驕慢的味道。

當英國作家亨利‧萊特‧哈葛德（Henry Rider Haggard）撰寫他的經典科幻小說《洞窟女王》（*She*）時，他心中的典型必定是位「權杖王后」。故事的主人翁艾伊莎（Ayesha）是位永生不死的美麗女王，在她統治的國度，人們都稱她為「必須被服從的她」（She Who Must Be Obeyed）。她是位公正但無情的女王，似乎很容易受到冒犯。她愛她的子民（以一種自私的方式），但她卻是如此地自我中心，當她體驗真愛的機會來臨，她竟變成一個殘酷、專橫、暴烈的怪物。這自然導致了她的不快樂，以及最終的毀滅。當克勞利形容這張牌所表現的人物時，他用了一句絕妙的描述：「當她一咬不中，便把自己的下顎崩裂了！」[註204]

不過以上是這位可愛女士的黑暗面；她同時也具備世人對一位堅強女性所要求的一切。

在一九六五年電影版的「洞窟女王」中，飾演艾伊莎的老牌女星烏蘇拉‧安德絲（Ursula Andress），本身便是一位「權杖王后」。另一位女星瓊‧克勞馥（Joan Crawford）也是（她在真實生活中，據說也是位「必須被服從的她」）。另外兩位「權杖王后」是亞伯‧愛因斯坦和美國西部傳奇警長懷特‧厄普（Wyatt Earp）（我們必須服從他們的定律和律法）。不過我可能不會告訴那位硬漢警長，他和任何「王后」扯得上什麼關係。

和其他「權杖」宮廷牌一樣，這張牌的主要色彩是火紅色、黃色和金色。

權杖王子
PRINCE OF WANDS
火中之風

巨蟹座二十度到獅子座二十度
七月十二日到八月十一日
統轄「聖杯四」、「權杖五」、「權杖六」

原始標題 /
火戰車之王子：火蜥蜴之王子和皇帝。

紋飾 /
有翼的獅首。

象徵 /
權杖和噴發的火焰。「忱信小達人」（Zelator
Adeptus Minor）的火權杖。

髮色 /
黃色。

眼睛 /
藍灰色。

他很浪漫，尤其是在關於歷史和傳統的事務上，幾乎到了愚蠢的程度，
而且他可能會設計一些「驚人的表演」，或是上演精心籌畫的惡作劇[註
205]。

在一個人的占星命盤中，「上升星座」的重要性僅次於「太陽星座」。在它代表的許多事物之中，包括命主的性格，以及他們對世人呈現的面貌。克勞利的「上升星座」是在獅子座三度；因此，他強烈地認同於獅子座和「權杖王子」，後者統轄著巨蟹座二十度到獅子座二十度。

這張牌是克勞利理想化的自我形象。首先，我們可以發現這位王子胸前裝飾著克勞利的個人印信——「野獸印記」。在整副「托特塔羅」中，這個標誌只在其他兩個地方出現過——「權杖五」（代表獅子座零度到十度），以及傳統上作為塔羅牌設計者之標記牌的「圓盤王牌」。這位王子甚至是以克勞利最喜愛的瑜珈姿勢，「閃電式」蹲踞著[註206]。由於克勞利覺得他對自己非常瞭解，因此也對這張牌的品格特質和智識上的弔詭，做了許多的評論：

> 他往往十分激烈，尤其是在意見的表達上，但他對於自己如此強調的觀點，卻又未必始終抱持不變……，性格極度高尚而慷慨；此人或許是個張揚的吹噓者，但同時卻會暗自嘲笑他所吹噓的東西，也嘲笑作此吹噓的自己……，他有著堅強狂熱的勇氣，以及不屈不撓的毅力。他總是知難不退，險中求勝，而且總是贏得長遠的——非常長遠的——勝利[註207]。

除了克勞利由於上升星座而成為這張牌的代表人物，還有其他許多名人的太陽星座令他們也成為「權杖王子」，包括凱撒大帝、英國數學家暨玄學家約翰·迪伊（John Dee）、南非民主之父尼爾遜·曼德拉、滾石合唱團主唱米克·傑格（Mick Jagger）、美國前第一夫人賈桂琳·甘迺迪、通靈學家勃拉瓦茨基夫人（Madam Blavatsky），以及美國神祕學者克里斯多夫·海耶特（Christopher Hyatt）。

和其他「權杖」宮廷牌一樣，這張牌的主要色彩是火紅色、黃色和金色。

權杖公主
PRINCESS OF WANDS

火中之土

偕同「權杖王牌」，
統轄著北極之上的「巨蟹座／獅子座／處女座」之天界象限，
以及亞洲地區。

原始標題 /
閃耀火焰的公主；「火之宮殿」的薔薇；火蜥
蜴的公主和皇后。「權杖王牌」之寶座。

紋飾 /
虎頭。

象徵 /
老虎，跳躍的火焰。金祭壇，尾端粗大的長棍
棒。

髮色 /
紅金色。

眼睛 /
藍色。

我有點兒發愁。這位公主表現得古怪極了！她不想要有任何整齊美好的
線條，而我真不知道她會不會有問題。她和第一次交出去的樣本完全無
關。我想當我畫得差不多時，我得把她寄給你，當你看見她時，你可以
撕掉或保留她。噢！老天，我好累呀！我和她吵鬧的扭動不斷搏鬥，直到
眼睛都快掉出來了，而且她灼燒著我的喉嚨，令我無法吞嚥[註208]。

——哈利斯致克勞利，一九四一年五月十一日

四張「公主」牌在宮廷牌中享有特殊的地位，而哈利斯夫人似乎對她們四位都投注了特殊的關注——這是她們所應得的。她們全都美得令人屏息。

　　如果並列在一起，她們可說是托特塔羅的四位海報女郎。「權杖公主」尤其令人驚豔，而她也是「慾望」牌之外又一個原因，使得「克勞利／哈利斯塔羅」成為許多監獄中的違禁品。

　　克勞利寫道：「這張牌可以說是代表『火之主宰』的處女祭司之舞。」(註209)

　　作為火象牌組的土象次元素，她不僅是在牡羊頭祭壇前執行火焰祭典的公主祭司，她本身也是那火焰的燃料。我們能在眾人之中認出她來：她是如此精力充沛且充滿自信，如此獨立自主且非理性地大膽無畏，當她鼓舞人心並挑動激情時，在她身旁可能是危險十足的。

　　當負面特質受到強調，她是個酷愛小題大作的「公主病」患者；她是如此地膚淺而自我中心，從沒想過別人可能對她不以為然。如果未經約束，走岔了的「權杖公主」，不僅會沒必要地焚燒自己，在如此做的同時，她也會令整個街坊都著了火。她可以是「殘酷、不可靠、不忠誠且盛氣凌人的」(註210)。你可認識這樣的人？

　　「公主」並未統轄黃道帶中的任何區塊，因此我們並沒有「權杖公主」的名人範例。

　　和其他「權杖」宮廷牌一樣，這張牌的主要色彩是火紅色、黃色和金色。

聖杯騎士
KNIGHT OF CUPS
水中之火

水瓶座二十度到雙魚座二十度
二月九日到三月十日
統轄「寶劍七」、「聖杯八」、「聖杯九」

原始標題 /
波浪和水域之主宰；海之主人的王；水精靈，
或水仙子之王。

紋飾 /
開屏的孔雀。

象徵 /
白馬，由杯中而出的螃蟹。海洋。

髮色 /
金髮。

眼睛 /
碧眼。

迅捷與暴烈並不適合一個本性平和的人；確實鮮少遇到一個能成功調
和這些衝突元素的人[註211]。

我得小心處理這張牌。我的太座和兒子都是「聖杯騎士」。當然,他們和這張牌的負面特質完全沾不上邊。

以與「權杖騎士」相反的方向從牌中躍出,「聖杯騎士」是他「權杖」兄弟沉靜的對比。「水中之火」令人想起行動中的水——滂沱大雨,奔湧的噴泉——還有它較為溫吞的行動,像是侵蝕與溶解。

如同大多數宮廷牌,哈利斯的版本恭謹地納入了「金色黎明」模型中所有主要的特徵,包括一隻極為纖巧美麗的孔雀,牠似乎是從那騎士動作的尾跡所創造的純淨水波中,由一股羽狀的煙霧幻化而成。

我想克勞利相當喜歡這傢伙!畢竟,他有哪一點不惹人愛呢?「他很和藹、友善,以一種被動的方式。他對吸引力的反應很快,並且在這類的刺激下,很容易變得熱情洋溢;但他並不十分持久。」(註212)

我們或許可以歸咎於善變的雙魚座的影響,她為騎士的白馬披上了濕灑灑的毯子,否則他可是火一般的「波浪與水域之主宰」哩!這讓「聖杯騎士」成為一個挺好的男人。他只是沒那麼深刻。事實上,我們可以描述他的最壞的形容詞是「一灘淺水」。他有一種與生俱來的天真和純淨,這使得他討人喜歡,但他往往不夠深刻,令那些美德無法輕易展現為深沉高尚的品格。如克勞利所言:「他的名字是寫在水上的。」(註213)

「寫在水上」這樣的形容,儘管對某些「聖杯騎士」或許有幾分真確,如美國「政治藝人」、女星「雪兒」的前夫桑尼·波諾(Sonny Bono)、女星米亞·法蘿(Mia Farrow),以及老牌性格男星畢·雷諾斯(Burt Reynolds);但這張牌中必定也有某些特質,造就出一些名垂青史的人物,如喬治·華盛頓、亞伯拉罕·林肯、美國女權運動先驅蘇珊·B·安東尼(Susan B. Anthony),以及湯瑪斯·愛迪生等等。

和其他「聖杯」宮廷牌一樣,這張牌的主要色彩是冷藍色和藍綠色。

聖杯王后
QUEEN OF CUPS
水中之水

雙子座二十度到巨蟹座二十度
六月十一日到七月十一日
統轄「寶劍十」、「聖杯二」、「聖杯三」

原始標題 /
「水之寶座」的王后；水精靈，或水仙子之
后。

紋飾 /
埃及聖鷺。

象徵 /
由河中而出的螯蝦。

髮色 /
金褐色。

眼睛 /
藍色。

她的形象極度純美，無限微妙，難以捉摸。要看清她的真貌幾乎是不
可能的，因為她極盡完美地反映著觀察者的本質[註214]。

「聖杯王后」是我的生日宮廷牌，因此我必須提醒諸位，我的評論或許會被自戀的陰雲蒙蔽而有欠客觀。不過說實在的，我又何德何能，堪與克勞利爭辯呢？[註215]

哈利斯夫人的「聖杯王后」和第二號大阿卡納「女祭司」，有著驚人的相似之處。事實上，如果你把這兩張牌的邊緣裁掉，再把「聖杯王后」上下顛倒，放在「女祭司」牌頂上，你會看見兩者密切契合，令人目眩地展現著「綜合投影幾何」的範例。

兩張牌都呈現著一盞巨杯，杯柄都是由女神的身體構成。「女祭司」牌中是月之處女神；而「聖杯王后」則是偉大的母神。

「水中之水」等同是說倒影中的倒影，或鏡中之鏡。「聖杯王后」人緣很好，很容易交上朋友，因為當人們看著她時，他們只會看見自己。

克勞利告訴我們：「她是完美的中介者，能接收並傳送一切事物，而自己絲毫不受影響。」[註216] 對於自由主義者，她看來就像是個自由派；對於保守份子，她看來就像是個守舊派，而事實上她可能兩者都不是。

如果負面特質受到強調，她可以是危險而殘酷的，扭曲了倒影再投射回毫無疑心的受害者身上，那時他們在鏡中就只看見怪物了。

我的「聖杯王后」夥伴還包括了「披頭四」成員保羅·麥卡尼（Paul McCartney）、法國探險家雅克·庫斯托（Jacques Cousteau）、美國資本家約翰·洛克斐勒（John D. Rockefeller）、發明交流電的天才科學家尼古拉·特斯拉（Nikola Tesla）、英國文學家喬治·歐威爾（George Orwell），以及英國巫術研究者傑拉德·嘉納（Gerald Gardner）。

和其他「聖杯」宮廷牌一樣，這張牌的主要色彩是冷藍色和藍綠色。

聖杯王子
PRINCE OF CUPS
水中之風

天秤座二十度到天蠍座二十度
十月十三日到十一月十二日
統轄「寶劍四」、「聖杯五」、「聖杯六」

※

原始標題 /
「水之戰車」的王子；水精靈，或水仙子的王
子和皇帝。

紋飾 /
老鷹。

象徵 /
天蠍，由湖中而出的鷹蛇。

髮色 /
褐色。

眼睛 /
灰色或褐色。

　　這張牌所描繪的人物，其品格特質為敏銳纖細、隱藏的暴力，並且工
於心計。他行事極為祕密，是個藝術家──以他自我獨特的方式……。
事實上，他絕對是剛硬無情的[註217]。

以當得起漫畫封面的風格，哈利斯夫人的「聖杯王子」駕著由巨鷹所拉的戰車，乘著崩碎的浪頭向我們直衝而來，進場的聲勢好不壯觀！他的左手握著一盞聖杯，從中昇起一條蜷曲的蛇；右手中則握著一朵巨大的蓮花。

我必須相信，克勞利曾和某位「聖杯王子」有過不愉快的經驗。如果在十月十三日到十一月十二日之間出生的每一個人，全都展現出克勞利歸給此牌的陰暗可怕特質，那麼本星球總人口的十二分之一全都會是八點檔的反派角色了。儘管這對某些「聖杯王子」或許適用，例如刺殺甘迺迪總統的兇嫌李・哈維・奧斯瓦德（Lee Harvey Oswald）和俄國共產革命份子李奧・托洛斯基（Leon Trotsky），這張牌仍然蘊藏著強大的力量與潛能。

天秤過渡到天蠍，是個非常強烈的時刻。但是「風」元素的活躍特質，與「水」的消極環境，卻構成一種不穩定的組合。就像一瓶不夠冰的香檳，不斷汩汩冒出氣泡，這兩種元素才不在乎是否會毀掉派對或傢俱；它們只想脫離對方。或許這就是為何克勞利會如此描述「聖杯王子」：他們「完全沒有所謂的良心——在這個詞的一般意義上，因此通常不為鄰人所信賴。」[註218]

我認識好幾位「聖杯王子」，包括我父親，而我必須說他們的確都擁有強大的能力，但卻——如同克勞利的評註——無法「委以受駕馭的工作。」[註219] 同樣的描述也適用於其他的「聖杯王子」，包括宗教改革家馬丁・路德、英國作家奧斯卡・王爾德、德國哲學家尼采、美國迷幻藥文化祖師提摩太・賴瑞（Timothy Leary），以及藝術巨匠畢卡索等。

和其他「聖杯」宮廷牌一樣，這張牌的主要色彩是冷藍色和藍綠色。

聖杯公主
PRINCESS OF CUPS
水中之土

偕同「聖杯王牌」，
統轄著北極之上的「天秤座／天蠍座／射手座」之天界象限，
以及太平洋地區。

原始標題 /
水域的公主；「洪水之宮殿」的蓮花；水精靈，
或水仙子的公主和皇后。「聖杯王牌」之寶
座。

紋飾 /
天鵝。

象徵 /
海豚，蓮花。浪花飛濺的海，由杯中而出的海
龜。

髮色 /
褐色。

眼睛 /
藍色或褐色。

這位公主的性格是無限的和藹親切。所有的甜美，所有的愉悅、溫和、
友善和柔軟都在她的性情之中。她住在羅曼史的世界裡，在永恆的狂
喜之夢中[註220]。

對於每個牌組的「王牌」與「公主」之間的關係，其重要性我再怎麼強調也不爲過。「王牌」或許看來甚美，但是由於它是所屬牌組及元素的根——以及隱藏的種籽——它是不可能被理解的。另一方面，「公主」則代表了「王牌」中的純然潛能之最終產物、結晶，和具體化。以宗教語言來說，「王牌」或許可以被崇拜，而「公主」卻可以被愛慕。既然如此，這張牌的通報使者若是喊出這樣的話也並無不妥了：「『水域的公主』、『洪水宮殿的蓮花』、『聖杯的寶座』駕到，一干人等盡皆拜倒！」

你或許覺得我對這位年輕女士的讚美有點過頭了，但我向你保證，這還不及克勞利先生的一半哩！她也並非全然是夢幻的。作爲「水中之土」，她名符其實地能將飄忽而浪漫的想法沉澱、顯化，並提供某種牢固而肥沃的基質，讓以水滋養的思緒之生命能夠繁茂滋長。

哈利斯所創造的圖像是優雅流暢的動態。水面躍動著平緩的大波浪，暗示海洋深處的沉重環境。那公主在跳著舞，雙眼閉合，頭部後仰，臉上是種純然狂喜的神情，令人聯想起義大利雕塑家貝尼尼（Bernini）的名作「聖德蕾莎的狂喜」（The Ecstasy of Saint Theresa）。她衣裙上的扇貝圖案在「聖杯王牌」中也出現過，裙擺摺邊則裝飾著清透的白水晶。

「公主」並未統轄黃道帶中的任何區塊，因此我們並沒有「聖杯公主」的名人範例。

和其他「聖杯」宮廷牌一樣，這張牌的主要色彩是冷藍色和藍綠色。

寶劍騎士
KNIGHT OF SWORDS
風中之火

金牛座二十度到雙子座二十度
五月十一日到六月十日
統轄「圓盤七」、「寶劍八」、「寶劍九」

原始標題 /
風與微風之主宰；風精靈之王；氣精
（Sylphs）之王。

紋飾 /
有翼的六角星。

象徵 /
有翼的棕馬，飛馳的雲，出鞘的褐色寶劍。

髮色 /
深褐色。

眼睛 /
深暗。

我已經按照你的建議修改了「寶劍」牌。謝謝你克勞利先生。你的看法
很對〔註221〕。

——哈利斯致克勞利，日期不詳

「寶劍」是風象的牌組，而當我們開始檢視這些牌時，我必須指出在這個牌組所有的牌中不斷重複出現的一個設計主題——翅膀。哈利斯夫人在每個地方都置入了高度風格化的、有稜角的翅膀！有些或許看起來不像翅膀，但其實就是。

　　從「寶劍騎士」開始，我們看見，在騎士尖尖的頭盔頂上，乍看之下像是四支螺旋槳的東西，其實是從他背後冒出的四隻三角形的翅膀。它們透明而有脈紋，像是蜻蜓的翅翼。或許只有兩隻翅膀，但因為舞動太快，看起來像是四隻。請花點時間看看「寶劍王后」、「王子」和「公主」，在他們身上找出那些帶著稜角的神奇翅膀。再看看所有的「寶劍」小牌，其背景全都裝飾著這些風格化的翅翼——有的十分均衡，幾乎狀似輪轉風車；有些則扭絞、破碎、拉長或歪斜。

　　曾有人提出，這些圖形乃是由「行星魔方陣」（planetary kameas）衍生而來的魔法符印。任何熟悉哈利斯夫人當時的魔法教育程度（或者我該說是限度）的人，都不會提出這樣的說法。

　　「寶劍騎士」是「風中之火」，暗示狂烈的風。此牌在占卜上的一般意義，可以用一個詞總結——攻擊。「此人的品格特質，」克勞利警示：「是活躍而多才多藝，敏銳而機巧。他是猛烈、機敏而英勇的，但卻完全是自身想法的犧牲品——這些想法如靈感般降臨，卻未有反思。」[註222]

　　著名的「寶劍騎士」包括：「吹牛大王」閔赫豪森男爵（Baron Münchhausen）、「福爾摩斯」的創造者柯南・道爾（Arthur Conan Doyle）、教宗若望保祿二世、美國人權領袖「麥爾坎・X」（Malcolm X）、英國女王維多利亞、老牌西部影星約翰・韋恩、美國前總統約翰・甘迺迪，以及女星瑪麗蓮夢露和雪兒等。

　　和「寶劍王后」一樣，這張牌的主要基調是天藍色和黃色，以及白色的捲雲。

寶劍王后
QUEEN OF SWORDS
風中之水

處女座二十度到天秤座二十度
九月十二日到十月十二日
統轄「圓盤十」、「寶劍二」、「寶劍三」

原始標題 /
「風之寶座」的王后；氣精之后。

紋飾 /
有翼的孩兒頭。

象徵 /
割下的人頭，堆積的雲，出鞘的寶劍。

髮色 /
灰色。

眼睛 /
淺褐色。

此牌所象徵的人物極具覺察力，是位敏銳的觀察者、精湛的詮釋者，
並且極為個人主義，記錄概念時快速而精準；在行為上很有自信，在
精神上則溫雅親切且公正不倚 [註223]。

這張牌代表克勞利的太陽星座，而因此，理所當然地，它是整副牌中最令人生畏的一張。只要對這位女士瞧上一眼，就知道她可不是開玩笑的。「風中之水」令人聯想到雲，它允諾著灌溉生命的雨水，或者是猛暴豪雨的威脅。她的左手提著一個蓄鬚男子的頭顱，右手則握著可能才剛剛取人首級的寶劍。有人可能會以為此一駭人的筆觸，只是陰森的克氏風格的又一表現，其實不然。這個意象乃是「金色黎明」對「寶劍王后」的經典描述，並且陳述著某種基本的喀巴拉蘊涵。

「寶劍」牌組代表「Yetzirah」，成形之界——神祇的心智之眼。「寶劍」和「Yetzirah」在人類靈魂中的對應部分是「Ruach」，智力，思維，這乃是以大腦為中心——也就是人的頭部。揮動思辨與理智的寶劍，這位王后將智性的較高官能與較低天性的影響（「Nephesh」，即動物靈魂）分割開來。她可說是名符其實的——引用克勞利的話——「心智的解放者」(註224)。那個蓄鬚男子（或許是「處女座」的「隱士」？）的頭顱，雙眼平靜地閉合著，臉孔暗示著深度冥思的神入狀態。

處女座過渡到天秤座的影響，給了「寶劍王后」那種偉大君主的實際與優雅。在此時段出生的命主應該「極具覺察力，是位敏銳的觀察者、精湛的詮釋者，並且極為個人主義，記錄概念時快速而精準；在行為上很有自信，在精神上則溫雅親切且公正不倚。她的動作優雅，舞蹈和保持平衡的能力均十分卓越。」(註225)如果負面的特質較強，她可能和外表看來一樣殘酷、危險。

克勞利的「寶劍王后」夥伴包括印度聖雄甘地、美國前第一夫人艾蓮諾·羅斯福（Eleanor Roosevelt）、英國科幻小說家H·G·威爾斯（H.G. Wells），以及美國小說家史蒂芬·金（Stephen King）等。

這張牌的主要基調是天藍色和黃色，以及白色的捲雲。

寶劍王子
PRINCE OF SWORDS
風中之風

魔羯座二十度到水瓶座二十度
一月十日到二月八日
統轄「圓盤四」、「寶劍五」、「寶劍六」

原始標題 /
「風之戰車」的王子；氣精的王子和皇帝。

紋飾 /
有翼的天使頭。

象徵 /
有翼的精靈首領。灰暗的雲，雨雲，光環，出鞘的寶劍。

髮色 /
灰色。

眼睛 /
深暗。

我們很容易被這樣的人蒙蔽；因為這種表現本身便具有巨大的威力：彷彿一個弱智者被示以一篇柏拉圖的對話錄。他們或許會以此方式獲得心智深廣的盛譽[註226]。

這張牌有種較早的版本，描繪著一位親切、溫和得多的「寶劍王子」，由精靈牽曳著他的戰車。最終的版本則充滿狂亂，而看似徒勞的行動。王子和拉車小孩的幾何形翅翼，被圈圍在亮黃色的氣泡裡——風中之風。這些小孩「不負責任地往隨便想到的任何方向拖拽著戰車，他們未曾繫上韁繩，而是全然任性的。因此這輛戰車固然容易移動，但卻很難往任何明確的方向前進，除了碰巧之外。這便是『頭腦』的完美寫照。」(註227)

就像個瘋子，他腦袋創造出的想法只會生生滅滅，我們看見那王子右手持劍，以它來創造想法和意象，左手則握著鐮刀，立即把這些想法斬除。這聽來像是瘋狂之舉，但我們卻在清醒時的每個片刻，都做著同樣的事。當心智被給予某種創造性的出口來抒發這種過程，像是音樂、文學或電影，我們便發現了偉大的天才。莫札特和孟德爾頌都是「寶劍王子」，好幾位大導演也是，例如「美國電影之父」葛里菲斯（D. W. Griffith）、義大利電影大師費里尼（Federico Fellini），此外還有十八世紀的瑞典哲學／神學家史威登堡（Emanuel Swedenborg）等等。

克勞利對「寶劍王子」的純粹智性讚譽有加，但也難免要討論「對思考的思考」之徒勞無益。「他滿腦子想法與構思，彼此崩塌滾落，」他指出，「他是一團精巧理想的堆積，但卻與實際的努力無涉。」(註228)

天才演員詹姆士·狄恩（James Dean）是位「寶劍王子」。他在電影「養子不教誰之過」（Rebel without a Cause）中精湛飾演的吉姆·史塔克是個虛構的人物，但狄恩仍爲這個角色注入了深刻的生命。在我心目中，這是這張牌之內在挫敗的完美寫眞。他的表演，我猜十有八九，會令同爲「寶劍王子」的美國懸疑作家愛倫坡（Edgar Allan Poe）大爲激賞。

這張牌的主要基調是白色銳利冰晶的雲簇，以及黃色和金屬綠色。

寶劍公主
PRINCESS OF SWORDS
風中之土

偕同「寶劍王牌」，
統轄著北極之上的「魔羯座／水瓶座／雙魚座」之天界象限，
以及美洲地區。

原始標題 /
疾勁之風的公主；「風之宮殿」的蓮花；氣精
的公主和皇后。「寶劍王牌」之寶座。

紋飾 /
蛇髮女妖梅杜莎（Medusa）的頭顱。

象徵 /
銀祭壇，煙霧。捲雲。出鞘的褐色寶劍。

髮色 /
淺褐色。

眼睛 /
藍色。

這位「公主」的性格是嚴峻而具報復心的，抱持破壞性的邏輯。她堅定
而富侵略性，在物質事務上擁有強大的實用智慧和敏銳度。管理實際
事務時，她展現高度的機敏與幹練，尤其是當事情具有爭議性時。她十
分擅於調解爭端(註229)。

從塵埃之雲中飛昇而出，克勞利之弔詭的「寶劍公主」——「風中之土」——看來像是一位美麗的復仇天使。她的頭盔頂端飾有蛇髮女妖「梅杜莎」的頭像，幸好是慈悲地背對著我們，因為若是我們凝視她可怕的臉孔，就一定會變成石頭！不過話說回來，「將東西變成石頭」（「將虛浮之物凝固」——「想法的具體化」，(註230)）可不正是「寶劍公主」職務內容的一部分！

「寶劍」牌組（如同「Ruach」，心智）是我們生命中一個神奇美妙的面向，因為當我們認同於「Ruach」，我們便從較低的本性「動物靈魂」（即「Nephesh」）中提昇、分離出來。然而，當我們認同於「Ruach」，卻也將自己從靈魂的更高部分，也就是比「Ruach」所能理解的更高實相、更高的意識層次隔離了。因此，「Ruach」會盡其所能，緊緊抓住我們的認同。這就是東方密契修行者為何提醒我們，心智乃是人之大敵，必須被戰勝。當這場戰役展開，「Ruach」自然會派遣它最屬害的女劍客上場——一位武士公主，展現她的主人，也就是「王牌」，內在固有但卻潛藏不露的一切，一位強大的心智戰士——女戰神米奈娃（Minerva），阿蒂密絲，華爾奇麗雅（Valkyrie）——「寶劍公主」。

灰黑色塵埃的迴旋積雲和狂烈的風暴遮暗了天空，幾乎完全壓倒、遮蔽了此一牌組原本的主色——黃與藍。

由於「公主」並未統轄黃道帶中的任何區塊，我們並沒有「寶劍公主」的名人範例。

圓盤騎士
KNIGHT OF DISKS
土中之火

獅子座二十度到處女座二十度

八月十二日到九月十一日

統轄「權杖七」、「圓盤八」、「圓盤九」

❈

原始標題 /
廣闊豐饒大地之主宰；土精靈之王；地精
（Gnomes）之王。

紋飾 /
有翼的雄鹿頭。

象徵 /
淺褐色的馬，成熟的麥田。「忱信小達人」的
六角星節杖。

髮色 /
深暗。

眼睛 /
深暗。

我正在繪製「五角星國王」。我不滿意我畫出來的東西。有人借給我一
具真正的打穀子的連枷──它是這個樣子〔手繪的連枷圖形〕，是一具
以實木製作的可愛器械。操作起來極其困難〔註231〕。

──哈利斯致克勞利，一九三九年十一月三日

在他的「騎士」兄弟之間，「圓盤騎士」是相當獨特的。他的身材看來最為短小，騎著一匹勞役馬，而非戰馬──牠似乎比較關心那片蒼翠茂密的草地，而非馱載主人。那騎士將頭盔完全掀了起來，遙遙凝望著肥沃的麥田和山丘，彷彿在思索著收割，而非戰役。他手中的連枷在草地近處擺盪，暗示著打脫麥殼，非擊打敵人；而他圓盤形的盾牌似乎可以用來充當盤子，盛裝足以餵飽一整個村子的食物。這是因為我肚子餓了，而晚餐遲遲不開飯，才編織出來的想像嗎？非也非也。克勞利寫過，「圓盤騎士」的功能「完全侷限於食物的生產。」(註232)

我確信出生於八月十二日到九月十一日之間的人，也有許多天才和智力不凡的人物，隨手列舉幾位，就有拿破崙、紅衣主教黎胥留（Cardinal Richelieu）、法王路易十四、美國前總統柯林頓、瑪丹娜，以及美國驚悚、科幻暨奇幻小說家 H·P·洛夫克拉夫特（H. P. Lovecraft）等等。不過，這張牌天生的性格，並不屬於火箭科學家。「圓盤騎士」會把鼻子貼在石磨上勤奮地工作，但對於智識上的沉思冥想，或是文化或文明較為精緻的層面並不太感興趣（也沒有多少敬意）。若是相位不佳，他甚至會以無知為美德，並且頑固地對自己的欠缺世故和敏感引以為傲。

美國邊境戰鬥英雄大衛·克洛基（Davey Crockett）、西部女神槍手安妮·歐克麗（Annie Oakley）、鄉村歌手巴克·歐文斯（Buck Owens）、波特·華歌納（Porter Wagoner）、珮西·克萊恩（Patsy Cline），以及吉姆·李維斯（Jim Reeves）全都是「圓盤騎士」。

這張牌的主色是濃褐、綠色和金黃色。

圓盤王后
QUEEN OF DISKS
土中之水

射手座二十度到魔羯座二十度
十二月十三日到一月九日
統轄「權杖十」、「圓盤二」、「圓盤三」

原始標題 /
「土之寶座」的王后；地精之后。

紋飾 /
有翼的山羊頭。

象徵 /
荒蕪不毛的大地。光線只照在她的半邊臉孔
上。飾有金球的節杖。

髮色 /
深暗。

眼睛 /
深暗。

這張牌所象徵的人物，擁有較為沉靜的特質中之最為精雅者。他們很
有雄心，但只在有用的方向[註233]。

為飢渴大地賦予生命的水。多美的概念！多美的一張塔羅牌！光是她的服裝，就值得你用放大鏡細細欣賞。

十九世紀英國小說家珍·奧斯汀，便是這張牌的理想典範，完全符合克勞利在《托特之書》中對此牌的描述。她文靜而被動──但卻是，克勞利聲稱，被動的「最高面向」[註234]。她和她筆下的許多人物，都很「沉靜、勤奮、實際、明理，並愛好家庭生活。」[註235]

然而，如同奧斯汀本人，「圓盤王后」關心的可不只是針線活和社交舞。我相信，當克勞利說以下這句話時，至少在某種層面上，有點是在戲弄我們：「他們並非知識份子，也並不特別聰明；但本能與直覺卻多過他們需要的。」[註236] 我想他下面的話比較接近實情：「因此她代表物質的雄心，去參與『創造』的偉大工作。」[註237]

花點時間想想這句話。這是一種不可忽視的力量。

「土中之水」的顯化方式非常複雜而多變，它們會反映在十分寬廣的性格光譜上：各式各樣的性格類型，都能體現「參與『創造』之偉大工作的雄心」。「圓盤王后」可以像聖女貞德那般堅強而富有魅力，或只是像「貓王」艾維斯·普里斯萊那樣迷人而多才多藝；她可以是冷酷剛硬而善於操弄的，像是亨利八世的元配凱薩琳（Catherine of Aragon）、蘇聯共黨頭子史達林、毛澤東、美國前總統尼克森；也可以是敏感而滿懷理想，像是美國前總統威爾森（Woodrow Wilson）、美國黑人科學家暨發明家喬治·華盛頓·卡佛（George Washington Carver），或是美國作家卡爾·桑德堡（Carl Sandburg）。她可能擁有本能、直覺的、高人一等的聰明才智，像是中世紀預言家諾斯特拉德馬斯（Nostradamus）、天文學家克卜勒、物理學家牛頓和史蒂芬·霍金；或是創造力的巨人，如樂聖貝多芬、《魔戒》作者托爾金，以及大導演史蒂芬·史匹柏等。

暗綠色和濃褐色是這張牌的前景之主要色調。

圓盤王子
PRINCE OF DISKS
土中之風

牡羊座二十度到金牛座二十度
四月十一日到五月十日
統轄「權杖四」、「圓盤五」、「圓盤六」

原始標題 /
「土之戰車」的王子、地精的王子和皇帝。

紋飾 /
有翼的公牛頭。

象徵 /
繁花盛開的大地。公牛。飾有圓球與十字的深
色節杖,圓球向下。

髮色 /
深褐色。

眼睛 /
深暗。

「圓盤王子」是個惡魔。我這一整個星期都在與他搏鬥,而他正在我身
上引發精神崩潰,再加上飢餓,因為他不給我時間吃東西。他是個混
帳。不過,我希望我今天已經抓住他了。他膨脹又膨脹,我無法把他裝
進畫面裡,連同你建議的那所有的農作物和公牛(註238)。

—— 哈利斯致克勞利,日期不詳

「圓盤王子」確實是個惡魔！但他又是怎樣的惡魔呀？我想，把太多個「圓盤王子」放進同一間屋子，並不是個好主意。這些傢伙會以他們「用來處理最嚴肅之實際事務的強大能量」來改變這個世界(註239)。看看以下這份短短的「圓盤王子」名單吧：羅馬皇帝馬爾庫斯‧奧列里烏斯（Marcus Aurelius）、英國文豪莎士比亞、俄國女皇凱薩琳大帝、美國開國元勛湯瑪斯‧傑佛遜、法國大革命首腦羅伯斯比（Robespierre）、美國前總統格蘭特（Ulysses S. Grant）、佛洛依德、馬克斯、列寧、希特勒、日本裕仁天皇、原子彈之父奧本海默（Oppenheimer）、美國前總統杜魯門、以色列前總理梅爾夫人，以及伊拉克獨裁者海珊。

不過，你我比較容易遇到我所謂的「花園型」的「圓盤王子」——我所說的「花園型」就是那個意思。

哈利斯夫人的「圓盤王子」，馬車上滿載著球狀的種籽，似乎隨時都會爆開，變成植物。他是個很酷的人物。畫面中的他雙眼閉合，如同在冥想般，彷彿正在以念力指揮這整個宇宙孵育中的豐饒多產。他是物質界的掌控者的化身。他或許看似有點乏味而冷漠，其實不然。他只是不勢利，也不想理會被他視為不實際的事物。他是個終極的巧手匠。

克勞利確認了這種評價，告訴我們，「他能幹稱職、心靈手巧、體貼周到、小心謹慎、值得信賴、冷靜沉著，不斷在為普通的事物尋找新的用途。」(註240)

這是「圓盤」牌組中顏色最為暗沉的一張牌，充滿濃褐色與黑色。

圓盤公主
PRINCESS OF DISKS
土中之土

偕同「圓盤王牌」,
統轄著北極之上的「牡羊座/金牛座/雙子座」之天界象限,
以及歐洲和非洲地區。

原始標題 /
回聲山丘的公主、「土之宮殿」的薔薇、地精的
公主和皇后。「圓盤王牌」之寶座。

紋飾 /
有翼的牡羊頭。

象徵 /
草,花,樹叢。飾有圓盤的節杖。圓盤與其他
牌中相同。

髮色 /
濃褐色。

眼睛 /
深暗。

這位公主目前正在建構中。我希望她不會堅持要身懷六甲,但她就是要,
所以我就隨她去了。她絮絮叨叨地對我說,她都被混淆為聖處女瑪麗亞了
〔註241〕。

——哈利斯致克勞利,一九四二年十二月十一日

我們並不確切知道，在托特塔羅中，哈利斯夫人最後繪製的是哪一張牌，但是上面這張便條的日期，透露她是在整個工作接近尾聲時繪製「圓盤公主」的。如果哈利斯是以這張牌爲托特塔羅收尾，她確實是將最好的留在最後。在我看來，「圓盤公主」是整副托特塔羅中，最美麗的女性人物。「她既堅強，又美麗，」克勞利也確認，「帶著一種深思的表情，彷彿正要察覺某種祕密的驚奇。」[註242] 老實說（有點不好意思），我深深地（也極爲無望地）愛戀著她。不過，我也不是唯一對她神聖的形象懷有純情傾慕的人。我的同儕中，許多人的客廳牆上都掛著這張牌的放大海報，而它也是整副牌中最常被複製的一張。

現在我要請讀者回想我們在第十一章中討論過的喀巴拉童話，想起這位「公主」同時傳達「高中之高」和「低中之低」之精髓的重要性。作爲「土中之土」，她是最低的牌組中最低的一張宮廷牌。她是終極的公主。她不僅蘊含著「圓盤」牌組的「高中之高」和「低中之低」（以及這中間的一切），更蘊含著所有牌組的「高中之高」和「低中之低」（以及這中間的一切）。她是「Malkuth」中的「Malkuth」，在她體內載孕著一切可能的可能性之潛能，以及延續宇宙之生命的關鍵。

作爲穀神狄米特的女祭司，她自大地中現身，從她的榮光中升起，在一片荒蕪垂死的樹林中，建立起她的聖壇；而她豐饒的存在，將令這些樹木回復青翠的生氣。她的魔杖尖端鑲著鑽石，象徵「Kether」的精髓，也就是「高中之高」，而它四面體的形狀，則是一切碳基生命的基本結構。她身披一襲寬大的斗蓬，看來像是動物的毛皮，頭冠上則裝飾著公羊的頭和角。她的圓盤是一顆巨大的種籽，由三十六個區塊構成，或許暗示著接下來的三十六張塔羅小牌之源頭。種籽中央的胚芽，則是中國的太極陰陽符號。暗黃色與褐色令這張牌散發出一種溫暖、幾乎潮濕的氛圍。再結合紋理分明的灰色，令這張牌幾乎觸手便能感覺得到。

這種種喀巴拉宇宙論和埃猶西尼亞（Eleusinian）神話都很美妙，但是克勞利在我們討論宮廷牌之初便告訴我們：「這些牌以一種粗略的、經驗上的方式，頗適於描述形形色色的男男女女。」[註243] 在塔羅占卜中，「圓盤公主」代表何種類型的人？由於她擁有無限的潛能，克勞利寫道，她可能具有「令人迷惑的反覆無常」的名聲[註244]。他以樂透彩券為例，無論某個特定的號碼過去開出過多少次，未來每次開獎開出這個數字的機率，仍是一樣的。在男性沙文主義的舊時代，此種特質或許會被總結為有點性別歧視的詞語——「女性的特權」（woman's prerogative）。當克勞利寫出「圓盤公主」代表「女性的終極投射」[註245] 時，這或許便是他的出發點。

當克勞利在《托特之書》中為這張牌的評論收尾時，他彷彿像是在為整本書作結語。在某方面，他的確是的，因為「圓盤公主」在許多方面都是最後一張塔羅牌。在此我也想借用他精彩的祝願，結束我們對宮廷牌的討論：

> 讓這篇文章——以及這本「塔胡提之書」、這部在每一頁都導引人們穿越一切時間，引領他通往「永恆」的活生生的寶典——的每位學習者，都將這最簡單、最深遠的教旨牢記在心，點燃他生命的最深邃處。願他也能在探索過宇宙的每個幽密處之後，在其中找到真理之光，從而獲致對「神聖守護天使」的認知與對話，並完成那「偉大的工作」，臻於至善，獲得真正的智慧和完美的幸福[註236]。

數字牌

THE SMALL CARDS

堅持一下。這比你想得要容易！﹝註247﹞。

現在我們要將注意力轉移到三十六張數字牌。在古早的塔羅牌中，這些牌被稱爲「皮普」（pips），這個字的原意是蘋果或梨子的小籽，衍伸爲骰子或紙牌上的點。「皮普」牌的設計多半是以簡單幾何圖形排列的「權杖」、「聖杯」、「寶劍」，和「圓盤」，很少有比這更複雜的。牌的數字有時會印在牌面的角落，很類似現代的遊戲紙牌。這種做法，在「金色黎明會」對入門者傳授的祕密圖像面世、以及由亞瑟·愛德華·韋特設計（由潘蜜拉·柯爾曼·史密斯繪製）的「萊德牌」出版之後，便戲劇化地改變了。突然間，小牌擁有了鮮明的圖像，能如大阿卡納一般引發感覺與情緒。

「金色黎明」的圖像與「韋特／史密斯」的版本有很大的不同。韋特本身是「金色黎明會」中很有影響力的成員，他覺得自己必須遵守該會保密的誓言，不得向世人揭露塔羅的確切圖像和祕傳的意義。他和史密斯合作的塔羅牌，目的是要作爲介紹這些奧祕的載具，而非揭露它們。他們確實成功了。我們很難以這副牌爲中心，發展出一套複雜且過於玄奧的教義，爲此我必須承認韋特在遵守誓言上做得很好。

我不確定的是，他是否預見到經過漫長的歲月，這副牌會如此大爲風行，其圖像會衍生出一套屬於它自己的、自我參照，且全然可行的占卜機制。換句話說，「韋特／史密斯」牌或許並不是完美的喀巴拉塔羅，但卻是完美的它自己（無論它是什麼）。

小牌的配方
RECIPE FOR THE SMALL CARDS

托特塔羅的數字牌，係以「金色黎明」的模型作爲基本的規範。當我們思考這些牌時，首先會遇到的問題是它們的標題和意義。「聖杯二」

為什麼叫做「愛」，而「聖杯七」卻是「沉淪」？為什麼「權杖十」是「壓迫」，而「圓盤十」卻是「財富」？為何「寶劍」牌組有那麼多可怕的牌？

答案是一道簡單的公式，包含了兩項喀巴拉因素和兩項占星因素。這個公式是：

$$(n \text{ of } s) + (p \text{ in } zs) = sc$$

$$(\text{Number of Suit}) + (\text{Planet in Zodiac Sign}) = \text{Small Card}$$

$$(\text{牌組的數字}) + (\text{黃道星座中的行星}) = 小牌$$

在第九章中，我們已經介紹過關於十個「薩弗洛斯」、「YHVH」，以及四個喀巴拉世界的基本概念。現在讓我們看看占星上的因素。

讓我們先從黃道的十二星座開始，以及它們劃分為「三方」(triplicities) 和「四正」(quadruplicities) 的兩種分組。

黃道的「三方」
TRIPLICITIES OF THE ZODIAC

黃道的十二星座，根據其所屬的元素，可分為四個群組，每組各有三個星座（見表九，第303頁）。每個塔羅牌組被分配給其中的一組，如下：

權杖：火象星座（牡羊、獅子、射手）
聖杯：水象星座（巨蟹、天蠍、雙魚）
寶劍：風象星座（天秤、水瓶、雙子）
圓盤：土象星座（魔羯、金牛、處女）

黃道的「四正」
QUADRUPLICITIES OF THE ZODIAC

黃道的十二星座，根據其模式（modes）類型，可分為三個群組，每組各有四個星座（見表十，第303頁）。每個塔羅牌組的九張小牌分為三組，各被分配給其中的一組，如下：

二號牌、三號牌、四號牌：本位星座（牡羊、巨蟹、天秤、魔羯）

五號牌、六號牌、七號牌：固定星座（獅子、天蠍、水瓶、金牛）

八號牌、九號牌、十號牌：變動星座（射手、雙魚、雙子、處女）

當我們將黃道十二星座按照順序一字排開，就會看見小牌從二號到十號依序排列，重複四輪（見表十一，第304頁）。每張小牌代表黃道的一「旬」（decan），也就是十度，大約相當於一年中的十天（見表十二，第304頁）。

現在，讓我們將注意力轉移到「行星」上。

表9 小牌牌組、黃道星座與元素
Small Cards Suits, Zodiac Signs and Elements

小牌依其牌組所屬的元素，被分配給黃道的各個星座
（權杖為火象星座：聖杯為水象星座：寶劍為風象星座：圓盤為土象星座）

權杖（WANDS）
權杖牌被分給三個火象星座
（牡羊座、獅子座、射手座）

♈ 牡羊座 火象星座	♌ 獅子座 火象星座	♐ 射手座 火象星座

聖杯（CUPS）
聖杯牌被分派給三個水象星座
（巨蟹座、天蠍座、雙魚座）

♋ 巨蟹座 水象星座	♏ 天蠍座 水象星座	♓ 雙魚座 水象星座

寶劍（SWORDS）
寶劍牌被分派給三個風象星座
（天秤座、水瓶座、雙子座）

♎ 天秤座 風象星座	♒ 水瓶座 風象星座	♊ 雙子座 風象星座

圓盤（DISKS）
圓盤牌被分派給三個土象星座
（魔羯座、金牛座、處女座）

♑ 魔羯座 土象星座	♉ 金牛座 土象星座	♍ 處女座 土象星座

表10 本位星座、固定星座與變動星座
Cardinal Signs, Fixed Signs, and Mutable Signs

每個牌組的二三四號牌代表本位星座：五六七號牌代表固定星座：八九十號牌代表變動星座

本位星座（CARDINAL SIGNS）
（牡羊座、巨蟹座、天秤座、魔羯座）

♈ 牡羊座 本位火象	♋ 巨蟹座 本位水象	♎ 天秤座 本位風象	♑ 魔羯座 本位土象
2 3 4	2 3 4	2 3 4	2 3 4
屬於 權杖牌組	屬於 聖杯牌組	屬於 寶劍牌組	屬於 圓盤牌組

固定星座（FIXED SIGNS）
（獅子座、天蠍座、水瓶座、金牛座）

♌ 獅子座 固定火象	♏ 天蠍座 固定水象	♒ 水瓶座 固定風象	♉ 金牛座 固定土象
5 6 7	5 6 7	5 6 7	5 6 7
屬於 權杖牌組	屬於 聖杯牌組	屬於 寶劍牌組	屬於 圓盤牌組

變動星座（MUTABLE SIGNS）
（射手座、雙魚座、雙子座、處女座）

♐ 射手座 變動火象	♓ 雙魚座 變動水象	♊ 雙子座 變動風象	♍ 處女座 變動土象
8 9 10	8 9 10	8 9 10	8 9 10
屬於 權杖牌組	屬於 聖杯牌組	屬於 寶劍牌組	屬於 圓盤牌組

表11　小牌二到十號重複四輪的模式

Small Cards in Four Repeating Patterns of 2 Through 10

當我們將十二星座依序排列，就會看見小牌以二到十號重複四輪的模式排序

♈ 牡羊座 本位火象			♉ 金牛座 固定土象			♊ 雙子座 變動風象			♋ 巨蟹座 本位水象		
2	3	4	5	6	7	8	9	10	2	3	4
屬於 權杖牌組			屬於 圓盤牌組			屬於 寶劍牌組			屬於 聖杯牌組		

♌ 獅子座 固定火象			♍ 處女座 變動土象			♎ 天秤座 本位風象			♏ 天蠍座 固定水象		
5	6	7	8	9	10	2	3	4	5	6	7
屬於 權杖牌組			屬於 圓盤牌組			屬於 寶劍牌組			屬於 聖杯牌組		

♐ 射手座 變動火象			♑ 魔羯座 本位土象			♒ 水瓶座 固定風象			♓ 雙魚座 變動水象		
8	9	10	2	3	4	5	6	7	8	9	10
屬於 權杖牌組			屬於 圓盤牌組			屬於 寶劍牌組			屬於 聖杯牌組		

表12　小牌在黃道年度的遞移

Progression of the Small Cards Through the Zodiacal Year

每張小牌代表黃道帶的一旬（十度），大約相當於一年中的十天

♈ 牡羊座 本位火象			♉ 金牛座 固定土象			♊ 雙子座 變動風象			♋ 巨蟹座 本位水象		
權杖			圓盤			寶劍			聖杯		
2	3	4	5	6	7	8	9	10	2	3	4
0°-10°	10°-20°	20°-30°	0°-10°	10°-20°	20°-30°	0°-10°	10°-20°	20°-30°	0°-10°	10°-20°	20°-30°
3/21-3/30	3/31-4/10	4/11-4/20	4/21-4/30	5/1-5/10	5/11-5/20	5/21-5/31	6/1-6/10	6/11-6/20	6/21-7/1	7/2-7/11	7/12-7/21

♌ 獅子座 固定火象			♍ 處女座 變動土象			♎ 天秤座 本位風象			♏ 天蠍座 固定水象		
權杖			圓盤			寶劍			聖杯		
5	6	7	8	9	10	2	3	4	5	6	7
0°-10°	10°-20°	20°-30°	0°-10°	10°-20°	20°-30°	0°-10°	10°-20°	20°-30°	0°-10°	10°-20°	20°-30°
7/22-8/1	8/2-8/11	8/12-8/22	8/23-9/1	9/2-9/11	9/12-9/22	9/23-10/2	10/3-10/12	10/13-10/22	10/23-11/1	11/2-11/12	11/13-11/22

♐ 射手座 變動火象			♑ 魔羯座 本位土象			♒ 水瓶座 固定風象			♓ 雙魚座 變動水象		
權杖			圓盤			寶劍			聖杯		
8	9	10	2	3	4	5	6	7	8	9	10
0°-10°	10°-20°	20°-30°	0°-10°	10°-20°	20°-30°	0°-10°	10°-20°	20°-30°	0°-10°	10°-20°	20°-30°
11/23-12/2	12/3-12/12	12/13-12/21	12/22-12/30	12/31-1/9	1/10-1/19	1/20-1/29	1/30-2/8	2/9-2/18	2/19-2/28	3/1-3/10	3/11-3/20

表13　行星與小牌的對應關係

Assignment of the Planets to the Small Cards

始自獅子座零度，七顆傳統的「行星」依下列順序重複分配給各張小牌：土星、木星、火星、太陽、金星、水星、月亮

這是「生命之樹」上行星領域的遞降順序

在冬春交接之處，火星重複了一次——賦予克服冬季的額外能量

♈ 牡羊座 本位火象			♉ 金牛座 固定土象			♊ 雙子座 變動風象			♋ 巨蟹座 本位水象		
權杖			圓盤			寶劍			聖杯		
2	3	4	5	6	7	8	9	10	2	3	4
0°-10°	10°-20°	20°-30°	0°-10°	10°-20°	20°-30°	0°-10°	10°-20°	20°-30°	0°-10°	10°-20°	20°-30°
3/21-3/30	3/31-4/10	4/11-4/20	4/21-4/30	5/1-5/10	5/11-5/20	5/21-5/31	6/1-6/10	6/11-6/20	6/21-7/1	7/2-7/11	7/12-7/21
♂	☉	♀	☿	☽	♄	♃	♂	☉	♀	☿	☽

♌ 獅子座 固定火象			♍ 處女座 變動土象			♎ 天秤座 本位風象			♏ 天蠍座 固定水象		
權杖			圓盤			寶劍			聖杯		
5	6	7	8	9	10	2	3	4	5	6	7
0°-10°	10°-20°	20°-30°	0°-10°	10°-20°	20°-30°	0°-10°	10°-20°	20°-30°	0°-10°	10°-20°	20°-30°
7/22-8/1	8/2-8/11	8/12-8/22	8/23-9/1	9/2-9/11	9/12-9/22	9/23-10/2	10/3-10/12	10/13-10/22	10/23-11/1	11/2-11/12	11/13-11/22
♄	♃	♂	☉	♀	☿	☽	♄	♃	♂	☉	♀

♐ 射手座 變動火象			♑ 魔羯座 本位土象			♒ 水瓶座 固定風象			♓ 雙魚座 變動水象		
權杖			圓盤			寶劍			聖杯		
8	9	10	2	3	4	5	6	7	8	9	10
0°-10°	10°-20°	20°-30°	0°-10°	10°-20°	20°-30°	0°-10°	10°-20°	20°-30°	0°-10°	10°-20°	20°-30°
11/23-12/2	12/3-12/12	12/13-12/21	12/22-12/30	12/31-1/9	1/10-1/19	1/20-1/29	1/30-2/8	2/9-2/18	2/19-2/28	3/1-3/10	3/11-3/20
☿	☽	♄	♃	♂	☉	♀	☿	☽	♄	♃	♂

表14　宮廷牌與小牌的統轄關係
The Court Cards Rule the Small Cards

宮廷牌中的十二張牌「統轄」署小牌

每張「騎士」、「王后」和「王子」牌各自「統轄」著某個星座的二十度到下一個星座的二十度

星座（元素）	度數	日期	行星	小牌	宮廷牌
牡羊座 本位火象	0–10	3/21–3/30	♂	權杖2	權杖王后
牡羊座 本位火象	10–20	3/31–4/10	☉	權杖3	權杖王后
牡羊座 本位火象	20–30	4/11–4/20	♀	權杖4	圓盤王子
金牛座 固定土象	0–10	4/21–4/30	☿	圓盤5	圓盤王子
金牛座 固定土象	10–20	5/1–5/10	☽	圓盤6	圓盤王子
金牛座 固定土象	20–30	5/11–5/20	♄	圓盤7	寶劍騎士
雙子座 變動風象	0–10	5/21–5/31	♃	寶劍8	寶劍騎士
雙子座 變動風象	10–20	6/1–6/10	♂	寶劍9	寶劍騎士
雙子座 變動風象	20–30	6/11–6/20	☉	寶劍10	聖杯王后
巨蟹座 本位水象	0–10	6/21–7/1	♀	聖杯2	聖杯王后
巨蟹座 本位水象	10–20	7/2–7/11	☿	聖杯3	聖杯王后
巨蟹座 本位水象	20–30	7/12–7/21	☽	聖杯4	權杖王子
獅子座 固定火象	0–10	7/22–8/1	♄	權杖5	權杖王子
獅子座 固定火象	10–20	8/2–8/11	♃	權杖6	權杖王子
獅子座 固定火象	20–30	8/12–8/22	♂	權杖7	圓盤騎士
處女座 變動土象	0–10	8/23–9/1	☉	圓盤8	圓盤騎士
處女座 變動土象	10–20	9/2–9/11	♀	圓盤9	圓盤騎士
處女座 變動土象	20–30	9/12–9/22	☿	圓盤10	寶劍王后
天秤座 本位風象	0–10	9/23–10/2	☽	寶劍2	寶劍王后
天秤座 本位風象	10–20	10/3–10/12	♄	寶劍3	寶劍王后
天秤座 本位風象	20–30	10/13–10/22	♃	寶劍4	聖杯王子
天蠍座 固定水象	0–10	10/23–11/1	♂	聖杯5	聖杯王子
天蠍座 固定水象	10–20	11/2–11/12	☉	聖杯6	聖杯王子
天蠍座 固定水象	20–30	11/13–11/22	♀	聖杯7	權杖騎士
射手座 變動火象	0–10	11/23–12/2	☿	權杖8	權杖騎士
射手座 變動火象	10–20	12/3–12/12	☽	權杖9	權杖騎士
射手座 變動火象	20–30	12/13–12/21	♄	權杖10	圓盤王后
魔羯座 本位土象	0–10	12/22–12/30	♃	圓盤2	圓盤王后
魔羯座 本位土象	10–20	12/31–1/9	♂	圓盤3	圓盤王后
魔羯座 本位土象	20–30	1/10–1/19	☉	圓盤4	寶劍王子
水瓶座 固定風象	0–10	1/20–1/29	♀	寶劍5	寶劍王子
水瓶座 固定風象	10–20	1/30–2/8	☿	寶劍6	寶劍王子
水瓶座 固定風象	20–30	2/9–2/18	☽	寶劍7	聖杯騎士
雙魚座 變動水象	0–10	2/19–2/28	♄	聖杯8	聖杯騎士
雙魚座 變動水象	10–20	3/1–3/10	♃	聖杯9	聖杯騎士
雙魚座 變動水象	20–30	3/11–3/20	♂	聖杯10	權杖王后

表15　公主牌：王牌的寶座暨空間象限的統轄者
Princesses: Thrones of the Aces and Rulers of Quadrants of Space

圓盤公主　Princess of Disks
圓盤王牌的寶座　統轄北極之上的「牡羊/金牛/雙子」象限

星座（牌組）	小牌	宮廷牌
牡羊座　權杖	權杖2・3・4	圓盤王子
金牛座　圓盤	圓盤5・6・7	圓盤王子
雙子座　寶劍	寶劍8・9・10	寶劍騎士

權杖公主　Princess of Wands
權杖王牌的寶座　統轄北極之上的「巨蟹/獅子/處女」象限

星座（牌組）	小牌	宮廷牌
巨蟹座　聖杯	聖杯2・3・4	聖杯王后
獅子座　權杖	權杖5・6・7	權杖王子
處女座　圓盤	圓盤8・9・10	圓盤騎士

聖杯公主　Princess o Cups
聖杯王牌的寶座　統轄北極之上的「天秤/天蠍/射手」象限

星座（牌組）	小牌	宮廷牌
天秤座　寶劍	寶劍2・3・4	寶劍王后
天蠍座　聖杯	聖杯5・6・7	聖杯王子
射手座　權杖	權杖8・9・10	權杖騎士

寶劍公主　Princess of Swords
寶劍王牌的寶座　統轄北極之上的「魔羯/水瓶/雙魚」象限

星座（牌組）	小牌	宮廷牌
魔羯座　圓盤	圓盤2・3・4	圓盤王后
水瓶座　寶劍	寶劍5・6・7	寶劍王子
雙魚座　聖杯	聖杯8・9・10	聖杯騎士

行星
THE PLANETS

「行星」係以下面的順序，從獅子座零度開始重複排列：

土星

木星

火星

太陽

金星

水星

月亮

這是「生命之樹」上，以下降順序排列的行星領域（見表十三，第304頁）[註248]。

就占星而言，黃道星座與行星之間，存在著一種有趣的共生關係。首先每顆行星都「守護」（rule）著（將其性質及特性賦予）一個或多個黃道星座。（例如：好戰而火熱的火星，守護著富侵略性的牡羊座，以及熱情如火的天蠍座）其次，某個特定行星會在黃道的某個星座中「廟旺」（exalt），彷彿是一位尊榮的貴客，受到極大的關注和偏愛。（例如：太陽廟旺於牡羊座——春天的公羊歡迎太陽從寒冬的黑暗中回返）

由於行星在三十六張小牌中輪流被分派給黃道的十二星座，必然會有某些行星在它們的星座之家中如魚得水，而某些星座也很樂意接待它們的行星。相反地，有些行星在它們的星座之家中卻是寢食難安，而有些星座也同樣不樂於接待它們的行星。占星相位的和諧與否，乃是決定某張小牌特有意義的主要因素。研讀一本好的占星書，將個別小牌的相位特質，與命盤中擁有同樣星座相位之人的性格描述做個比較，是十分有趣的。

有個完美的例子是「聖杯七」。在托特塔羅中，它的標題是「沉淪」（Debauch）。它是金星在天蠍座。金星在天蠍的位置並非上佳，占星家瓊·奎格利（Joan Quiqley）如此描述此一相位：

> 金星在天蠍的一般類型會毫無節制地揮霍浪費，常會墮落或喝醉。關於性事，大多數人會過度為之[註249]。

對於一張以「虛幻成功之主」（Lord of Illusionary Success）為傳統標題，而克勞利則直接稱之為「沉淪」的塔羅牌，這是多麼完美的描述啊！

好消息與壞消息
GOOD NEWS / BAD NEWS

現在我們可以將占星的因素，搭配上我們學過的關於「生命之樹」和四個喀巴拉世界的知識，開始整理出每張小牌的特性。遺憾的是，公式雖然十分簡單，解讀、詮釋卻相當複雜。事實上，它很像是一句以「我有好消息，也有壞消息」開場的玩笑話。

以「圓盤七」，「失敗」為例：

- 好消息是，我們有土星在金牛座。土星在金牛座可算是如魚得水。這是我們想像得到的、行星與星座之間最為穩定的組合之一。

- 壞消息是，土星和金牛發現它們置身於第七個薩弗拉「Netzach」，而「Netzach」則在「生命之樹」上佔據了一個極不穩定的位置。

另一方面：

- 好消息是，「Netzach」是金星的領域，而金星是金牛座的守護星。

- 壞消息是，這一切都發生在「Assiah」，喀巴拉四世界中最低的一個。它是一種如此「土氣」（earthy）的環境，可憐的維納斯（金星）從她慣坐的天界寶座中被撞了下來。不只如此，這還發生在「生命樹」上如此低下的位置，這份壞消息被放大到災難性的程度，好消息已不足以發揮任何作用……所以我們就有了「失敗」。

或者我們再來看看「寶劍九」，「殘虐」：

- 好消息是，我們發現自己置身於非常穩定的第九個薩弗拉，「Yesod」。

- 壞消息是，「寶劍」掌管心智與理性。「Yesod」在「生命之樹」上的位置是如此低下，一切良好的智性都墮落爲冷酷的激情。

另一方面：

- 好消息是，我們擁有非常活躍的火星，位在非常活躍的雙子座。

- 壞消息是，火星和雙子對於該如何表現活躍，意見並不一致。火星是有焦點有方向的，以戰士的正面衝刺來展開攻勢；另一方面，雙子座則是游擊式的，在四處飛掠時運作得最好。這對火星而言是很令人洩氣的，現在由於他完全不受思維和理智的束縛，變得徹底地卑鄙了。這下好啦！「殘虐」！

在本章中，我會簡要地一一討論這三十六張小牌。如同先前，我會毫不遲疑地大量引用《托特之書》。然而，儘管我極度尊重克勞利的才識（以及鄙人在下的陋見），我還是要鼓勵諸君自行運用（n of s）＋（p in zs）＝ sc 這個公式，來建構屬於你自己的、更爲創新的小牌意義。你對喀巴拉和占星學瞭解越多，你對這些牌的理解就會越益深刻。開始吧！這比你想得要容易！

權杖二 / 統御
TWO OF WANDS
DOMINION

（火星在牡羊座）
牡羊座零度到十度
三月二十一日到三月三十日

原始標題 /
統御之主（Lord of Dominion）。

「金色黎明」模型 /
一隻手從雲中伸出，握著兩柄交叉的權杖。權杖交會處冒出火焰。

「Chokmah」之國王層級的色彩 /
柔和的純藍色。

火星之四種層級的色彩 /
猩紅、紅、威尼斯紅、泛蔚藍，或翠綠光的亮紅色。

牡羊座之四種層級的色彩 /
猩紅、紅、鮮豔的火焰色、灼熱的紅色。

公式 /
原型之界（Atziluth）的二號薩弗拉（Chokmah）＋火星在牡羊座＝統御。

　　依循「金色黎明」宗師馬瑟斯的基本設計，「權杖二」展現色彩層級的教科書應用——在火星的紅色、天藍，和翡翠綠的爆炸性背景上，呈現了各式各樣的「牡羊紅」。

這些色彩以毫不含混的語彙告訴我們，火星在牡羊座是十分開心的，而牡羊座也樂於扮演火星的東道主。

克勞利評論道，這種在「Chokmah」（元素在此首次顯化）之中的堅強星相聯盟，令「權杖二」成為「最佳及最高形式之火」[註250]，代表他所謂的「最崇高形式的意志……理想的意志，獨立於任何特定的目標。」[註251]

那權杖是西藏的金剛橛，一端現金剛怒目相[註252]。就像宙斯的雷電，它代表受導引的神力，並且是天神毀滅的器械；而創造的循環，出於必要，必須以毀滅作為前導。

「處女之卵，」克勞利論道：「必須被突破，才能為之授精。」[註253]金剛橛後方迸發的六道火焰，則是暗示太陽[註254]，它在牡羊座廟旺，在此十分得其所哉。

關於此牌在占卜上的一般意義，請見第二十章。

權杖三 / 美德
THREE OF WANDS
VIRTUE

（太陽在牡羊座）
牡羊座十度到二十度
三月三十一日到四月十日

原始標題 /
已確立的力量之主（Lord of Established Strength）。

「金色黎明」模型 /
一隻手（如「權杖二」）從雲中伸出，握著三柄權杖的中央（兩柄交叉，第三柄直立）。權杖交會處冒出火焰。

「Chokmah」之國王層級的色彩 /
緋紅色。

太陽之四種層級的色彩 /
橘色、金黃、濃琥珀色、泛紅光的琥珀色。

牡羊座之四種層級的色彩 /
猩紅、正紅、鮮豔的火焰色、灼熱的紅色。

公式 /
原型之界（Atziluth）的三號薩弗拉（Binah）＋太陽在牡羊座＝美德

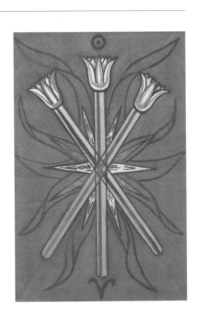

　　就圖像而言，此牌是整副托特塔羅中最簡單的幾張牌之一，而且緊密依循著「金色黎明」的模型。哈利斯夫人巧妙地運用了相關色彩層級中的十種顏色，在明亮火焰的橘紅背景上，以猩紅色描邊，呈現出三柄金色／琥珀色的蓮花權杖。其效果不僅是光燦，而且散發出強大的熱

度。它代表首先在春天穿透土壤、喚醒沉睡一整個冬季的種籽之原初太陽能量。

在王牌和二號牌之外（也就是代表「生命之樹」上，「天界三角」的另外兩張牌），克勞利對所有的三號牌也都抱持特殊的敬意。王牌是其元素及牌組未曾顯化的根，二號牌則是其元素及牌組顯化而成的概念。然而在三號牌，克勞利論道：「這概念被授了精；此一『三角』得以成形。在每張三號牌中，這概念都擁有某種穩定性，永遠不會被傾覆，但卻會從中滋生孩兒。」（註255）在塔羅中，那孩兒就是其餘的小牌──四到十號牌。

這是一張多麼高貴而格局佳美的牌呀！太陽位在牡羊，它所廟旺的星座，最是如魚得水不過。此外，這種和諧而充滿能量的聯盟，發生在第三個薩弗拉「Binah」中，又為此組合增添了崇高的理解。我們在「權杖二」中見到的偉大力量（以及運用這份力量的意志），現在得到了滋養，表現為性格，成為「美德」。

關於此牌在占卜上的一般意義，請見第二十章。

權杖四 / 完成
FOUR OF WANDS
COMPLETION

（金星在牡羊座）
牡羊座二十度到三十度
四月十一日到四月二十日

※

原始標題 /
臻於完美的工作之主（Lord of Perfected
Work）。

「金色黎明」模型 /
兩隻手自牌面左右從雲中伸出，以「第一會」
（the First Order）的手勢在中央交握，手中
握著四柄交叉的權杖或火炬。權杖交會處冒
出火焰。

「Chokmah」之國王層級的色彩 /
深紫羅蘭色。

金星之四種層級的色彩 /
翠綠、天藍、早春綠、泛淺綠光之鮮亮玫瑰
色，或櫻桃色。

牡羊座之四種層級的色彩 /
紅、正紅、鮮豔的火焰色、灼熱的紅色。

公式 /
原型之界（Atziluth）的四號薩弗拉
（Chesed）＋金星在牡羊座＝完成

如我們在第十號大阿卡納「命運」中討論過，在第四個薩弗拉
「Chesed」中，萬物的「屬性」（gunas）開始轉動。因此，即使完全偏離
了「金色黎明」的模型，哈利斯夫人將四柄權杖轉化為「完成之輪」的八

條軸輻，創造出一個迴旋的轉輪。每柄權杖都是均衡的，金星（維納斯）的鴿子和由火星守護的牡羊在兩端完美地配對著。

克勞利指出，金星在牡羊座意味著「行事若不機敏、得體而溫文有禮，便無法建立事功」。[註256]哈利斯夫人忽略了「Chesed」的深紫羅蘭色，而聚焦於金星和牡羊座的各種綠色與紅色。

「Chesed」是第四個薩弗拉，但卻是位於「深淵」之下的第一個。因此塔羅的四號牌，代表其牌組首次具體的顯化。這是「造物主」（Demiurge）的典型特徵——如我們在第八章中學到的，這位神祇，在一切表象上，都是自身宇宙的創造者和首席大佬：但事實上，祂只是第四號人物，而完全無覺於在祂之前的三位抽象要角（神祇）。

古希臘的宙斯、古埃及的阿蒙、羅馬的朱庇特及裘夫，和耶和華都是「造物主」的經典範例。祂們認為自己是神，但其實只是創造祂們的無形原初力量之有形顯現。儘管如此，「造物主」仍為宇宙帶來了秩序與法規，這也是所有四號牌的共通特徵。

關於此牌在占卜上的一般意義，請見第二十章。

權杖五 / 競爭
FIVE OF WANDS
STRIFE

（土星在獅子座）
獅子座零度到十度
七月二十二日到八月一日

原始標題 /
競爭之主（Lord of Strife）。

「金色黎明」模型 /
兩隻手（分別由牌面兩側）從雲中伸出，以「第一會」的手勢在中央交握。它們握著四柄權杖，兩兩交叉。第三隻手從牌面下方的雲中伸出，握著一柄直立的權杖，穿過其餘四柄。權杖交會處閃動著火焰。

「Chokmah」之國王層級的色彩 /
橘色。

土星之四種層級的色彩 /
靛藍、黑色、藍黑、泛藍光的黑色。

獅子座之四種層級的色彩 /
黃色（泛綠）、深紫、灰色、泛紅的琥珀色。

公式 /
原型之界（Atziluth）的五號薩弗拉（Geburah）＋土星在獅子座＝競爭

　　在《托特之書》中，克勞利對「權杖五」的討論，是這個牌組的所有小牌中篇幅最長的。這會不會是因為此牌代表獅子座的第一旬（十度），而這恰好是克勞利占星命盤的上升星座之所在？克勞利強烈地認同於

獅子座，他甚至以獅子座的占星符號來取代他的簽名中「Aleister」的「A」。

這是整副托特塔羅中，克勞利唯一留下個人印記的三張牌之一。如果我們細看牌面中央的大型「宗師之杖」（Chief Adept's wand）頂端有翼太陽圓盤的球面，就會在「巴巴隆」的七芒星上，看見克勞利的個人魔法紋章「野獸印記」。

這個符號在「圓盤王牌」和「權杖王子」中也曾出現，前者是傳統上最常帶有創作者印記的牌之一，後者則管轄克勞利上升星座所在的三十度區間。

如同克勞利本人，這張牌是一種深度矛盾的狂野組合：火象的獅子在熱烈的「Geburah」中是夠快樂了，而「Geburah」暗示著行動，並爲力量和活動提供了環境。另一方面，土星卻對這一切構成了一種沉重、且持續的對抗。這張牌所描繪的局面是火熱、增壓的岩漿，掙扎著要來到火山的表面，但卻受挫於火山本身的重量。

關於此牌在占卜上的一般意義，請見第二十章。

權杖六 / 致勝
SIX OF WANDS
VICTORY

（木星在獅子座）
獅子座十度到二十度
八月二日到八月十一日

原始標題 /
致勝之主（Lord of Victory）。

「金色黎明」模型 /
兩隻手自牌面左右從雲中伸出，以「第一會」
的手勢在中央交握。它們握著六柄權杖，三柄
三柄交叉。權杖交會處冒出火焰。

「Tiphareth」之國王層級的色彩 /
清透的粉紅玫瑰色。

木星之四種層級的色彩 /
紫羅蘭、藍色、濃紫色、泛黃綠光的亮藍色。

獅子座之四種層級的色彩 /
黃色（泛綠）、深紫、灰色、泛紅的琥珀色。

公式 /
原型之界（Atziluth）的六號薩弗拉（Ti-
phareth）＋木星在獅子座＝致勝

　　「權杖六」的標題是「致勝」、「聖杯六」是「享樂」、「寶劍六」是
「科學」，而「圓盤六」則是「成功」。所有的六號牌都是很棒的牌。何以
如此？這四張六號牌很特別嗎？一點也沒錯！

在「生命之樹」上，「Tiphareth」是「Kether」的直接反映。它是父親的兒子。它完全均衡，上下左右皆然。它是我們靈體的心核（heart center），是我們靈魂中的智性「Ruach」。它像中央的「太陽王」般治理天下，為眾行星之領域所拱繞：「Chesed」（木星）、「Geburah」（火星）、「Netzach」（金星）、「Hod」（水星）、「Yesod」（月亮），甚至「Binah」（土星）。因此，無論牌的行星與星座之間的關係是多麼不相容，如果它是六號牌，我們就是處於「Tiphareth」，而如果我們處於「Tiphareth」，看起來就還不錯。

就「權杖六」而言，我們受到雙倍的賜福：擴張、歡樂而慷慨的木星，與由太陽守護的、強有力的獅子，快樂地結合、融於一爐。這就是意氣風發的「致勝」之處方。

這張牌之於「金色黎明」模型，是種相對忠實的版本。牌中的權杖較為繁複精緻，描繪著幾種「金色黎明」執事所使用的法杖。中央兩柄權杖頂端裝飾著有翼的太陽圓盤，是為「宗師之杖」；另外兩種，則顯然是「鳳凰杖」和「蓮花杖」。

關於此牌在占卜上的一般意義，請見第二十章。

權杖七 / 勇氣
SEVEN OF WANDS
VALOUR

（火星在獅子座）
獅子座二十度到三十度
八月十二日到八月二十二日

原始標題 /
勇氣之主（Lord of Valour）。

「金色黎明」模型 /
兩隻交握的手拿著六柄權杖，三柄三柄交叉。
第三隻手從牌面下方的雲中伸出，握著一柄
直立的權杖，穿過其餘六柄。權杖交會處閃動
著火焰。

「Netzach」之國王層級的色彩 /
琥珀色。

火星之四種層級的色彩 /
猩紅、紅、威尼斯紅、泛蔚藍，或翠綠光的亮紅
色。

獅子座之四種層級的色彩 /
黃色（泛綠）、深紫、灰色、泛紅的琥珀色。

公式 /
原型之界（Atziluth）的七號薩弗拉（Net-
zach）＋火星在獅子座＝勇氣

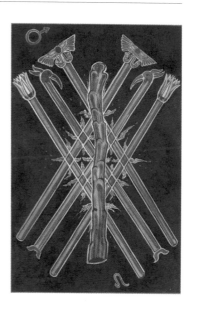

　　「權杖七」的背景是深紫色的，但除此之外，這張牌幾乎是「權杖
六」的翻版。一柄未經打磨、比較像是棍棒的粗糙權杖，遮蔽了其餘的六
柄，傳遞著一種森冷的訊息：「這四張『七號牌』無法帶來任何安慰；每一

張都代表其所屬元素的衰敗。在每張『七號牌』中，它最大的弱點都暴露了出來。」(註257)

「權杖七」中仍有足夠的力量和能量來一決勝負，但情況已經衰敗到如此的一團混亂，沒有人確知要與誰一決勝負！或許這兒或那兒的一**擊**能夠命中目標，但是，較多的情況是，這只是浪費能量。克勞利如格言般地總結道：「可以這麼說，單憑愛國精神是不夠的。」(註258)

好戰的火星，或許能在驕傲而火熱的獅子座中，找到某種程度的道義支持，但在「生命之樹」的如此下端，在「Netzach」虛弱（敏感而愛好和平的維納斯之自然居所）而不平衡的環境中，大男子氣概是個悲慘的玩笑。戰爭的崇高藝術，被愚蠢無腦的鬥毆混戰所取代。

「軍隊，」克勞利論道：「陷入了混亂無序之中；若要贏得勝利，將得憑藉個人的勇氣——一場『士兵的戰役』。」(註259)

關於此牌在占卜上的一般意義，請見第二十章。

權杖八 / 迅捷
EIGHT OF WANDS
SWIFTNESS

（水星在射手座）
射手座零度到十度
十一月二十三日到十二月二日

原始標題 /
迅捷之主（Lord of Swiftness）。

「金色黎明」模型 /
四隻手（牌面兩側各伸出兩隻）從雲中伸出，
以「第一會」的手勢在中央兩兩交握。它們握
著八柄權杖，四柄四柄交叉。權杖交會處冒出
火焰。

「Hod」之國王層級的色彩 /
紫羅蘭色。

水星之四種層級的色彩 /
黃色、紫色、灰色、泛紫羅蘭光的靛藍色。

射手座之四種層級的色彩 /
藍色、黃色、綠色、鮮明的暗藍色。

公式 /
原型之界（Atziluth）的八號薩弗拉（Hod）＋
水星在射手座＝迅捷

如果這張牌不曾令你觸電，它可能會讓你發癢，而且癢得要命。哈
利斯夫人戲劇化地偏離了「金色黎明」的模型，給了我們一幅「能量變
成物質」的畫面。

19章 ✦ 數字牌　321

「光之權杖變成了電光，以其振動的能量支持、甚至構成物質。」 (註260) 未曾提及愛因斯坦或是「e=mc²」的公式，克勞利竟申論道：「這張牌，因此，代表高速的能量，諸如構成現代數學物理之主要關鍵者。」 (註261)

「迅捷」是這張牌完美的標題，因為它代表有賴速度和高頻率水平以維繫的一切，無論那是一樁生意、戀情，或是宇宙中所有物質的總和。這一切都很好、很棒，但是當這張牌在塔羅占卜中出現時，又是什麼意思呢？讓我們來看看此牌的公式。

水星在射手座，在此，火元素穩定了下來，而且極為舒適。這種合夥關係由於處於水星之域「Hod」，而得到雙倍的能量。甚至「Hod」在「生命之樹」上、低下且失衡的位置，也不太會削弱這種幾乎過於興奮之聯盟的激烈活動。

這張牌就像是兩個喝了太多咖啡而整晚睡不著的人，不斷同時說話。話可能說了很多，也聽到了很多；但是無可避免地，兩人最後都會趴下。

關於此牌在占卜上的一般意義，請見第二十章。

權杖九 / 力
NINE OF WANDS
STRENGTH

（月亮在射手座）
射手座十度到二十度
十二月三日到十二月十二日

❋

原始標題 /
強大力之主（Lord of Great Strength）。

「金色黎明」模型 /
四隻手（牌面兩側各伸出兩隻）從雲中出現，
以「第一會」的手勢在中央兩兩交握。它們握
著八柄權杖，四柄四柄交叉。第五隻手從牌面
底部中央出現，握著第九柄直立的權杖，穿過
其餘八柄的匯合點。權杖交會處閃動著火焰。

「Yesod」之國王層級的色彩 /
靛藍色。

月亮之四種層級的色彩 /
藍色、銀色、冷調的淺藍色、泛天藍光的銀
色。

射手座之四種層級的色彩 /
藍色、黃色、綠色、鮮明的暗藍色。

公式 /
原型之界（Atziluth）的九號薩弗拉（Yesod）
＋月亮在射手座＝力量

　　這張「權杖九」十分緊密地依循著「金色黎明」的圖像描述和色彩
層級，以幾乎是沉靜的簡潔，訴說著它的故事。其中八柄權杖都是箭，一
端都有一彎新月作為箭頭，而另一端則有八個月牙作為箭羽。中央最大

的權杖兩端是太陽和月亮，代表射手座在「生命之樹」上的路徑，連接著「Tiphareth」（太陽）和「Yesod」（月亮）。

「在此，月亮，」克勞利寫道：「行星當中最虛弱的，是在射手座，最難以捉摸的星座；但它卻敢自稱『力量』。」（註262）

這份自信力量的源頭，乃是此張牌在「生命之樹」上的位置——「Yesod」。「Yesod」不僅是月亮的本位「薩弗拉」（令我們的月亮在此十分舒適——即使它位在射手座），同時也代表「基礎」，是「能量的偉大結晶之座席」（註263）。如同克勞利的評論，「相較於其上方的種種力量，『九』總是代表其力量最充分的發展。」（註264）

這張牌象徵強大的力量，但它的力量在於它變動不居的能力。當克勞利寫出下面的話時，他給了這張牌（或許是）最簡單的意義：「防衛，若要有效，必須是機動的。」（註265）

關於此牌在占卜上的一般意義，請見第二十章。

權杖十 / 壓迫
TEN OF WANDS
OPPRESSION

（土星在射手座）
射手座二十度到三十度
十二月十三日到十二月二十一日

原始標題 /
壓迫之主（Lord of Oppression）。

「金色黎明」模型 /
四隻手（牌面兩側各伸出兩隻）從雲中出現，以「第一會」的手勢在中央兩兩交握。它們握著八柄權杖，四柄四柄交叉。第五隻手從牌面底部中央出現，握著第九和第十柄直立的權杖，穿過其餘八柄的匯合點。權杖交會處閃動著火焰。

「Malkuth」之國王層級的色彩 /
黃色。

土星之四種層級的色彩 /
靛藍、黑色、藍黑、泛藍光的黑色。

射手座之四種層級的色彩 /
藍色、黃色、綠色、鮮明的暗藍色。

公式 /
原型之界（Atziluth）的十號薩弗拉（Malkuth）＋土星在射手座＝壓迫

所有的因素，協力促成此牌成為一張全然令人不愉快的牌。土星的鐵鞋跟野蠻地將可憐的射手座（最為輕盈飄逸的火象星座），踩在

「Malkuth」剛硬的地板上。如果黃道星座也會作夢，那麼「權杖十」會是射手座最可怕的夢魘。

哈利斯夫人基本上遵循著「金色黎明」的模型，一絲不苟地忠於其色彩規範。不過兩者的相似處，僅止於此。她的「權杖十」是一幅令人窒息的爆炸性圖像，描繪著壓迫與壓抑。

克勞利寫道，「『Malkuth』係由其他九個『薩弗洛斯』懸垂下來，但卻和它們沒有直接的交流，成了一股盲目的力量；因此，是該種特定能量最為暴烈的形式，沒有任何緩解的影響力。」[註266]克勞利指出，盲目的力量，在「權杖」牌組中意味著「最具毀滅性的火」[註267]。

哈利斯巧妙地將兩柄金剛橛（它們在「權杖二」中是天界力量的象徵）轉化為黑暗的監獄鐵柵，以闡釋此牌的意涵。克勞利如此描述這張牌：

> 這整幅畫面暗示著壓迫與壓抑。它是一種愚蠢而頑固的殘酷，且無法從中遁逃。它是除了自身愚鈍的目的、它「對結果的渴望」之外，什麼都不瞭解的「意志」，並且將會在它所引發的大火中吞噬自己[註268]。

關於此牌在占卜上的一般意義，請見第二十章。

聖杯二 / 愛

TWO OF CUPS
LOVE

✳

原始標題 /
愛之主（Lord of Love）。

「金色黎明」模型 /
一隻手從牌面下端的雲和水中伸出，握著一柄蓮花的莖，上頭有兩朵蓮花，一朵從另一朵上方垂直升起。在兩朵蓮花之間的莖上，兩隻海豚相互交叉。兩股泉水（左邊銀色，右邊金色）從頂上的蓮花中湧出，落在海豚身上，接著再落入兩只杯盞中，然後再漫溢出來，淹沒牌的底部。

「Chokmah」之王后層級的色彩 /
灰色。

金星之四種層級的色彩 /
翠綠、天藍、早春綠、泛淺綠光之鮮亮玫瑰色，或櫻桃色。

巨蟹座之四種層級的色彩 /
琥珀色、褐紫紅色、亮濃赤褐色、暗綠褐色。

公式 /
創造之界（Briah）的二號薩弗拉（Chokmah）＋金星在巨蟹座＝愛

「聖杯二」或許是托特塔羅的小牌中，最為美麗的一張了。哈利斯夫人雖然不曾完全忽略「金色黎明」的色彩規範，卻也給了自己創新的空間。平靜的綠色的海，玫瑰色的蓮花，琥珀色的海豚（還是錦鯉？）巧妙地遵循著規範，但她卻稍稍打破規則，給了我們一片紫羅蘭色的天空。這張牌華貴而美麗，適切地表現著水元素的初次顯化。它是水之能量最佳且最高形式的展現。

哈利斯夫人說過一則（或許是杜撰的）故事，顯示了她對此牌的欣賞：「（在展覽中）有一個年約兩歲的小人兒在展場中跑來跑去，當她被問到最喜歡哪一幅畫，她就直接跑到『聖杯二』，『愛』前面。我想她或許會忘記，過了十分鐘再問她，她搖搖晃晃地跑到同一幅畫前面。『這個。』她又說一次。」〔註269〕

由於數字「二」（「生命之樹」上的「Chokmah」）特別能表現「意志」，克勞利如此寫道：

> 其實這張牌或許該被重新命名為「『意志下的愛』之主」，因為這才是它完整的、真正的意義。它展現了以最高意義詮釋的陰陽和諧。它是完美而寧靜的和諧，輻射出一種喜樂與狂喜的強度〔註270〕。

關於此牌在占卜上的一般意義，請見第二十章。

聖杯三 / 豐盛

THREE OF CUPS
ABUNDANCE

（水星在巨蟹座）
巨蟹座十度到二十度
七月二日到七月十一日

❋

原始標題 /
豐盛之主（Lord of Abundance）。

「金色黎明」模型 /
一隻手從牌面下端的雲中伸出，握著四朵蓮
花或睡蓮的莖。其中兩朵向左右伸展，懸垂在
兩盞杯子上方。第三和第四朵蓮花從下方兩朵
花之間升起，懸垂在牌面頂端的一盞杯子上
方，並向杯中注水。頂端那盞杯中的水分為兩
股漫溢出來，分別注滿下方的兩盞杯子，然後
再流溢出來。

「Binah」之王后層級的色彩 /
黑色。

水星之四種層級的色彩 /
黃色、紫色、灰色、泛紫羅蘭光的靛藍色。

巨蟹座之四種層級的色彩 /
琥珀色、褐紫紅色、亮濃赤褐色、暗綠褐色。

公式 /
創造之界（Briah）的三號薩弗拉（Binah）＋
水星在巨蟹座＝豐盛

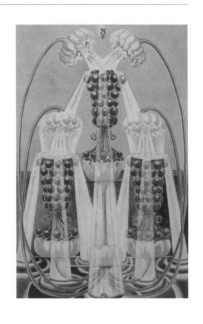

我們的數字牌公式中的三個因素，協力創造出了一樁天堂的婚姻。

「水星是『萬有之父』的『意志』或『話語』，」克勞利論述道：「在此，它的影響力降臨在最具接受性的星座上。」(註271)

在對「金色黎明」模型的歡樂詮釋中，哈利斯夫人將「聖杯三」的畫面填滿到流溢出來。牌中的圖像。擠到了牌面的最邊緣。她的用色直接取自於「金色黎明」的色彩規範，但有一處驚人的例外——那鮮紅石榴色的聖杯。它們被蓮花高高架在平靜的海面上，並由懸垂在上方的蓮花注滿活水。

克勞利稱此牌為「狄米特與普西芬尼」之牌，並且是「『愛之意志』在豐沛喜悅中的實現。它是繁殖力的靈性基礎。」(註272)

對於感官享樂與豐足，我們無法要求一幅更完美的圖像了。不過，石榴的意象卻傳達著一絲微妙的警誡——豐足有其代價。由於普西芬尼吞下了幾粒石榴籽，她每年必須在黑暗的冥府待上一段時間，陪伴夫君「冥王」普魯托。奧林帕斯的天神，即使是偉大的宙斯，都無法破解此一魔咒。克勞利如此詮釋：「這故事的訓誡似乎是，生命中的美好事物，雖然被享受了，卻不該被信任。」(註273)

關於此牌在占卜上的一般意義，請見第二十章。

聖杯四 / 奢華

FOUR OF CUPS
LUXURY

原始標題 /
各種享樂之主（Lord of Blended Plea-sure）。

「金色黎明」模型 /
一隻手從牌面下端的雲中伸出，握著三柄蓮花的莖。兩片綠葉從左右兩邊的莖梗中長了出來，在四只排列成正方形的杯盞之間構成一個十字。中央的莖梗在牌面頂端開出一朵蓮花，向左右分別流出一股泉水，注滿了頂上的兩盞杯子，然後流溢出來，注滿下方的兩盞杯子。

「Chesed」之王后層級的色彩 /
藍色。

月亮之四種層級的色彩 /
藍色、銀色、冷調的淺藍色、泛天藍光的銀色。

巨蟹座之四種層級的色彩 /
琥珀色、褐紫紅色、亮濃赤褐色、暗綠褐色。

公式 /
創造之界（Briah）的四號薩弗拉（Chesed）
＋月亮在巨蟹座＝奢華

這張牌確實是豐盛滿盈。事實上，它幾乎就要過猶不及、物極必反了。只要看看這張牌的公式：四是「Chesed」，是慷慨、擴張、仁善的木星之領域。木星廟旺於巨蟹座，而月亮又是巨蟹的守護星。還有哪張牌的組成，能比它更舒適愜意呢？沒有。但是在此，熟悉開始滋生出輕慢，最後終於夠了就是夠了。

當這張牌在占卜時出現，享受當下，但別期待它會永遠持續。

在「聖杯三」中如此平靜的海面，現在波動不止。杯子變得沉重，下方兩盞杯子的底部幾乎沒入水面，岌岌可危地支立在蓮花莖上；上方兩盞杯子竟壓扁了底下的蓮花，似乎即將壓垮整株植物。清水的源頭，也就是牌面頂端的那一朵花，已經凋萎了，掉落了好幾片花瓣。它看來似乎即將被搾乾。我相信它的確如此。

如同造物神本身，「聖杯四」在它自我陶醉的傲慢中，自以為「奢華」便是「聖杯」牌組的神——作夢也不曾想過，它自身的存在，實有賴於「天界三角」中真正的至上神祇——「聖杯」的王牌、二號和三號牌。

關於此牌在占卜上的一般意義，請見第二十章。

聖杯五 / 失望

FIVE OF CUPS
DISAPPOINTMENT

（火星在天蠍座）
天蠍座零度到十度
十月二十三日到十一月一日

原始標題 /
失落歡樂之主（Lord of Loss in Pleasure）。

「金色黎明」模型 /
一隻手從牌面下端的雲中伸出，握著五朵蓮花或睡蓮。蓮花向左右低垂，懸垂在五盞杯子上方，其中四盞排列成正方形，另一盞在正中央。花莖如同噴泉般在杯子之間升起，但卻沒有水從蓮花中流溢出來。所有的杯子都是空的。

「Geburah」之王后層級的色彩 /
猩紅色。

火星之四種層級的色彩 /
猩紅、紅、威尼斯紅、泛蔚藍，或翠綠光的亮紅色。

天蠍座之四種層級的色彩 /
綠藍、晦暗的褐色、極暗的褐色、暗沉的靛褐色。

公式 /
創造之界（Briah）的五號薩弗拉（Geburah）＋火星在天蠍座＝失望

到了這張牌，「聖杯」牌組做了險惡而戲劇化的轉折。這十分令人失望，因爲「聖杯五」擁有如此多的有利條件。

克勞利揚棄了「金色黎明」模型中排列五個空杯的型態（正方形加上中央一個點），而讓哈利斯夫人把五盞聖杯排列成倒轉的五角星，（在此處）象徵物質勝過了精神。

是什麼敗壞了這張牌？火星是天蠍座的守護星，在此非常快樂。不僅如此，這一切都發生在火星之域「Geburah」，也就是它的家鄉。那麼，問題出在哪裡？

問題出在，火星在這兒太快樂了。他讓自己太過興奮，無法沉浸在前戲中。這令天蠍十分緊張，結果過早地將如此一股火熱的疾風，吹到這份關係上，阻滯了原本可能會是激情腐蝕的緩慢過程——那是天蠍慣常用來吞食、解放她的情人的手法。我們當中有誰不能瞭解這個？

不再有水注入杯中了。火星好戰的焚風將蓮花完全吹落，並將天空染成紅色。海面變成一片淤滯的水池。現在我們可以看見，這個牌組先前的小牌將我們帶往何處。「愛」帶來「豐盛」，「豐盛」（如果未受控制）又帶來「奢華」，「奢華」（如果未受控制）又帶來墮落、厭倦、挫敗，以及——「失望」。

關於此牌在占卜上的一般意義，請見第二十章。

聖杯六 / 享樂
SIX OF CUPS
PLEASURE

（太陽在天蠍座）

天蠍座十度到二十度

十一月二日到十一月十二日

✳

原始標題 /
享樂之主（Lord of Pleasure）。

「金色黎明」模型 /
一隻手從牌面下端的雲中伸出，握著六朵蓮
花或睡蓮的花莖。六朵蓮花低垂下來，各自懸
垂在一盞杯子上方。水從蓮花中流溢出來，彷
彿噴泉般注入杯中。不過杯子並未被注滿。

「Tiphareth」之王后層級的色彩 /
（金）黃色。

太陽之四種層級的色彩 /
橘色、金黃、濃琥珀色、泛紅光的琥珀色。

天蠍座之四種層級的色彩 /
綠藍、晦暗的褐色、極暗的褐色、暗沉的靛褐
色。

公式 /
創造之界（Briah）的六號薩弗拉（Ti-
phareth）＋太陽在天蠍座＝享樂

由於「聖杯六」──「享樂」，在太陽之域「Tiphareth」中找到一個
最愉快的家，平衡又重返了這個牌組。「聖杯四」和「五」彷彿就像一場
噩夢（或許是因酒肉過量引起），我們現在清醒過來，頭暈眼花地發現，

這張牌是「生命之樹」上「聖杯王牌」的直接反映。太陽在「Tiphareth」是肆無忌憚地開心，並以雙倍的溫暖和愉悅，照耀著天蠍座感官而逸樂的一面。如果這是占卜時翻開的第一張牌，你可能會想要就此打住，不再往下翻。這是一張很棒的牌。克勞利也表示同意：

> 這張牌的標題中所謂的「享樂」，必須以最高的意義來理解：它暗示安樂，自然驅力的和諧，毫無勉強，舒適自在，稱心如意。滿足自然或人為的慾望，與這張牌的概念是格格不入的。不過它確實代表「性之意志」（sexual Will）的實現，如同統轄它的「薩弗拉」，以及行星、元素和星座所顯示的(註274)。

海面鮮活地湧動著寬闊平緩的波浪，蓮花真的在跳著舞，令莖梗搖曳出完美對稱的圖案和弧形。水再度由蓮花注入杯中，但是杯子卻尚未被注滿。其中四盞杯子是傾斜的，看來隨時會翻倒，但從上方慷慨灌注的水壓，卻把它們穩穩固定在莖梗上。

關於此牌在占卜上的一般意義，請見第二十章。

聖杯七 / 沉淪
SEVEN OF CUPS
DEBAUCH

（金星在天蠍座）
天蠍座二十度到三十度
十一月十三日到十一月二十二日

———————————— ❋ ————————————

原始標題 /
虛幻成功之主（Lord of Illusionary Success）。

「金色黎明」模型 /
七只杯盞以兩個下降三角形再加上下方一個點的模式排列：一隻手握著蓮花的花莖，花莖是從下排中央的杯中升起，而手則位於此杯和中央那盞杯子之間。除了下排中央的杯子之外，每盞杯子上方都懸垂著一朵蓮花，但卻沒有水從任何一朵蓮花中流溢出來。所有的杯子都是空的。

「Netzach」之王后層級的色彩 /
翡翠綠。

金星之四種層級的色彩 /
翠綠、天藍、早春綠、泛淺綠光的鮮亮玫瑰色，或櫻桃色。

天蠍座之四種層級的色彩 /
綠藍、晦暗的褐色、極暗的褐色、暗沉的靛褐色。

公式 /
創造之界（Briah）的七號薩弗拉（Netzach）
＋金星在天蠍座＝沉淪

克勞利想必不是「聖杯七」的愛戴者：

> 這是一個人可能會有的最糟的想法之一；它的做法是毒藥，
> 它的目的是瘋狂。它代表酒精中毒和藥物上癮的譫妄錯覺；它代
> 表陷入虛幻享樂的泥沼。這張牌中幾乎有著自我毀滅的成分 [註
> 275]。

只要看看這張牌——如果你能逼視它的話。嗯！當「聖杯」在「生命樹」上較高位時，那一切美好的事物現在怎麼了？難道性感的維納斯（金星）不想在性感的天蠍座賣弄風情嗎？她想的，她在任何地方都想搔首弄姿！然而，金星在天蠍卻是「落陷」，當她造訪此處時，往往會出糗。

你會問，難道她在金星的領域「Netzach」中並不開心嗎？她當然開心！她太開心了，把自己都搞得反胃了。原本是好東西，現在卻太多太多了，而且，處於「生命樹」上如此低下的位置，又如此地失衡，沒剩下半點影響因素能提醒她：派對結束了。

這張牌似乎像是「豐盛」、「奢華」、「失望」序列合乎邏輯的下一步。三杯馬丁尼就很足夠了；四杯就只是炫耀的奢侈；五杯就成了失望，因為你不再是暈陶陶，而是醉醺醺了。但是七杯——噢，老天！「聖杯七」是當你正以為自己即將征服一位迷人的陌生人，卻狼狽跟蹌衝向盥洗室！

關於此牌在占卜上的一般意義，請見第二十章。

聖杯八 / 怠惰

EIGHT OF CUPS
INDOLENCE

（土星在雙魚座）
雙魚座零度到十度
二月十九日到二月二十八日

原始標題 /
被放棄的成功之主（Lord of Abandoned Success）。

「金色黎明」模型 /
一隻手從牌面下端的雲中伸出，握著蓮花或睡蓮的花莖。花莖上只有兩朵蓮花，它們低垂下來，朝牌面中央的兩盞杯子注水，直到滿溢。溢出來的水注入最下排的三盞杯子，但卻並未注滿。中央兩盞杯子上方還有三盞仍是空的。

「Hod」之王后層級的色彩 /
橘色。

土星之四種層級的色彩 /
靛藍、黑色、藍黑、泛藍光的黑色。

雙魚座之四種層級的色彩 /
緋紅色（紫外光）、灑銀白斑點的暗黃色、半透明淺粉紅褐色、石頭色。

公式 /
創造之界（Briah）的八號薩弗拉（Hod）＋土星在雙魚座＝怠惰

令我太座十分懊惱的是（這是她的生日牌），克勞利對「聖杯八」並沒有多少好話可說。事實上，他稱此牌為「基督教密契思想的德國麻疹」（註276），並說它是「不愉快的頂峰」（註277）。

這令人感到納悶嗎？這張牌有種不佳的態度（抱歉了，親愛的）。

土星是個凝重而不講情面的掃興傢伙，而在「生命之樹」如此低下的位置，纖弱的雙魚也沒有足夠的精力來做任何對抗。

這張牌將會讓你「用一副缺了一張的牌，一個人玩接龍直到天明。」（註278）

對這種種驅力的不幸組合，克勞利的描述相當寶貴：

> 這張牌代表一場派對，所有的準備都做好了，但是主人忘了邀請客人；或是承辦人員未能提供美酒佳餚。然而，差別在於，在某方面這是東道主自己的錯。」（註279）

哈利斯夫人對於這張「怠惰」牌的詮釋十分完美——一片淤滯的水池，蓮花枯萎低垂。最上排的三盞杯子和下排中央的那一盞都是空的，中央的兩盞則將杯中一半的水注回了海中。

關於此牌在占卜上的一般意義，請見第二十章。

聖杯九 / 快樂
NINE OF CUPS
HAPPINESS

（木星在雙魚座）
雙魚座十度到二十度
三月一日到三月十日

原始標題 /
物質快樂之主（Lord of Material Happi-ness）。

「金色黎明」模型 /
一隻手從牌面下端的雲中伸出，握著蓮花或睡蓮的花莖。花莖上有九朵蓮花，每一朵都懸垂在一盞杯子上方。這九盞杯子係以三乘三的型態排列。

「Yesod」之王后層級的色彩 /
紫羅蘭色。

木星之四種層級的色彩 /
紫羅蘭、藍色、濃紫、泛黃光的亮藍色。

雙魚座之四種層級的色彩 /
緋紅色（紫外光）、灑銀白斑點的暗黃色、半透明淺粉紅褐色、石頭色。

公式 /
創造之界（Briah）的九號薩弗拉（Yesod）＋木星在雙魚座＝快樂

每個人都開心了嗎？沒錯！

瞧見了嗎？當我們返回「生命之樹」穩定的中柱時，會發生什麼？這

是整副托特塔羅中最棒的牌之一。雙魚，作爲水象的變動星座，傾向於穩定這個元素。她在「Yesod」中備受歡迎，因爲這裡是水性的月亮之域。「Yesod」同時也是「基礎」，是穩定整株「生命樹」的「薩弗拉」。這爲備受愛戴的木星提供了一個最爲舒適愜意的環境，快樂地享受那只有木星和他的朋友能夠享受的美好生活。

木星和水也有著親緣關係。克勞利指出，木星的領域，「Chesed」，「代表水之最高的物質顯化。」[註280]

確確實實，每個人都很開心，皆大歡喜。

哈利斯夫人遵循了「金色黎明」的色彩規範，並爲原始的雛形增壓打氣，把水流畫成直線，彷彿它們是從蓮花中噴射而出，在水壓之下进入寬碗式的杯中。整幅畫面是令人感官愉悅、超現實的維多利亞式的喧鬧。幾乎快要沒有空間讓她在牌面頂端和底部，塞進木星和雙魚座的符號了。

關於此牌在占卜上的一般意義，請見第二十章。

聖杯十 / 饜足
TEN OF CUPS
SATIETY

（火星在雙魚座）
雙魚座二十度到三十度
三月十一日到三月二十日

原始標題 /
臻於完美的快樂之主（Lord of Perfected Happiness）。

「金色黎明」模型 /
一隻手從牌面下端的雲中伸出，握著蓮花或睡蓮的花莖。蓮花中湧出水來，灌注到所有的杯子中，杯子全都滿溢出來。最頂上的一盞杯子是由另一隻手橫向握著，將水注入最上排左手邊的杯子裡。一朵蓮花升起到最頂上的杯子上方，是注滿杯子的水之源頭。

「Malkuth」之王后層級的色彩 /
檸檬黃、橄欖綠、赤褐色、黑色。

火星之四種層級的色彩 /
猩紅、紅、威尼斯紅、泛蔚藍，或翠綠光的亮紅色。

雙魚座之四種層級的色彩 /
緋紅色（紫外光）、灑銀白斑點的暗黃色、半透明淺粉紅褐色、石頭色。

公式 /
創造之界（Briah）的十號薩弗拉（Malkuth）
＋火星在雙魚座＝饜足

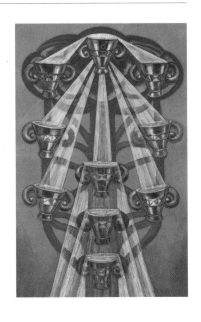

第 19 章 ＋ 數字牌 343

對於此牌的繪製，克勞利曾寫信給哈利斯夫人，提出他的建議：

關於背景：它看來應該很有威脅感。這張牌有種十分險惡的成分，暗示源自於過度放縱的病態飢渴。嗑藥上癮者的犯癮就是這種概念。於此同時，當然，也就是這降入錯覺的最終痛苦，使得透過喚醒「萬有之父的往昔」而完成循環成為必要〔註281〕。

　　　　　　——克勞利致哈利斯，一九三九年十二月十九日

足夠了嗎？「聖杯十」原可被「聖杯」牌組之潛能的實現所填滿。然而代之的是，它只被「飽脹」的概念填滿。杯子滿溢出來，沾污了地毯〔註282〕。

克勞利將此歸咎於火星落入雙魚座：

　　　　火星是那粗糙、暴烈、裂解性的力量，會不可避免地攻擊一切被假定的完美。他的能量表現了與雙魚能量最大可能的對比，後者是平和而深具靈性的〔註283〕。

這是水之牌組行列的尾端。哈利斯夫人忽略了「金色黎明」的構圖模型和色彩規範，以十個相當歪斜、不穩的杯子，創造出一株「生命之樹」。

關於此牌在占卜上的一般意義，請見第二十章。

寶劍二 / 寧靜
TWO OF SWORDS
PEACE

（月亮在天秤座）
天秤座零度到十度
九月二十三日到十月二日

原始標題 /
重獲寧靜之主（Lord of Peace Re-
stored）。

「金色黎明」模型 /
兩隻手從牌面左右的雲中伸出，各握著一柄
寶劍，類似本會「忱信小達人」的「風之短劍」
（air dagger）。兩柄劍在牌面中央交叉，交
會處開出一朵五瓣的紅薔薇，射出白色的光
芒。

「Chokmah」之王子層級的色彩 /
藍珍珠灰，如同貝母的顏色。

月亮之四種層級的色彩 /
藍色、銀色、冷調的淺藍色、泛天藍光的銀
色。

天秤座之四種層級的色彩 /
翡翠綠、藍色、深藍綠色、淺綠。

公式 /
成形之界（Yetzirah）的二號薩弗拉（Chok-
mah）＋月亮在天秤座＝寧靜

在這張牌中，哈利斯夫人並未太過偏離「金色黎明」的基本雛形。她用一朵深藍綠色的花（天秤座）取代了紅薔薇，並以幾何型態的翅膀構築了一個風格化的希臘十字（我們曾在「寶劍公主」中初次見過）。這些翅翼也裝飾著「寶劍」牌組其他牌的背景。

占星學家告訴我們，月亮在天秤的人會從一種令人稱羨的均衡位置，來批評和判斷。他們會以最大的公平度，來衡量每個問題和論點。此種星座與行星的幸運組合，在「Chokmah」中（可以預期地）找到一個尊貴的家，其結果是「寶劍」牌組中少數幾張之一，讓人在占卜時看見它不致於發出呻吟。

這並不是說它全然是美好和光明。我們必須記住，「寶劍」天賦的秉性是去戰鬥、去切割、去刺穿、去殺戮。它是一種行動的器械。就像心智，就像「Ruach」，靈魂的智性部分，它始終不斷在活動。

東方密契修行者告訴我們，心智乃是最大的敵人。如果我們想要成就深度的意識層次，便必須征服心智。心智害怕它自身的存在和控制力將會終結，便無所不用其極地抗拒著這些努力。這就是為何「寶劍」牌組中有這麼多張牌看來如此挫敗、焦慮、緊張不安，甚至飽受折磨。

在「寶劍二」——「寧靜」——的狀況中，我們似乎閃過了一顆子彈。然而，我們始終必須記住，對於銳利而危險的「寶劍」，和平只是一段非典型且暫時的休戰時期。

關於此牌在占卜上的一般意義，請見第二十章。

寶劍三 / 悲傷

THREE OF SWORDS
SORROW

原始標題 /
悲傷之主（Lord of Sorrow）。

「金色黎明」模型 /
三隻手從牌面下端的雲中伸出，各握著一柄
寶劍。牌的圖像近似「寶劍二」，但是左右兩
柄寶劍被中央的第三柄劍暴烈地分隔開來。
薔薇被摧毀，五片花瓣飛散風中，白色的光芒
也不見了。

「Binah」之王子層級的色彩 /
暗褐色。

土星之四種層級的色彩 /
靛藍、黑色、藍黑、泛藍光的黑色。

天秤座之四種層級的色彩 /
翡翠綠、藍色、深藍綠色、淺綠。

公式 /
成形之界（Yetzirah）的三號薩弗拉（Binah）
＋土星在天秤座＝悲傷

哈利斯夫人深深受到「寶劍三」的影響。

請別用「寶劍」牌組驚嚇我。我在每個方面都遵照指示了，我看不出它
們有出錯的可能。三號牌相當恐怖，而且是異乎尋常的巨大痛苦。

—— 哈利斯致克勞利，日期不詳

我先前說過，由於它們居住在「深淵」之上的「天界三角」，所有的王牌、二號和三號牌都很快樂。顯然「悲傷」聽來並不像是一張快樂的牌。要瞭解「深淵」之上的意識本質，對我們而言是十分困難的，因爲在那兒，事物的實體並不存在。在這種抽象的氛圍中並沒有任何「事物」，甚至沒有事物的形式——除了純粹潛能之外，別無一物。這張牌的「悲傷」並非——比如說，由於摯愛的人過世，或是失去愛人所引起的那種悲傷。它是一種深刻的意識狀態，從我們位於「深淵」之下的觀點來看，僅只能試圖去描述。「悲傷」（Sorrow）這個詞可悲地不足以精確描述它，卻或許是英文所能提供的最佳詞彙。

讓我們暫時忽略此牌的占星相位，而來考量「寶劍三」獨特的喀巴拉因素，令它得以快樂地成爲「悲傷」。

- 「寶劍」代表「Yetzirah」，成形之界——噢，但是很抱歉！在「Binah」或是「深淵」之上的任何地方都不能有形式。

- 「寶劍」也代表「Ruach」，人類的心智——噢，但是很抱歉！心智和理性都無法在「深淵」之上的「Binah」中存在。

沒有形式或理性，心智必須臣服於一種比它自身更高的意識。「寶劍三」代表最初令佛陀開悟的奇妙、恍惚的悲傷。從整副牌中抽到這張「悲傷」，可眞是幸運得很哩！

關於此牌在占卜上的一般意義，請見第二十章。

寶劍四 / 休戰
FOUR OF SWORDS
TRUCE

（木星在天秤座）
天秤座二十度到三十度
十月十三日到十月二十二日

原始標題 /
止息紛爭之主（Lord of Rest from
Strife）。

「金色黎明」模型 /
「寶劍四」的圖像幾乎和「寶劍二」完全相同
（包括五瓣薔薇和白色光芒），差異之處只在
於牌面左右的手中各握著兩柄寶劍。

「Chesed」之王子層級的色彩 /
深紫色。

木星之四種層級的色彩 /
紫羅蘭、藍色、濃紫色、泛黃光的亮藍色。

天秤座之四種層級的色彩 /
翡翠綠、藍色、深藍綠色、淺綠。

公式 /
成形之界（Yetzirah）的四號薩弗拉
（Chesed）＋木星在天秤座＝休戰

　　「寶劍四」或許是所有「寶劍」小牌中，最美麗的一張了。哈利斯夫
人如同教科書般執行了「金色黎明」的色彩規範，給了我們一幅平衡與
秩序的畫像。

她在給克勞利的信中寫道：「我想，如果你能安排下星期找一天來這兒一趟，看看『寶劍』牌，該會是個好主意。要把這些不平衡的『寶劍』全都帶到倫敦，我有一種迷信的恐懼。」[註285]

「Chesed」是木星的領域，為身處天秤座的木星擔任一位殷勤，但卻專斷的東道主。「均衡」與「公平」必定是這張牌的關鍵詞，但是克勞利告訴我們，它同時也帶來「教條的建立，以及相關的律法」[註286]。

「寶劍」是武器，而武器乃是憑藉戰爭的懲戒，來遂行其意圖，而非和平。由「寶劍四」所監控的「休戰」，乃是一種由暴力的脅迫所強制執行的和平，就其本質而言將無法長久。

牌中的四柄寶劍排列成「聖安德魯十字」（St. Andrew's cross），這在克勞利看來，暗示著「固著與僵化」[註287]。寶劍的劍鋒在一朵大薔薇中心交會，這朵薔薇有四十九片花瓣。克勞利告訴我們，它代表「社會的和諧」[註288]。然而，它是遵從與妥協所帶來的和睦，以此為特徵的文化，往往寧可盲目臣服於權威，而不願去面對自由的挑戰。

關於此牌在占卜上的一般意義，請見第二十章。

寶劍五 / 擊潰
FIVE OF SWORDS
DEFEAT

（金星在水瓶座）
水瓶座零度到十度
一月二十日到一月二十九日

❋

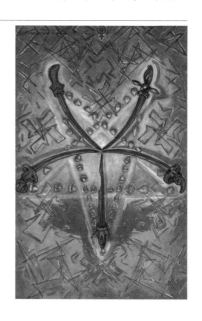

原始標題 /
擊潰之主（Lord of Defeat）。

「金色黎明」模型 /
三隻手從牌面下端的雲中伸出，左右兩側的
手各握著兩柄寶劍，中央那隻手則握著一柄。
牌的圖像近似「寶劍三」，但是，在此牌中，左
右側的兩柄寶劍被中央的第五柄劍暴烈地分
隔開來。薔薇被摧毀，五片花瓣飛散風中，白
色的光芒也不見了。

「Geburah」之王子層級的色彩 /
亮猩紅色。

金星之四種層級的色彩 /
翠綠、天藍、早春綠、泛淺綠光的鮮亮玫瑰
色，或櫻桃色。

水瓶座之四種層級的色彩 /
紫羅蘭色、天藍、泛藍的淡紫色、染紫暈的白
色。

公式 /
成形之界（Yetzirah）的五號薩弗拉（Ge-
burah）＋金星在水瓶座＝擊潰

這張牌呈現著五柄型態各異、彎曲而毀損的劍，構成一個逆轉的五角星。這個「擊潰」的五角星，被投射在一堆狂亂不對稱的幾何翅翼上，有些形成了「卐」字符號。由於這張牌繪製的時期，正是英國與納粹德國對抗最為劇烈之際，我們很容易推測，哈利斯夫人有意或無意地將魔法的挫敗，投射給這個備受痛恨的仇敵。她對此種設計的不安，十分清楚地表現在她寫給克勞利的書信中：「我只希望『寶劍』沒有問題，因為我沒辦法重畫一遍了。我已經一絲不苟地用心遵循你的指示。」[註289]

流行的觀念認為，逆轉的五角星是個邪惡的象徵符號。「金色黎明會」甚至告誡會員絕不要將它使用在魔法上。即便如此，相信任何符號本身是好的或壞的，都是迷信的極致。逆轉的五角星可以用來象徵，無限多種完全無害的概念。不過在這張牌中，它的確意味著麻煩。

金星是水瓶座的守護星，有水瓶作為約會對象，她一度十分開心。畢竟，他們都是和平主義者，是一對友善、成熟，而纖細善感的愛侶。遺憾的是，這對敏感的情侶出席了錯誤的派對，一場可怕的爭吵，在一片相當粗陋且武裝齊全的喀巴拉地界——「Geburah」中爆發了。這裡是火星的寓所，位於「Yetzirah」，「寶劍」的世界中。

想當然爾，金星和水瓶自願擔任調停者，但他們人就是太好、太過平和，又太軟弱了，無法在如此暴烈的環境中自處。「擊潰」是無可避免的結果。抱歉孩子們！我聽說下降到「Tiphareth」中，狀況會平靜些。

關於此牌在占卜上的一般意義，請見第二十章。

寶劍六 / 科學
SIX OF SWORDS
SCIENCE

（水星在水瓶座）
水瓶座十度到二十度
一月三十日到二月八日

原始標題 /
贏得的成功之主（Lord of Earned Success）。

「金色黎明」模型 /
兩隻手從牌面左右的雲中伸出，各握著三柄寶劍，像是本會「忱信小達人」的「風之短劍」。六柄劍在牌面中央交叉，交會處開出一朵五瓣的紅薔薇，射出白色的光芒。

「Tiphareth」之王子層級的色彩 /
濃鮭魚色。

水星之四種層級的色彩 /
黃色、紫色、灰色、泛紫羅蘭光的靛藍色。

水瓶座之四種層級的色彩 /
紫羅蘭色、天藍、泛藍的淡紫色、染紫暈的白色。

公式 /
成形之界（Yetzirah）的六號薩弗拉（Tiphareth）＋水星在水瓶座＝科學

在第八章中，我們介紹過「漢密特薔薇十字」中心的小薔薇十字。我冒昧地稱之為「存有的薔薇十字」（the Rose Cross of Being.）。在「寶

劍六」中，這個圖形出現在牌面正中央，而六柄形制相同且平衡配置的寶劍將其分析與思辨的力量聚焦於存有的奧祕上。這，就是「科學」。

這張牌保守嚴謹的美感，宣告著「Tiphareth」閃亮耀眼的均衡，爲「寶劍」牌組帶來了幾分亟需的高貴和清明。創造出此牌特質的公式，對「寶劍」牌組而言再吉利不過了。

在人類的靈魂中，「Yetzirah」的對應部分是「Ruach」，即心智。在「生命之樹」上，「Ruach」的中心是由「Tiphareth」輻射出來。最後，風之行星「水星」也座落在固定風象星座水瓶座。

占星命盤中水星落在水瓶座的人，據說擁有敏銳而善於分析的頭腦，以及過人的專注力。他同時也極富好奇心，喜歡檢驗問題的方方面面。聽來像是個科學家，不是嗎？

關於此牌在占卜上的一般意義，請見第二十章。

寶劍七 / 徒勞

SEVEN OF SWORDS
FUTILITY

（月亮在水瓶座）
水瓶座二十度到三十度
二月九日到二月十八日

原始標題 /
不穩定的努力之主（Lord of Unstable Effort）。

「金色黎明」模型 /
兩隻手從牌面左右的雲中伸出，各握著三柄寶劍，像是本會「忠信小達人」的「風之短劍」。中央的第三隻手向上舉著一柄劍。所有寶劍的劍尖彼此相碰，中央那柄劍並未完全分隔它們。居中的劍刃上開出了五瓣薔薇。

「Netzach」之王子層級的色彩 /
亮黃綠色。

月亮之四種層級的色彩 /
藍色、銀色、冷調的淺藍色、泛天藍光的銀色。

水瓶座之四種層級的色彩 /
紫羅蘭色、天藍、泛藍的淡紫色、染紫暈的白色。

公式 /
成形之界（Yetzirah）的七號薩弗拉（Netzach）＋月亮在水瓶座＝徒勞

對我而言，「寶劍七」在塔羅占卜中往往很難詮釋。人們或許會想，位在「Netzach」的「寶劍」牌絕對很糟糕。然而我們的公式中，卻內建著複雜的因素，為這張牌緩解了困擾著其他七號牌的一些較為迂迴的負擔。

舉例而言，第七個「薩弗拉」的名稱，便是「勝利」。這或許像是溺水的人抓住稻草，但是「寶劍」和「勝利」這樣的字眼卻有著良好的共振。「月亮在水瓶座」又增添了變化的成分，與妥協的可能。

克勞利評論道：「就像一位患了風濕的拳擊手，在離開拳擊場多年之後，試圖『復出』。」[註290]

儘管如此，我們也不妨記住，有時就連老拳手都能揮出幸運的一擊。

哈利斯夫人將此牌描繪成一場行星的戰役：六顆行星對抗著太陽。請仔細端詳這些寶劍。六柄小劍的劍柄，在牌面頂端排列成新月形，各自鑲嵌著（從左至右）月亮、金星、火星、木星、水星，和土星的符號。中央的大劍是太陽，敵眾我寡，且傷痕累累。然而，整體的排列是有序而克制的，幾乎暗示著某種協議或可達成的時刻。

我可不敢在這上頭押寶。

關於此牌在占卜上的一般意義，請見第二十章。

寶劍八 / 阻礙
EIGHT OF SWORDS
INTERFERENCE

（木星在雙子座）

雙子座零度到十度

五月二十一日到五月三十一日

❋

原始標題 /

被減損的力量之主（Lord of Shortened Force）。

「金色黎明」模型 /

四隻手從雲中伸出，各握著兩柄寶劍，劍尖向上；所有的劍尖都在接近牌面頂端處相互碰觸。這四隻手是從牌面左右下角各伸出兩隻來。牌面中央再度有了一朵紅薔薇。

「Hod」之王子層級的色彩 /

紅赤褐色。

木星之四種層級的色彩 /

紫羅蘭、藍色、濃紫色、泛黃光的亮藍色。

雙子座之四種層級的色彩 /

橘色、淡紫、新黃皮革色、泛紅的灰色，趨近於淡紫。

公式 /

薩弗拉（Yetzirah）的八號薩弗拉（Hod）＋木星在雙子座＝阻礙

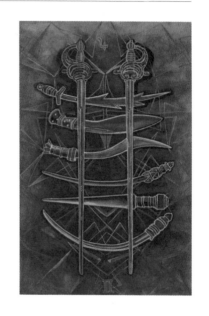

　　在這張牌中，哈利斯夫人在嚴格遵循「金色黎明」用色規範的程度上，再度登峰造極。我們不曾預期在一九六〇年代的「迷幻黑光」

（psychedelic black-light）風格之前，這樣的色彩組合會出現在藝術作品中。寶劍的劍身似乎真的在黑暗中曖曖發光。如同「寶劍」牌組的大多數小牌，這些寶劍的背景乃是許多風格化的翅翼——在這裡看來幾乎像是輪轉焰火。

事實上，這張牌並不像它看起來、或是它的標題所暗示的那麼糟。

「木星在雙子」指出了在智識追求上的幸運成分。「Hod」是水星之域，它是雙子座的守護星，然而，如同「Hod」之於其他牌組的八號牌，它在「生命之樹」上不平衡且低下的位置，向這在其他方面可能是幸運的組合，潑了一盆冷水。水星的能量已然所剩無幾，不足以頑強戰鬥；而在「寶劍」牌組中，戰鬥就是一切。克勞利指出：「『意志』不斷受挫於意外的阻礙。」[註291]

「寶劍八」並未向我們展現太多耐性或堅持力。若要克服它的影響，我們必須發展這些特質，並將之引入局面之中。如若不然，一切事物必然都會造成干擾。

關於此牌在占卜上的一般意義，請見第二十章。

寶劍九 / 殘虐

NINE OF SWORDS
CRUELTY

（火星在雙子座）
雙子座十度到二十度
六月一日到六月十日

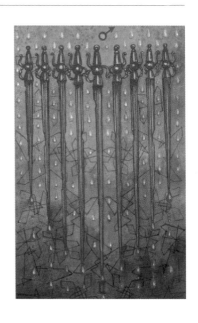

原始標題 /
絕望與殘酷之主（Lord of Despair and
Cruelty）。

「金色黎明」模型 /
從牌面左右的雲中出現了四隻手，各握著兩柄
寶劍，劍身幾乎筆直向上，劍尖彼此錯開。第
五隻手從牌面底部伸出，握著第九柄劍，筆直
地舉在中央，彷彿將其他的寶劍架開。牌中完
全沒有薔薇的蹤影，它似乎徹底被摧毀了。

「Yesod」之王子層級的色彩 /
極暗的紫色。

火星之四種層級的色彩 /
猩紅、紅、威尼斯紅、泛蔚藍，或翠綠光的亮紅
色。

雙子座之四種層級的色彩 /
橘色、淡紫、新黃皮革色、泛紅的灰色，趨近於
淡紫。

公式 /
成形之界（Yetzirah）的九號薩弗拉（Ye-
sod）＋火星在雙子座＝殘虐

噢，天哪！沒人預料到會看見中世紀宗教迫害的血腥景象！如果你宿醉未醒，請別看這張牌。你還沒準備好面對它。

天曉得哈利斯夫人是如何處理色彩的，但她確實成功地令它們徹底教人反胃。彷彿是要凸顯此一牌組的衰變，那些齒輪狀的翅翼被看來像是毒液的紅色血滴，沖落背景的牆面。這整幅畫面令人暈眩。我幾乎可以嗅到鐵鏽味的血液從劍身滴落。

在「生命之樹」中柱的「Yesod」看見這幕恐怖的混亂局面，還真有點令人訝異。畢竟其他的九號牌，都是全然愉快、可親的。但即使是「Yesod」的均衡與穩定，也無法在口水多過茶的雙子座——在思想的世界「Yetzirah」中，油盡燈枯的最低區域——救援行動派的火星。小心在意！克勞利警告，這是「心智的極度痛苦」[註292]。

此牌唯一的表現出口，只有醜陋的卑劣。克勞利指出，心智的敏感纖細早已所剩無幾，甚至不足以從它自身的殘酷中獲得虐待狂式的快感：「意識已墜入未受理智啟迪的領域。」這是無意識原始本能的世界，是精神病患與狂熱分子的世界[註293]。

關於此牌在占卜上的一般意義，請見第二十章。

寶劍十 / 淪亡

TEN OF SWORDS
RUIN

（太陽在雙子座）
雙子座二十度到三十度
六月十一日到六月二十日

原始標題 /
毀滅之主（Lord of Ruin）。

「金色黎明」模型 /
四隻手握著八柄劍，如同在「寶劍九」中，劍
尖彼此錯開。另外兩隻手握著兩柄寶劍，在中
央交叉，彷彿它們的交會離間了其他的寶劍。
牌面上沒有任何薔薇、花朵、或是花蕾。

「Malkuth」之王子層級的色彩 /
檸檬黃、橄欖綠、赤褐色、黑色、均帶灑黑斑
的金色。

太陽之四種層級的色彩 /
橘色、金黃、濃琥珀色、泛紅光的琥珀色。

雙子座之四種層級的色彩 /
橘色、淡紫、新黃皮革色、泛紅的灰色，趨近
於淡紫。

公式 /
成形之界（Yetzirah）的十號薩弗拉（Mal-
kuth）＋太陽在雙子座＝淪亡

　　你能在「寶劍十」中找到十把劍嗎？不容易吧！克勞利試圖協助我
們：

寶劍的劍柄佔據著「薩弗洛斯」的位置，但是一到五和七到九的劍尖相碰，並擊碎了中央那柄明亮的寶劍（六）。這第六柄劍代表太陽，也就是「心」，是「Chokmah」和「Binah」的孩子。第十柄劍也碎裂了(註294)。

　　有三柄劍構成了中柱，最底下的一柄護手上有個新月。從下頭數來第二柄劍則是疊在前一柄的劍身之上，劍柄的一部分是個圓球。這柄劍的劍身交疊於中央那柄劍的心形劍柄上，而這柄中央之劍的劍刃則斷為三截。

　　對於這張牌我們實在很難粉飾太平，它一出現多半沒啥好事。哈利斯夫人就曾報告：「我才剛完成『寶劍十』，俄羅斯就加入戰局了。」(註295)

　　和其他十號牌一樣，「寶劍十」無法進一步衰變得更低，而不完全改變牌組。太陽位在水星守護的雙子座，帶來對心智與思維的完全認同，而在這張牌中，心智已處於崩壞的過程中。「這是智性的淪亡，」克勞利吟誦道：「甚至一切心理及道德特質的崩潰。」(註296)天哪！

　　關於此牌在占卜上的一般意義，請見第二十章。

圓盤二 / 變易
TWO OF DISKS
CHANGE

（木星在魔羯座）
魔羯座零度到十度
十二月二十二日到十二月三十日

原始標題 /
和諧變化之主（Lord of Harmonious Change）。

「金色黎明」模型 /
在牌面中央，一條金綠色的蛇自銜其尾，構成阿拉伯數字「8」的圖形。一隻手自牌面左方從雲中伸出，在兩環相交處握住那條蛇。在每個環圈中各有一個圓盤，類似「圓盤王牌」中的型態。此牌中並沒有薔薇。

「Chokmah」之公主層級的色彩 /
灑紅、藍、黃斑的白色。

木星之四種層級的色彩 /
紫羅蘭、藍色、濃紫色、泛黃光的亮藍色。

魔羯座之四種層級的色彩 /
靛藍、黑色、藍黑色、趨近黑色的冷暗灰色。

公式 /
物質之界（Assiah）的二號薩弗拉（Chokmah）＋木星在魔羯座＝變易

雖然木星與魔羯彼此通常不太對眼，但在「生命之樹」上如此高的位置，它們的歧異多少被化解了。克勞利稱此牌為「就其動力而言，乃完全顯化之宇宙圖像」[註297]。

如同其他牌組的二號牌，這張牌——而非王牌——代表其所屬元素的初次顯化。「圓盤」屬於土象，而我們曾經讀過，土乃是靈之寶座，我們已在一種非常真實的意義上，完成了一趟偉大的宇宙迴圈。「既然來到了底部，」克勞利解釋道：「我們立刻在頂端再度出現。因此，這張牌展現了無盡環圈之蛇的象徵意象。」[註298]

克勞利在他的《書卷六十五》（*Liber LXV*）中唱誦道：

> 然後我看見自己被那翡翠綠的圓圈包圍住，那圍繞宇宙的無
> 盡環圈[註299]。

彷彿是在暗示初次分裂之細胞的細胞核——那即將成為物質宇宙的細胞——兩條陰陽魚（太極圖）在蛇身的兩個環圈中央迴旋；上方的陰陽魚向左迴旋，在它自身當中包含著火與水的象徵符號；底下那個則向右迴旋，包含著風與土的符號。哈利斯夫人告訴克勞利，她對此牌的用色特別上心：

> 「圓盤二」正在建構中，那蛇的眼睛是紅色的嗎？這牌的用色
> 有點兒棘手，因為這張牌引入了幾種顏色，並不屬於木星和魔羯，
> 我的意思是那四種元素的色彩，它們構成了不和諧的色塊。你提過
> 蛇身上的珠寶嗎？我想你會喜歡牠[註300]。

關於此牌在占卜上的一般意義，請見第二十章。

圓盤三 / 工作
THREE OF DISKS
WORK

（火星在魔羯座）
魔羯座十度到二十度
十二月三十一日到一月九日

原始標題 /
物質工作之主（Lord of Material Works）。

「金色黎明」模型 /
從牌面下方的雲中出現一隻手，握著一截薔
薇的枝枒。三個圓盤排列成一個正立的等邊
三角形。最上方的圓盤頂端有兩個白色的薔
薇花苞，下方的兩個圓盤則出現在左右方的綠
葉尖端。

「Binah」之公主層級的色彩 /
灑粉紅斑的灰色。

火星之四種層級的色彩 /
猩紅、紅、威尼斯紅、泛蔚藍，或翠綠光的亮紅
色。

魔羯座之四種層級的色彩 /
靛藍、黑色、藍黑色、趨近黑色的冷暗灰色。

公式 /
物質之界（Assiah）的三號薩弗拉（Binah）
＋火星在魔羯座＝工作

雖然在《托特之書》中，克勞利一貫稱呼此牌爲不可數的「工作」（Work），但是在哈利斯夫人的畫作上（以及後來印刷出版的托特塔羅牌面上），它的標題都是複數形的「Works」。無論如何，決定此牌特性的因素（「Assiah」中的「Binah」，火星在魔羯座），使得這張牌成爲抽象的「天界三角」有小牌中，最「不抽象」的一張。

　　以某種非常眞實的方式，「圓盤三」是我們在第十號大牌「命運」中，討論到的、驅動宇宙的三衝程引擎之物質核心。克勞利說，它是「宇宙之概念的物質建構，它的基本形式之確立」[註301]。

　　此牌的圖像是一座金字塔或四面體的鳥瞰圖，穩穩地固定在一片代表「Binah」之大海的荒涼沙漠上。那灰色的沙丘，似乎是由那建構物放射出的能量氣爆所形成；而那構造本身，則是由三個巨輪支撐著。煉金元素「汞」、「硫」和「鹽」的符號，出現在那三個輪子的轂軸上（雖然很小，也很難看見），暗示印度體系的三種「gunas」之間，維繫宇宙的永恆競逐[註302]。

　　關於此牌在占卜上的一般意義，請見第二十章。

圓盤四 / 能力
FOUR OF DISKS
POWER

（太陽在魔羯座）
魔羯座二十度到三十度
一月十日到一月十九日

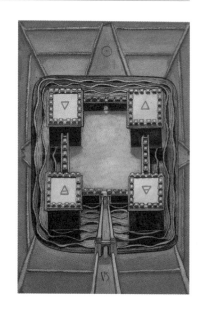

原始標題 /
世俗力量之主（Lord of Earthly Power）。

「金色黎明」模型 /
從牌面下方的雲中出現一隻手，握著一截薔薇枝枒。牌面中央有一朵盛開的白薔薇，除此之外別無花朵或花苞。圓盤的排列方式如同正方形的四個點。

「Chesed」之公主層級的色彩 /
灑黃斑的深蔚藍色。

太陽之四種層級的色彩 /
橘色、金黃、濃琥珀色、泛紅光的琥珀色。

魔羯座之四種層級的色彩 /
靛藍、黑色、藍黑色、趨近黑色的冷暗灰色。

公式 /
物質之界（Assiah）的四號薩弗拉（Chesed）＋太陽在魔羯座＝能力

這張牌的名稱十分適切。它是太陽在魔羯座，而對古人而言，天界能力的最高展現，發生在每年當太陽進入魔羯座，逆轉它衝入黑暗的南向軌道而戰勝死亡之際。

在《托特之書》中，克勞利描述「Chesed」是如何「展現宇宙在三度空間中的建立，亦即，在『深淵』之下。」[註303]。在「土星儀式」（The Rite of Saturn）中，他稱之為「『深淵』邊境的『堡壘』」[註304]。這是對「圓盤四」的完美描述。

要恰當地觀看這張牌，我們必須想像自己盤旋在幾百英呎的高空，俯瞰一座築有城牆的正方形堡壘，四周環繞著寬闊的護城河。我們從牌面下端向它接近，尚未來到中心點的上空。四座頂端築有城垛的瞭望台從城堡四角升起，高高聳立在城牆之上，展示著元素的符號。我們可以看見這座要塞的主要入口，是在牌面的下端；一座堅固的橋樑跨過護城河。從這個角度，我們只能看到一個其他的入口，是在對面城牆的一條小小通道（並不通往橋樑）。左右兩邊的城牆或許也有類似的通道，但從我們鳥瞰的位置卻無法判定。不過，其他三個營區似乎也有道路通往城壕，可能暗示有其他的出入口，誘惑著我們的想像。這張牌的意象，無疑留給了我們許多未解之謎。

關於此牌在占卜上的一般意義，請見第二十章。

圓盤五 / 憂慮
FIVE OF DISKS
WORRY

（水星在金牛座）
金牛座零度到十度
四月二十一日到四月三十日

原始標題 /
物質煩憂之主（Lord of Material Trouble）。

「金色黎明」模型 /
從牌面下方的雲中出現一隻手，握著一截白薔薇的枝枒。薔薇正在凋落，枝上已無花蕾留下。類似王牌中的四個圓盤排列成正方形，第五個圓盤則在正中央。

「Geburah」之公主層級的色彩 /
灑黑斑的紅色。

水星之四種層級的色彩 /
黃色、紫色、灰色、泛紫羅蘭光的靛藍色。

金牛座之四種層級的色彩 /
紅橘色、深靛藍、溫暖的深橄欖綠、濃褐色。

公式 /
物質之界（Assiah）的五號薩弗拉（Geburah）＋水星在金牛座＝憂慮

儘管水星的本質活潑，而金牛則傾向有點兒懶散遲緩，但這並不是一種太過棘手的組合。占星命盤中有著此種相位的人，往往十分有耐心、實際，而且保守。

然而，「Geburah」在這個原本穩定的機制中，投入了緊張而惱人的變數，順理成章的結果就是「憂慮」。這種憂慮令你要問：「我被捲進了某種無法脫身的窘境嗎？我是否無法應付？我會被這種情況的盲目演變給壓垮嗎？」

這張牌的畫面無法容納五個笨重齒輪的完整圖像，它們層層相疊，像是一座詭異巨鐘的內部構造。牌面中央看似五個圓盤的物體，事實上只是這些巨大齒輪的軸心，這五根軸心以逆轉五角星的圖形排列，各包含印度的「五行」（tattva）中一種元素的符號：「火」之紅色三角、「水」之銀色新月、「風」之藍色圓圈、「土」之黃色方塊，以及「靈」之黑卵。如果仔細觀看，我們會看見那「靈」之黑卵，係位於五角星朝下的尖端。顯然「圓盤五」意味著五角星較為險惡的意義，也就是物質壓倒了精神[註305]。

關於此牌在占卜上的一般意義，請見第二十章。

圓盤六 / 成功

SIX OF DISKS
SUCCESS

（月亮在金牛座）
金牛座十度到二十度
五月一日到五月十日

原始標題 /
物質成功之主（Lord of Material Suc-
cess）。

「金色黎明」模型 /
從牌面下方的雲中出現一隻手，握著一截薔
薇的枝枒，枝上開出白色的花朵與花苞。每朵
薔薇都碰觸到一個圓盤。圓盤排列成兩行，每
行三個，如下：

「Tiphareth」之公主層級的色彩 /
金琥珀色。

月亮之四種層級的色彩 /
藍色、銀色、冷調的淺藍色、泛天藍光的銀
色。

金牛座之四種層級的色彩 /
紅橘色、深靛藍、溫暖的深橄欖綠、濃褐色。

公式 /
物質之界（Assiah）的六號薩弗拉（Ti-
phareth）＋月亮在金牛座＝成功

考慮一切因素，在「圓盤」牌組中，這張牌可說是再吉利不過了。月亮廟旺於金牛，在此如魚得水。然而，由於「變化」是月亮的首要特質，我們或許沒有太多時間能享受這份成功。另一方面，「Tiphareth」總是會一如往常地前來馳援：

> 它代表最為和諧、平衡的意識狀態；不僅在概念中，無疑也在形式上，像是數字「二」那般。換句話說，「子」為「父」在心智上的一種詮釋[註306]。

因此，將這張牌與「圓盤王牌」做個比較是很有趣的，因為在某種十分真實的意義上，「圓盤六」是「圓盤王牌」在心智上的一種詮釋。在此一最為「土性」且物質的牌組中，「六」（Tiphareth）將它高尚且穩定的影響力，應用在實際的目的上——它是實業家親力親為的不懈努力（或許有點不動腦筋）之短暫報償。

此牌的基本意象是一個六角星形，我們曾在「漢密特薔薇十字」下端十字臂的白色區塊中看見過（見第八章）——太陽被古代的六顆行星所圍繞。在此，「Tiphareth」的太陽被表現為四十九瓣的薔薇，並被釘在由五個正方形構成的十字上。這種圖案，在魔法及共濟會的象徵體系中，長久以來便與太陽連結在一起，現在則被金黃、鮭魚紅，和琥珀色的三個同心環圈所包圍——不過在某些版本的牌面上，並不容易看清楚。

在塔羅占卜中，這張牌的作用有點像是點石成金的手指——為鄰近的牌帶來指望，將其特質真正顯化於物質層面上。

關於此牌在占卜上的一般意義，請見第二十章。

圓盤七 / 失敗

SEVEN OF DISKS
FAILURE

（土星在金牛座）
金牛座二十度到三十度
五月十一日到五月二十日

原始標題 /
未實現的成功之主（Lord of Success Unful-
filled）。

「金色黎明」模型 /
從牌面下方的雲中出現一隻手，握著一截薔
薇的枝枒。只有五個花苞垂掛在枝上，但卻並
未碰觸到最頂上的五個圓盤。圓盤的排列方
式如下：

「Netzach」之公主層級的色彩 /
灑金斑的橄欖綠。

土星之四種層級的色彩 /
靛藍、黑色、藍黑、泛藍光的黑色。

金牛座之四種層級的色彩 /
紅橘色、深靛藍、溫暖的深橄欖綠、濃褐色。

公式 /
物質之界（Assiah）的七號薩弗拉（Net-
zach）＋土星在金牛座＝失敗

這張牌呈現出一種森冷之美的意象。這恐怕是，我能對它說出的最佳讚美了。我努力搜尋，卻未曾找到克勞利對這張「失敗」牌說過半句好話。但說實在的，可曾有任何一張七號牌令我們興奮呢？儘管如此，我們不得不佩服哈利斯夫人。她無比巧妙地為七枚鈍重如鉛的錢幣（「它們代表不好的錢！」克勞利解說道。[註307]）鑲上土星與金牛的符號，安置在一片死寂而陰鬱的植物之間。這些錢幣形成了「撒泥占卜」（geomancy，又名地占術，即撒泥於地，觀其形推卜吉凶）中的「Rubeus」圖形，據克勞利描述，這是十六種卦象中，「最為醜陋且險惡的」[註308]。

只消對此牌的公式瞧上一眼，就知道我們遇上麻煩了。「Netzach」是目光夢幻的首席女伶維納斯（金星）的領域，有著——引用克勞利的話——「它慣常的令人虛弱的效果」[註309]。還有冷硬、沉重的土星，座落在遲緩、土質的金牛座，更為專橫、好戰的冰雪上，添加了缺乏想像力的嚴霜。克勞利如此總結了此牌的陰暗意象：

　　此處沒有努力，甚至沒有夢想；賭注已然擲下，也輸掉了。所有辛勞本身被放棄，一切都沉入了懶散之中[註310]。

當「圓盤七」在塔羅占卜中出現，你最好希望你的問題是：「我的死對頭會有什麼下場？」

關於此牌在占卜上的一般意義，請見第二十章。

圓盤八 / 謹慎
EIGHT OF DISKS
PRUDENCE

（太陽在處女座）
處女座零度到十度
八月二十三日到九月一日

原始標題 /
審慎之主（Lord of Prudence）。

「金色黎明」模型 /
從牌面下方的雲中出現一隻手，握著一截薔薇的枝枒，枝上有四朵白薔薇。它們只碰觸到下端的四個圓盤，上方的四個圓盤則碰觸到綠葉。圓盤的排列方式如下：

「Hod」之公主層級的色彩 /
灑白斑的黃褐色。

太陽之四種層級的色彩 /
橘色、金黃、濃琥珀色、泛紅光的琥珀色。

處女座之四種層級的色彩 /
綠色（泛黃）、暗藍灰色、綠灰、梅紅色。

公式 /
物質之界（Assiah）的八號薩弗拉（Hod）＋
太陽在處女座＝謹慎

為何「圓盤八」，謹慎，是如此地無害；而「圓盤七」，失敗，卻是如此糟糕透頂？它們在「生命之樹」上的位置都很低，也都不在中柱之上。牌的公式解釋了一切。

　　「Hod」是水星之域。水星廟旺於處女座，又是處女座的守護星。處女是黃道的土象變動星座（因而對「土」具有穩定的影響力）。土是「Assiah」和「圓盤」牌組的元素（這一切不都很安適嗎？）。而最後，太陽又將它賦予生命的光芒，照耀在一切心理的（水星）豐饒（處女／土）之上。

　　當然，世事無完美。數字「八」的位置仍是虛弱而失衡的。不過，仍有足夠的緩解因素，令克勞利評論這張牌時，說它，「意味著聰明才智，懷著愛意地運用在物質事務上，尤其是農業家、技師巧匠，以及工程師的智能。」[註311]

　　一株莖幹粗壯的樹穩固地植根於土地上，它所開出的梅紅色花朵，便是此牌中的圓盤。如同「金色黎明」模型中的圓盤，它們排列成「撒泥占卜」體系中的「Populus」圖形，這是該系統中兩種代表月亮的卦象之一。說實在的，我並不確定為何如此。或許是因為月亮與莊稼栽植的關連。

　　這張牌的名稱取得很好，因為「謹慎」是種消極的活動。它是精心算計。種植並等待，邊等邊瞧。下賭注——但只在你穩操勝算之時。

　　關於此牌在占卜上的一般意義，請見第二十章。

圓盤九 / 獲益

NINE OF DISKS
GAIN

原始標題 /

物質獲益之主（Lord of Material Gain）。

「金色黎明」模型 /

從牌面下方的雲中出現一隻手，握著一截薔
薇的枝枒，枝上有九朵白薔薇，每朵薔薇都碰
觸到一個圓盤。圓盤的排列方式如下：

「Yesod」之公主層級的色彩 /

灑蔚藍斑的檸檬黃。

金星之四種層級的色彩 /

翠綠、天藍、早春綠、泛淺綠光的鮮亮玫瑰
色，或櫻桃色。

處女座之四種層級的色彩 /

綠色（泛黃）、暗藍灰色、綠灰、梅紅色。

公式 /

物質之界（Assiah）的九號薩弗拉（Yesod）
＋金星在處女座＝獲益

噢，當我占卜關於物質事務的問題時，看到這張牌是多麼開心呀！我不在乎這聽起來多麼沒靈性，我就是愛這張牌！六個小錢幣，鐫刻著異常精緻的擬人化行星頭像，環繞著一個無紋飾的大日輪，又有兩個大小相同的成對圓盤交疊其上。

這張牌與克勞利在《托特之書》中的描述相去之遠，托特塔羅中少有其他的牌出乎其右。我必須推斷，那些文字是給哈利斯夫人的原始指示的一部分，而非對於成品的描繪。

即便如此，「圓盤九」仍是一幅平衡而美麗的畫面，詮釋著這個行星上大多數居民心目中的「好運道」。在對此牌的評述中，克勞利甚至連用了兩次「好運」這個詞：

> 這張牌是由處女座的金星守護。它顯示關於物質事務、施惠與人氣的好運道……是好運氣與好經營的結合 (註312)。

「Assiah」中的「Yesod」，位居四個喀巴拉世界中最低的一個，而且在此世界中的位置如此之低，它的低下反而成為一種資產。我們談的是物質層面的最高報償，而我們幸福地無感於在其他牌組所有的牌中，折磨著我們的不安和焦慮。

「圓盤牌組，」克勞利評論道：「太過遲鈍而不會去掛慮；它計算它贏得的利益，不會去擔心當它贏得一切時，是否贏得了任何東西。」 (註313)

關於此牌在占卜上的一般意義，請見第二十章。

圓盤十 / 財富
TEN OF DISKS
WEALTH

（水星在處女座）
處女座二十度到三十度
九月十二日到九月二十二日

原始標題 /
財富之主（Lord of Wealth）。

「金色黎明」模型 /
從牌面下方的雲中出現一隻手，握著一截薔
薇的枝枒。每朵薔薇都碰觸到一個圓盤，然
而，枝上並沒有花苞。圓盤的排列方式如下：

「Malkuth」之公主層級的色彩 /
泛黃光的黑色。

水星之四種層級的色彩 /
黃色；紫色；灰色；泛紫羅蘭光的靛藍色。

處女座之四種層級的色彩 /
綠色（泛黃）；暗藍灰色；綠灰；梅紅色。

公式 /
物質之界（Assiah）的十號薩弗拉（Mal-
kuth）＋水星在處女座＝財富

「圓盤十」代表物質衰降的極點，也是「透過『靈』而復元」（redintegration）的信號。克勞利稱此牌爲「重生循環的圖形符號」[註314]。畢竟，它是最後一張塔羅牌，代表最低的喀巴拉世界（Assiah／物質界）中，最低的領域（Malkuth／土）。其他牌組的十號牌都有地方可去，它們只消配合萬有引力，衰降到下一個較低的牌組。但是「圓盤十」已降無可降，無處生長，無處可去。它被迫要做某種其他小牌都無需去做的事。從宇宙最底部的位置，它必須以某種方式與造物的祕密形成某種鏈結，然後眞眞實實地，在塔羅循環的最頂端，煥然一新地轉世重生。

換句話說，它必須更新這個世界。這可是種大戲法，而它將需要全宇宙最神的戲法師來協助完成。不過還是讓我們先來看看這張牌。

哈利斯夫人的詮釋濃烈得幾乎有點兒滑稽：一棵完全由厚重結實的錢幣所構成的「生命之樹」，它的「Malkuth」在最底下鼓脹起來，彷彿所有塔羅牌的驅力與能量、所有的「薩弗洛斯」及其「路徑」、所有的喀巴拉世界，都像是整個宇宙疲憊的沉澱物般堆積在它身上。由於我找不到更文雅的形容詞，這張牌就像是宇宙便祕的寫照。當務之急是施一劑魔法的瀉藥，防止這大量積滯的能量、經驗，和物質腐敗化膿，毒害身體。

有醫生在場嗎？

有的！我們有全宇宙最棒的醫生。他不是別人，正是醫師與魔法師的守護神，也就是傳說中發明塔羅牌的神祇──托特／漢密斯／墨丘利！

太完美了！對於這樣一項任務，他的資歷可說是無懈可擊。首先，墨丘利身爲大魔法師，非常熟悉「天界三角」的道路。（記得嗎？水星「墨丘利」的路徑是在「深淵」之上，連通著「Kether」和「Binah」）作爲漢密

斯，他曾下降到「亡者之國」的最低領域，將普西芬尼帶回奧林帕斯山，重啓季節的循環。如果他能做到這個，重新啓動「圓盤十」豈非小事一樁，不費吹灰之力！而他最強大的資歷是，他也是天神托特——整個塔羅宇宙的發明者與維繫者[註315]。

彷彿是要吸引墨丘利的注意，好讓他施展最最必要的魔法，哈利斯夫人將此牌不折不扣地繪製成對墨丘利的召喚祈請。除了一處例外，所有的「薩弗洛斯」都帶有一個屬於墨丘利的神聖意象或文字：

- Kether——我們看見水星（即墨丘利）最通用的行星符號；

- Chokmah——墨丘利作為魔法師的符號（留意手臂的直角，與第一號大阿卡納「魔法師」的姿態相同）；

- Binah——煉金術中「汞」（墨丘利）元素的符號；

- Chesed——字母「Pa」，在以諾魔法體系中等同於字母「B」（哈利斯將之連結於分派給水星的希伯來字母「Beth」）；

- Geburah——希伯來字母「Beth」；

- Tiphareth——以希伯來文書寫的拉斐爾之名，即水星的守護天使；

- Netzach——墨丘利的八芒星；

- Hod——六邊形之中的六角星，即太陽的象徵（見下文）；

- Yesod——畢達哥拉斯學派的「四元體」（Tetractys）；

- Malkuth——由三個希伯來「母字母」構成的墨丘利神使之杖「卡杜西斯」（caduceus）。

爲何所有的「薩弗洛斯」，都包含了一種墨丘利的意象，只除了「Hod」——水星本身的領域？這個問題非常好。克勞利指出，它便是此一非凡重生過程的關鍵：

　　　　這些圓盤都鐫刻了各式各樣代表水星特質的符號，只除了位於「生命之樹」上「Hod」（水星）位置的那個錢幣，卻是標記著太陽的密碼。這暗示著從所有元素力量之竭盡所生出的僵局中，唯一可能的出路（註316）。

　　我將這段話的意思解讀爲，在遊戲的這個階段，墨丘利需要靈感與方向。克勞利言簡意賅地說：

　　　　當財富累積到超過某種程度，它要不就會變得完全呆滯，而不再是財富，要不就得借助聰明才智，將之善加運用……如此，卡內基建造了圖書館，洛克斐勒贊助研究，只因為沒別的事好做了（註317）。

　　藉由將太陽植入水星之域，在一株原本載滿水星的「生命之樹」上，哈利斯夫人借助聰明才智，賦予這張牌必要的靈性品格，以更新這個世界，成爲終極的宇宙慈善家。

　　關於此牌在占卜上的一般意義，請見第二十章。

∞

　　　　我真希望能把它們全都重畫一遍（註318）。

　　　　——哈利斯致克勞利，日期不詳

第 **20** 章

占卜方式與牌的意義

METHOD OF DIVINATION AND THE
MEANINGS OF THE CARDS

所有的占卜，都類似一個生來眼盲的人試圖藉由喝得爛醉，而獲得視力的嘗試[註319]。

這副牌不可單獨販售，而必須隨書銷售。如果此書可以不印插圖，印刷費應該不超過三百英磅。如果哈利斯夫人願意，她可以隨牌附贈此書，我不要從中取得任何錢財；她也可以說這書是她寫的，我不在意。但我不容許這些牌流入市面，讓它們可以單單被用來賭博或算命[註320]。

——克勞利，關於「津貼」的法律備忘錄，日期不詳

讀者諸君或許會感到奇怪（在我寫了如此多關於投影幾何、金色黎明、紀元更迭、沙漠異象、漢密特薔薇十字、生命之樹、色彩層級、守護天使，以及托特塔羅的魔法、煉金術及喀巴拉等複雜內蘊之後），我似乎對這些牌在占卜上的運用極為寡言。我向您保證，這並非出於我想要貶抑塔羅，否定它作為占卜工具的潛力，或是想勸阻您如此使用它。相反地，我會用這些牌來占卜，克勞利也用它們來占卜，世界上許多最頂尖的牌師也都使用托特塔羅來占卜。

　　本書從頭至尾，我都試圖忠於書名的承諾。我知道，我或許三不五時有所失誤，置入了稍多一點點杜奎特個人的東西。但是，就大體而言，我相信我一直是個忠實的「克勞利傳遞系統」，我不希望為德不卒，在這裡引進太多羅・米洛・杜奎特關於塔羅牌陣和托特塔羅之占卜意義的主觀看法。

　　任何老練的塔羅占卜者都會告訴你，如果你想使用塔羅作為占卜工具，你最好選擇一種牌陣，並根據你對每張牌之特質的熟悉度，以及實際運用塔羅時所汲取的知識和經驗，發展出一套個人的意義彙整表。

　　要發展出這份經驗，你必須從某個地方開始——對大多數人而言，這「某個地方」通常需要你為自己或他人占牌，並從書中查閱牌的意義。如果這是你所寄望於本書的，那麼我將閃一邊去；你在本章中看見的占卜方式和意義，完全是從克勞利的文字著作，以及《分點》期刊第一卷[註321]的塔羅資料中揀選出來的。

　　你將會看見，克勞利的占卜方式極為繁複，並吸納了許多我在本書中一再討論的占星及喀巴拉原則。如果你的塔羅生涯才剛要展開，你很可能會想從某種較為簡單的法門入手，像是「過去／現在／未來」的三牌牌陣，或是其他你能在別的塔羅書籍中找到的方法。

塔羅占卜方式——O.M.（艾利斯特‧克勞利）^(註322)

A METHOD OF DIVINATION BY THE TAROT——O.M. (Aleister Crowley)

〔此法係授予「紅寶石薔薇及金十字會」（R. R. et A. C.，即「金色黎明會」的「第二會」）中「小達人」階層修習者的法門，但經過修訂和改進，並加入某些防護措施，以確保它不可能被誤用——O. M.〕（譯註：O. M.爲克勞利的法名之一）

一、指示牌。

選出一張牌代表問卜者，運用你對其人性格的認知或判斷，而非執著於他身體上的特徵。

二、以左手握牌，右手持魔杖，舉在牌的上方，說道：「我召喚你，I A O，而你將派遣 H R U，那監督這『祕密智慧』之運作的偉大天使，將他的手無形地置於這些神聖的技藝之牌上，從而我們得以獲得對隱匿事物的眞知，榮耀你難以言狀之名。阿門。」

三、將牌交給問卜者，請他專注地想著問題，然後切牌。

四、接過切好的牌，然後準備占牌。

第一占（First Operation）

這顯示問卜者在找你諮詢時所處的情境。

一、將牌放置在面前，切牌，把頂上的一半放在左方。

二、將這兩落牌分別再切牌一次，置於左方。

三、這四疊牌從右到左，分別代表「I H V H」(即「Yod Hé Vau Hé」)。

四、找出「指示牌」。如果「指示牌」落在「Yod」那疊牌，則問題是關於工作、生意等等；如果落在「Hé」那疊，則是關於愛情、婚姻，或是逸樂等；如果是在「Vau」，則是麻煩、損失、醜聞、爭執等；如果是在最後的「Hé」，則是關於金錢、財物，以及諸如此類純粹物質方面的事務。

五、告訴問卜者他來此的目的：如果不對，便放棄此次占卜。

六、如果正確，則將包含「指示牌」的那疊牌一字排開，牌面朝上，從「指示牌」開始，往牌中人物面對的方向數牌 _(註323)。

所數的數目應該包括開始數的那張牌(也就是「指示牌」左邊或右邊的第一張牌)。

如果這張牌是「騎士」、「王后」或「王子」，則數到四。

如果是「公主」，數到七。

如果是「王牌」，數到十一。

如果是小牌(數字牌)，則數到牌面的數字。

若是大阿卡納牌，如果是元素牌(「愚人」、「吊人」，和「新紀元」)則數到三；行星牌(「塔」、「太陽」、「魔法師」、「皇后」、「女祭司」、「宇宙」，和「命運」)數到九；星座牌(「皇帝」、「大祭司」、「戀人」、「戰車」、「慾望」、「隱士」、「調節」、「死神」、「藝術」、「惡魔」、「星星」，和「月亮」)數到十二。

用這些牌編織一個「故事」。這故事是關於事件的開端。

七、選取「指示牌」左右的兩張牌（此一程序以下簡稱為「配對」），
然後再選取這些牌左右的兩張牌，以此類推。用這些牌編織另
一個「故事」，填補第一個故事所遺漏的細節。

八、如果這個故事不太準確，不要氣餒，或許問卜者並不清楚事情的
全貌。但是主線應該穩固設定，具正確性，否則應該放棄這次占
卜。

第二占（Second Operation）

問題的發展

一、洗牌，適當地召喚神靈，然後讓問卜者如先前般切牌。

二、將牌分發為十二疊，代表黃道的十二個占星宮位（houses）。

三、決定你應該在哪一疊牌中找到「指示牌」。例如，如果問題是關
於婚姻，則是在第七宮，以此類推。

四、檢視你所選擇的那疊牌。如果「指示牌」不在其中，再試試另一
個相關的宮位。如果第二次又失敗，便放棄此次占卜。

五、如先前般數牌、配對，並加以解讀。

第三占（Third Operation）

問題的進一步發展

一、如先前般洗牌、召喚、切牌。

二、將牌分發為十二疊，代表黃道的十二個占星宮位。

三、占斷適當的那疊牌，如先前般進行。

第四占（Fourth Operation）

問題在結局之前的面向

一、如先前般洗牌、召喚、切牌。

二、找出「指示牌」，放在桌上；讓接下來的三十六張牌在他周圍形成一個圓圈（每張牌各代表黃道的一「旬」）。

三、如先前般數牌、配對。

　[註記：星座的每一「旬」的特質，是由歸屬於它的小牌，以及《書卷777》（Liber DCCLXXVII），欄目149-151中載註的符號所示。]

第五占（Fifth Operation）

最後的結果

一、如先前般洗牌、召喚、切牌。

二、將牌分發為十疊，構成「生命之樹」的型態。

三、如同先前，決定你應該在哪一疊牌中找到「指示牌」，但在此處若是失敗，並不一定暗示這次占卜出錯了。

四、如先前般數牌、配對。

[註記：我們無法判定，目前的時刻發生在占卜的哪一部分。通常第一占似乎會指出問題過去的歷史，但並非必然如此。經驗會教導你。有時某種高靈協助的新波流，可能會指出諮詢的時刻。

我想補充的是，在物質事務上，這種方法極具價值。我曾得以鉅細靡遺地占算出，最最複雜的問題。O. M.]

除非完全具足了「技藝」（the Art），否則要從此種或任何其他占卜系統獲得令人滿意的結果，是不太可能的。它是魔法之中最為敏感、困難，而且危險的支脈。在《魔法》（*Magick*）一書的第十七章中，對於其必要的條件有完整的描述和討論，並附上所有重要占卜方式的綜合比較評論。

在佘利昂大師致力於振興魔法之際，占卜的濫用，尤甚於其他任何原因，造成了人們對魔法這整個主題的懷疑和不信任。忽視他的警告，褻瀆了這種超卓技藝之聖殿的人，必將為自身招致無可挽回的可怕巨禍，而這除了他們自己，怪不得任何旁人。《暴風雨》（*The Tempest*）的主角普羅斯裴洛（Prospero），便是莎士比亞對浮士德博士的回應。

二十二張大阿卡納牌在占卜上的意義 [註324]
DIVINATORY MEANINGS OF THE TWENTY-TWO ATUS OF THE MAJOR ARCANA

愚人（The Fool）

在精神事務上，「愚人」意味著概念、想法和靈性，那一切致力於超

越俗世者；在物質事務上，如果被負面地強調，它或許意味愚昧、怪癖，甚至狂熱。但是這張牌的本質，乃是代表某種原創、微妙、突如其來的衝動或衝擊，來自於某種全然奇特的源頭。這類衝動如果被正確地接收，全都會是對的；而這張牌要做正面或負面的詮釋，完全取決於問卜者的態度是否得宜。

魔法師 (The Magus)

技能、智慧、敏捷、靈活、機巧、狡猾、欺詐、偷竊。有時意味超自然的智慧或力量，有時是指突如其來的衝動。「靈光一閃」。它可能暗示信息，商業交易，關於進行中事務之訊息或情報的介入。

女祭司 (The High Priestess)

純淨、崇高而優雅的影響力進入被占卜的事務，因而發生變化、輪替、增減、波動……。然而，當事人會傾向於被一腔熱忱牽著鼻子走；除非能小心地保持平衡，他可能會「對月發暈」（moon-struck）。

皇后 (The Empress)

愛、美、快樂、愉悅、成功、完成、好運、慈善、和藹、優雅、奢華、安逸、閒散、放縱、頹廢、友誼、溫和、欣喜。

皇帝 (The Emperor)

戰爭、征服、勝利、衝突、野心、原創、過度自負的信心和妄自尊大，動輒爭執，能量、精力、頑固、不切實際、魯莽輕率、脾氣暴躁。

大祭司 (The Hierophant)

頑強的力量、勞苦、忍耐、沉著、示現、解說、教導、心地良善，來自

長輩或上級的協助，耐心、組織、平和。

戀人 (The Lovers)

對靈感開啟，直覺、智能、超人的洞察力、孩子氣、輕佻、體貼，脫離實際的考量，猶豫不決、自我矛、瑣碎淺薄；自以為有文化、高人一等。

戰車 (The Chariot)

凱旋、勝利、希望、記憶、消化吸收；在維持傳統理念上的暴力、死硬派，冷酷無情、毀滅的慾望、服從、忠誠、權威之下的權威。

調節 (Adjustment)

公平，或「正當」(justesse)，調節的作為，中止一切行動而暫不決定；在物質事務上，或許是指法律訴訟或起訴；社會上，指婚姻或婚約；政治上，則是指條約。

隱士 (The Hermit)

由內而來的啓悟，來自內心的祕密衝動；由此衍生的實際計畫。從當前事務的參與中引退。

命運 (Fortune)

命運的改變。(往往是指好運轉壞。因為通常前來諮商，便暗示著焦慮或不滿足)

慾望 (Lust)

勇氣、力量、能量和行動、天雷勾動地火的巨大激情；訴諸魔法，運用魔法力量。

吊人（The Hanged Man）

強迫的犧牲、懲罰、失落、損失——命定或自願的，苦難、挫敗、失敗、死亡。

死神（Death）

轉化、改變——自願或非自願的。無論何者，都是既有情境之合乎邏輯的發展，但或許是突如其來或意料之外的。表面的死亡或毀滅，但這樣的理解乃是一種錯覺。

藝術（Art）

力量的結合、實現，基於精確計算的行動；脫身之道，經過精心演練或周詳謀畫之後的成功。

惡魔（The Devil）

盲目的衝動，無法壓制且不擇手段的強烈野心，誘惑、執迷、即將被執行的祕密計畫；艱苦的工作、頑固、嚴格，令人痛苦的不滿、忍耐。

塔（The Tower）

爭執、戰鬥、危險、崩潰、計畫的毀滅、突然的死亡、從獄中逃脫。

星星（The Star）

希望、意料之外的援助、清晰的洞察、可能性的實現、靈性的領悟；牌的格局不佳時，則意味著誤判、夢幻、失望。

月亮（The Moon）

錯覺、欺騙、迷惑、歇斯底里，甚至瘋狂、夢幻、虛假、失誤、危機、

「黎明前最黑暗的時刻」、重大改變的邊緣。

太陽（The Sun）

　　榮耀、獲得財富、勝利、享樂、坦白、信實、坦蕩無愧、傲慢、虛榮、
示現；從疾病中恢復，但有時也意味著突然的死亡。

新紀元（The Aeon）

　　關於過去的最後決定、關於未來的新潮流；總是代表採取某種明確
的步驟。

宇宙（The Universe）

　　討論中的議題本身、綜合、事情的終結，可能意味著拖延，反對、頑
固、遲鈍、耐性、堅忍不拔，在困難中堅持不懈的頑強。整件事情的具體
化。

五十六張小阿卡納牌在占卜上的意義 [註325]
DIVINATORY MEANINGS OF THE FIFTY-SIX CARDS OF THE MINOR ARCANA

權杖王牌（Ace of Wands）

　　它象徵力量──氣力、急速的行動、精力、能量；而依據其性質，它
掌管各式各樣的工作和問題。相對於人為引發、召喚而來的力量，它更暗
示自然的力量。

權杖騎士（Knight of Wands）

　　他積極活躍、慷慨、激烈、突然、魯莽衝動。若是格局不佳，他會變
得心地惡毒、殘酷、偏執、粗暴。

權杖王后（Queen of Wands）

適應力，運用於某個目標的穩定力量，穩固的規則，強大的吸引力、指揮力，儘管如此仍受到愛戴。未受反對時，會是和藹而慷慨的。若是格局不佳，她會變得頑固、記仇、跋扈、專制，並有無緣無故與他人作對的傾向。

權杖王子（Prince of Wands）

迅捷、堅強、匆忙；相當暴力，但卻公正而慷慨；性格高貴且蔑視卑鄙的行徑。若是格局不佳——殘酷，不寬容，抱持偏見，且心地不善。

權杖公主（Princess of Wands）

才華、勇氣、美、力量、發怒或愛戀都很突然、權力欲、熱忱、報復心。若是格局不佳，她會變得膚淺、誇張、殘酷，不穩定而盛氣凌人。

權杖二（Two of Wands）

對他人的影響力，權威、力量、統轄。

力量、統轄、統治，與公義的和諧。大膽、勇敢、猛烈、坦蕩無愧、報復、決心、慷慨、驕傲、敏感、野心勃勃、優雅、靜不下來、騷動、聰慧睿智，但卻頑固而愛記仇。

權杖三（Three of Wands）

驕傲；傲慢；自作主張。

確立的力量、實力、希望的實現。工作的完成。奮鬥後的成功。驕傲、高貴、財富、權力、自負。粗野的自大僭越和傲慢無禮。慷慨、頑固……等等。

權杖四（Four of Wands）

解決；安頓；安排；完成。

一項歷經麻煩和辛勞而建構的事物之完成，或臻於完美。辛勞之後的休息、敏銳纖細、聰明、美、歡樂，完全的成功。思辨的能力，從先前的知識推得的結論。過度焦慮和行動倉促所造成的準備不周、不可靠和不穩定。舉止的優雅，但有時並不誠懇……等等。

權杖五（Five of Wands）

爭執與戰鬥。

激烈的衝突和冒失放肆，魯莽、殘酷、暴力、慾望、渴求、揮霍和慷慨；視牌的格局是否好壞而定。

權杖六（Six of Wands）

獲益。

衝突之後的勝利；愛；由辛勞獲得的樂趣；小心謹慎，善於社交並避免衝突，但從中獲得勝利；同時也意味傲慢，以及因財富和成功等等而來的驕傲。整體需視牌的格局而定。

權杖七（Seven of Wands）

對抗，但也意味勇氣。

可能的勝利，視施展的能量和勇氣而定；英勇、對抗，障礙和困難，但也意味面對它們的勇氣；爭執、無知、虛矯、爭吵和脅迫；在瑣碎小事上的勝利；對下屬的影響力。

權杖八（Eight of Wands）

勿促的溝通和訊息；迅捷。

過於突然地運用過多的力量。非常急速的行動，但很快便消散、耗竭。激烈，但並不持久。迅捷、快速、勇氣、大膽、自信、自由、戰爭、暴力；愛好開闊的戶外、競賽運動、花園和草地。慷慨、敏銳、口才流利，但卻有點不可信賴；貪婪、傲慢、壓迫人、鬼祟、強取豪奪。視格局而定。

權杖九（Nine of Wands）

臂力；力量；健康；從病中復原。

巨大、穩定而無法撼動的力量。赫丘利斯般的臂力，但有時被科學地運用。巨大的成功，但帶有衝突和能量。焦慮與恐懼之後的勝利。健康良好，復原可期。慷慨，好奇好問；注重外表，倔強桀驁，固執。

權杖十（Ten of Wands）

殘酷；惡意；報復；不公。

殘酷且專橫的能量，但只用在物質和自私的目的上。有時顯示某件事務的失敗，反抗太過強大而難以控制；最初係由其人過於自私所引起。如果格局不佳，則意味惡意、輕率、說謊、怨毒、誹謗、嫉妒、頑固，敏於作惡和欺騙。若是格局良好，則是代表慷慨、無私和自我犧牲。

聖杯王牌（Ace of Cups）

它象徵豐饒──繁殖力、多產、美、享受、快樂等等。

聖杯騎士 (Knight of Cups)

優雅、詩意、愛美、好逸惡勞;但若被挑動,則會熱情十足。如果格局不佳,他會是耽溺感官、無所事事而不可信賴的。

聖杯王后 (Queen of Cups)

她富於想像力、詩意而和藹,但卻不太願意為他人麻煩自己。在一副夢幻的外表下,她顯得風情萬種,親切溫婉。想像大過於情感。很容易受到其他作用力的影響,因此格局的重要性高過大多數的牌。

聖杯王子 (Prince of Cups)

他敏銳、暴烈、工於心計且具藝術天賦;生性激烈但卻有一副冷靜的外表。在善惡兩面都擁有強大的力量,但若是與明顯的「力量」或「智慧」結盟,則較受邪惡面的吸引。如果格局不佳,他會是極度邪惡且無情的。

聖杯公主 (Princess of Cups)

甜美、詩情畫意、親切和藹、溫文有禮。富於想像力、夢幻,有時好逸惡勞,但受激之時則會勇氣十足。若是格局不佳,她會是自私而奢侈的。

聖杯二 (Two of Cups)

婚姻;愛情;享樂。

陰陽結合的和諧。協調、享樂、歡笑、纖細敏銳,但若格局不佳——愚昧、放蕩、浪費、愚蠢的行動。

聖杯三 (Three of Cups)

豐足、好客、飲宴、享樂、跳舞、新衣、歡樂。

豐富、充裕、成功、享樂、感官享受、被動的成功、好運和財富;愛、喜悅、仁善、慷慨大度。

聖杯四 (Four of Cups)

由他人處得到享樂或善意,但同時卻帶有些許不安。

接近終了的成功或享樂。快樂的穩定時期,它可能會持續,也可能不會。它並不像前一個象徵那般意味著愛情與婚姻。這個象徵太過被動,無法完美地表現完整的快樂。迅捷、獵捕和追逐。藉由爭執而獲取;有時意味著不公;暗示享樂的某些缺憾。

聖杯五 (Five of Cups)

愛情中的失望,破裂的婚姻,友人的刻薄;失去友誼。

死亡,或是歡樂的破滅或終結:在期待從中獲得快樂的事物上,卻以失望、哀傷和失落收場。悲哀、背叛、欺騙;惡意,誹謗詆毀;好心沒好報;從未知而意料之外的源頭而來的種種焦慮和煩惱。

聖杯六 (Six of Cups)

願望、幸福、成功,或享樂的開端。

穩定增長、獲益及享樂的開端,但僅僅是開端。同時也意味發覺、知曉,在某些案例中,也暗示沒來由的堅持己見和虛榮心所引起的爭執和衝突。有時是指不知感恩和放肆專橫;有時卻是和藹厚道而有耐性。如往常般視格局而定。

聖杯七 (Seven of Cups)

說謊,未實現的承諾;錯覺、欺騙、錯誤;一開始的小成功,但卻

難以爲繼。

可能的勝利，卻因其人的懶散而落空：虛幻的成功、表面勝利時刻的欺瞞。說謊、錯誤、未實現的承諾。醉酒、憤怒、虛榮。慾望、通姦，對女性的暴力、自私的放蕩、愛情與友情中的欺騙。往往獲得了成功，但卻無以爲繼。如往常般視格局而定。

聖杯八（Eight of Cups）

被放棄的成功；興趣的衰退。

暫時的成功，而沒有更進一步的結果。到手即扔在一邊。缺乏續航力，即使是進行中的事務。成功時的怠惰。到處旅行。無緣無故的牢騷和埋怨。追逐財富。不穩定。

聖杯九（Nine of Cups）

完全的成功、享樂和快樂，願望實現。

樂趣與快樂的完全實現，近乎完美；自稱自讚、虛榮、自滿，開口閉口都是自己，但卻親切而討人喜歡，但同時或許有自我否定的成分。心高志遠，不輕易滿足於小格局而有限的概念。由於過度自命不凡，往往容易遭人中傷。生性善良而慷慨，但有時會有點傻氣。

聖杯十（Ten of Cups）

塵埃落定：完全的好運。

由於受到上天的靈啓，享受永久且持續的成功和快樂。並不如「物質快樂之主」（即「聖杯九」）那般注重感官，而幾乎是更加眞實的快樂。享樂、放蕩、淫逸、安靜、扮演和事佬。仁慈、憐恤、慷慨、放縱、浪費……等等，視格局而定。

寶劍王牌（Ace of Swords）

　　相對於「自然力」，它象徵「被召喚的」力量：因為它是「寶劍的召喚」。向上直立時，它召喚靈性光輝之神聖王冠，但逆位時，它則是「惡魔之力的召喚」，變成一種邪惡可怕的象徵。因此，它代表非常強大的力量，或善或惡，但係召喚而來；而它同時也代表迅疾之力，以及度過困境的力量。它是對正義的肯定，標舉神性的權威；而它也可能成為「憤怒」、「懲罰」和「苦惱折磨」之劍。

寶劍騎士（Knight of Swords）

　　他積極活躍、聰明敏銳、狂熱猛烈、靈敏細緻、勇敢、多才多藝，但卻有著專橫跋扈的傾向。除非格局良好，往往過分注重小事。若是格局不佳，則可能虛假欺偽、專橫暴虐而狡猾多詐。

寶劍王后（Queen of Swords）

　　極富感知力，觀察敏銳，敏感細心、伶俐而自信：往往十分堅忍，對表面的事物甚為精確講究，舉止優雅，喜歡跳舞和協調。若是格局不佳，則會是殘酷、狡詐、欺偽而不可靠的，雖然表相良好。

寶劍王子（Prince of Swords）

　　充滿概念、想法和構思，不信任人、多疑，在友誼和敵意上都很堅定，小心謹慎，富觀察力，緩慢，過度小心，象徵「阿爾法」（Alpha）和「歐米迦」（Omega）；創造和砍掉一樣快速。如果格局不佳，負面特質受到強化，則嚴酷、懷恨，工於心計；頑固，但卻猶豫；不可信賴。

寶劍公主（Princess of Swords）

　　智慧、力量、敏銳；在物質事務上的機敏：優雅通達且靈巧幹練。若

是格局不佳，負面特質受到強化，則會是輕佻而狡詐的。

寶劍二（Two of Swords）

爭執彌合，但關係中仍有些許緊張：行為有時自私，有時則否。

相同本質之中的矛盾特性，穿越苦難的力量；痛苦之後的快樂。犧牲與困頓，但從中生出力量，由薔薇的位置所象徵，彷彿苦難本身生出了美。協議，恢復和平；停戰；真相與非真相；憂傷與同情。對弱者的援助；調停；公正，無私；同時也有重複冒犯的傾向；雖懷好意但卻造成傷害；慣於請求；同時也意味著有欠圓滑，詢問無關緊要的問題；話多。

寶劍三（Three of Swords）

不快樂；悲傷；眼淚。

分裂瓦解，中止阻礙，分離，爭吵；播下不和與衝突的種子，挑撥離間，悲傷和淚水；但卻暗示柏拉圖式（純精神性）的歡樂；歌唱，信守承諾，金錢交易上的誠實無欺，自私而沉迷酒色，但有時卻頗為慷慨；言詞虛假而多重複；整體需視格局而定。

寶劍四（Four of Swords）

康復，從疾病中復原；往好的方向轉變。

從憂傷中歇息，不過是在經歷它之後。由戰爭而來或戰爭之後的和平。從焦慮中放鬆。安靜，休息，安逸和豐裕，不過是在奮鬥之後。現世的財貨；豐足；如往常般視格局而定。

寶劍五（Five of Swords）

挫敗；虧輸；怨恨；惡意；誹謗；詆毀。

競爭結束勝負已決，而結果對其人不利；失敗、挫敗、焦慮、麻煩、貧困，貪婪，獲利之後的苦惱、操勞、不得休息；損失和性格的卑劣；怨毒、懷恨、誹謗、說謊、惡意與造謠生事。好事之徒，朋友中的離間者，痛恨看見他人之間的愛與和睦。殘酷，但卻怯懦，忘恩負義而不可信靠。在思想和言語上伶俐而敏捷。很容易心生憐憫，但卻並不持久。

寶劍六（Six of Swords）

辛勞；工作；水路的旅程。

焦慮與困頓之後的成功；自尊、美、自滿、但有時又心懷謙遜。支配、耐心、辛勞……諸如此類。

寶劍七（Seven of Swords）

陸路的旅程；性格不太可靠。

局部的成功。勝利在望卻自行屈服，彷彿力量的最後儲備已然耗竭。由於努力無法持續，獲益在即卻輸掉的傾向。愛好豐足、耽迷於炫耀誇示、愛聽恭維讚美、容易冒犯他人、對人無禮、以及窺人隱私。傾向於背叛信任（洩漏祕密），雖然並非總是出於故意。十分搖擺而不可信靠。

寶劍八（Eight of Swords）

狹隘；受限；瑣碎；囚牢。

花費太多力氣在小事上；過於注重細節，而犧牲了更重要的重點。若是格局不佳，這些特質會造成怨懟、瑣碎和跋扈的特質。對研究的細節很有耐心，在某些事情上很用心，但卻被其他事務上同等的混亂所抵銷。衝動，對給予和收取金錢或禮物同樣感興趣；慷慨、伶俐、敏銳、自私、缺乏強烈的情感。欣賞智慧，但卻將之運用在不值得的微小目標上。

寶劍九（Nine of Swords）

疾病；苦難；怨恨；殘酷；痛苦。

絕望、殘酷、冷酷、怨恨、苦惱、匱乏、損失、不幸。負擔、壓迫、辛勞、敏銳而狡猾、不誠實、說謊與詆毀。不過也意味服從、忠實、耐性、無私……等等，視格局而定。

寶劍十（Ten of Swords）

毀滅；死亡；挫敗；崩潰。

一個幾乎比「寶劍九」還要糟糕的象徵。沒有紀律的、敵對的力量，完全的崩解和失敗。所有方案與計畫的崩毀。輕蔑、傲慢無禮，然而同時卻有著興高采烈和歡鬧作樂。酷愛破壞他人快樂的擾亂者；凡事喜歡重複、愛做無益的演說，口水多過茶。不過也可能聰穎而具說服力，端視格局而定。

圓盤王牌（Ace of Disks）

它代表一切意義上的物質性、實質性，或善或惡；因此，在某種意義上，它是虛幻的；它顯示物質的獲益、辛勞、力量、財富……諸如此類。

圓盤騎士（Knight of Disks）

除非格局上佳，他是遲鈍、無趣而重視物質的。在物質事務上他十分勤勉、精明而有耐性。如果格局不佳，他會變得貪婪、守財、愚鈍，而且善妒；並不十分勇敢，除非受到其他因素的協助。

圓盤王后（Queen of Disks）

她個性衝動而善良；羞怯，相當有魅力；心地寬宏；聰明、憂鬱；誠

實坦率，但情緒多變。若是格局不佳，她會變得猶豫不決、任性善變，甚至冥頑愚昧。

圓盤王子（Prince of Disks）

事物的增長，善或惡的增長。結晶、凝固；實際地運用事物。穩定；可靠。若是格局不佳，他便會是自私、動物性，且重物質的：愚蠢。在任一情況下，他都不輕易發怒，但一旦被激怒便會是暴怒。

圓盤公主（Princess of Disks）

她性情慷慨、親切，勤奮而有愛心，行事小心謹慎、勇敢、堅毅，並富同情心。若是格局不佳，便會是揮霍而浪費的。

圓盤二（Two of Disks）

愉快的改變；訪友。

和諧的改變，得與失、弱與強的交替；不斷變動的職業；遊蕩流浪，不滿足於任何固定的狀態；時而興高采烈，時而消沉憂鬱；勤勉，但卻不可靠；透過審慎經營而來的好運，但有時卻會沒來由地犯傻；時而多話，時而多疑。和藹可親，但卻搖擺不定，反覆無常。旅行運佳。好爭辯。

圓盤三（Three of Disks）

生意；受雇的工作；商業交易。

有效而具建設性的力量，逐步建立、創造、設立；物質事務的實現與增長；從商業交易中獲利，階級地位；實質的增長、影響力；在生意上的精明，自私。事件的開始，以待日後確立。狹隘而懷有偏見。熱衷於獲益的事務；有時會耽溺於尋求不可能的目標。

圓盤四 (Four of Disks)

獲得錢財或影響力；一份禮物。

穩當的物質獲益；成功、身份階級、管轄權、世俗的權力；臻於完成，但無更進一步的發展。有偏見的、覬覦、多疑；小心而有條理，但卻不滿足。無甚進取心或原創性。如慣例視格局而定。

圓盤五 (Five of Disks)

丟掉工作，損失錢財，金錢方面的焦慮。

失去金錢或地位。物質事務上的麻煩。辛勞，苦工，耕作田地；建造、世俗事物上的知識與精明、貧窮、謹慎、和藹；有時意味著經過嚴酷的辛勞苦幹後，重獲財富。缺乏想像力、嚴厲、嚴苛、堅定、固執。

圓盤六 (Six of Disks)

物質事物上的成功，生意上的興旺。

物質事業的成功與獲益。權力、影響力、階級身份、高貴地位、統轄人民、幸運、成功；開明而公正。若是格局不佳，則可能會誇示財富，傲慢無禮，或是揮霍無度。

圓盤七 (Seven of Disks)

不賺錢的投機活動或職業；勞多而得少。

成功的指望未曾實現（由牌上的薔薇花苞並未綻放可以看出，[註326]）。顯然可期的財富落了空。希望受到蒙騙而被碾碎。失望、不幸、奴役、貧困與卑下。一位土地的耕作者，但卻失敗了。有時它暗示微小而孤立的獲益，無法從中產生成果，也沒有進一步的重要性，雖然看似很有

前景。

圓盤八（Eight of Disks）

熟巧；審慎；狡猾。

對小事過於小心，而疏忽了重要的事：「貪小便宜吃大虧」；獲得容易到手的小錢；吝嗇；貪婪；勤勉；耕作田地；貯藏，缺乏冒險進取的精神。

圓盤九（Nine of Disks）

遺產；財物的大量增加。

物質獲益、財物、財富的完全實現；繼承；覬覦貪求；對財物的珍視；有時也意味著偷盜和狡詐。整體意義需視格局而定。

圓盤十（Ten of Disks）

財富與財產。

物質獲益與財富的完成，但除此無他：可以說是居於成功的頂峰。老年，懶散；巨大的財富，但有時損失一部分；沉重；心智的遲鈍，但在金錢交易上卻很機敏而興旺。

第21章

泰勒瑪及塔羅術語詞彙表

GLOSSARY OF THELEMIC
AND TAROT TERMS

A∴A∴：「一般相信『A∴A∴』代表『Argenteum Astrum』（銀星）。我曾被明確告知並非如此。『A∴A∴』是克勞利和喬治·塞西爾·瓊斯（George Cecil Jones）於一九○七年創設的。基於『金色黎明會』承襲自『薔薇十字會』的典型位階體系，『A∴A∴』要求魔法師在實質上，獲致十個『薩弗洛斯』中的每一個所體現的意識狀態、和魔法力量（亦即，當魔法師實質達到與『神聖守護天使』之認知與對話，他才算是一位『小達人』）。『A∴A∴』並非一種會所系統，而且是完全保密的。」[註327]

Abrahadabra：「『新紀元』的信息……『偉大工作』的密碼。」[註328]

「深淵」（Abyss）：在「生命之樹」圖形上，「深淵」是分隔前三個「薩弗洛斯」（「天界三角」——理想）與其餘七個「薩弗洛斯」（實際）的區域（或「非區域」）。

豁免達人（Adeptus Exemptus）：當入門者達到由「Chesed」，也就是「生命之樹」上第四個「薩弗拉」，所代表的意識層次時，被授予的「A∴A∴」位階。要獲致下一個位階「聖殿法師」（Master of the Temple），則必須越過「深淵」。

小達人（Adeptus Minor）：當入門者達到由「Tiphareth」，也就是「生命之樹」上第六個「薩弗拉」，所代表的意識層次時，被授予的「A∴A∴」位階。在這個位階，修行者獲致對「神聖守護天使」的認知與對話。

「調節」（Ajustment）：托特塔羅的第八號大牌。這張牌的傳統名稱是「正義」（Justice）。參見「Lamed」。

「新紀元」（Aeon）：托特塔羅的第二十號大牌。這張牌的傳統名稱是「審判」（Judgment）或「最後審判」。「新紀元」代表「荷魯斯紀元」的誕生。它昭示著上一個時代「歐西里斯紀元」的「最後審判」（世界的

終結）。參見「荷魯斯紀元」、「伊西斯紀元」、「歐西里斯紀元」；字母「Shin」、「火」、「靈」。

「荷魯斯紀元」（Aeon of Horus）：人類發展進程中現階段的魔法時期。根據克勞利的說法，它起始於一九〇四年三月二十日的「諸神之分點」（Equinox of the Gods）。受到太陽永恆照耀（而非隨著每日和年度的循環死去又重生）的知識啓迪，「荷魯斯紀元」受啓蒙的崇拜者，將生命視爲一種持續成長與傾軋的過程。透過它，我們終將發展出克服死亡的持續存在之意識。在「荷魯斯紀元」中，社會的基本單元乃是個人，而非部族、家庭，或國家。

「伊西斯紀元」（Aeon of Isis）：人類發展的魔法時期。在此時期，對於基本滋養的追求，乃是人類意識及努力的支配性主題。大地和女性的力量，被神格化爲一切生命及滋養的源頭。此一母系時代的特徵爲：狩獵、女神崇拜，以及食人的儀式。

「歐西里斯紀元」（Aeon of Osiris）：人類發展的魔法時期。在此時期，生與死的奧祕，乃是人類意識及努力的支配性主題。太陽和男性的力量，被神格化爲一切生命及滋養的至高源頭。此一父系時代執迷於對死亡的征服，其特徵爲：農業及人類獻祭的儀式，以及被謀殺然後復活的男性神祇之崇拜。

Ain——空無：深刻的「負性」（negativity），甚至排除了負向存在的概念。是「Kether」（1）之所由生的「『負』之三重帷幕」中的第一重。參見「愚人」。

Ain-Soph——無限的空無：「Kether」（1）之所由生的「『負』之三重帷幕」中的第二重。參見「愚人」。

Ain-Soph-Aur——無限的光:「Kether」(1) 之所由生的「『負』之三重帷幕」中的第三重,也是最後一重。參見「愚人」。

Aleph——א:「公牛」。希伯來字母,等同於英文中的「A」和數字「1」。在「生命之樹」上,它是路徑「11」,連結著第一個薩弗拉「Kether」和第二個薩弗拉「Chokmah」。代表「風」元素和塔羅的大阿卡納牌「愚人」。

天使 (Angel):傳統上,人或天使是「水瓶座」的象徵標誌。然而,在「新紀元」中(以及托特塔羅所表現的),天使是「天蠍座」的象徵。參見「守護神獸象徵」(Kerubic Emblems)。

安卡阿夫納庫蘇 (Ankh-af-na Khonsu):古埃及第二十五王朝「莫圖」(Mentu) 神的祭司暨政治人物。一九〇四年春,他所自繪的墓誌碑展示於開羅的布拉克(Boulak)博物館,在克勞利夫婦身上引發了一連串超自然事件,接引了「諸神之分點」,並導致克勞利接收《律法之書》。

「藝術」(Art):托特塔羅的第十四號大牌。這張牌的傳統名稱是「節制」(Temperance)。參見「Samekh」;「射手座」。

Assiah:見「喀巴拉世界」(Qabalistic Worlds)。

星座時代 (Astrological Age):透過觀察太陽在春分點投射於黃道帶的相對位置,古代的觀測者發現,太陽相較於前一年的起始點,似乎會倒退一點點,導致每七十二年會倒退大約整整一度。這造成每隔大約兩千一百六十年,太陽看似會在黃道帶上向後移動一整個星座。古人稱此過程為「分點歲差」(precession of the equinox),而它從一個星座移動到另一個的時間,則稱為「星座時代」。這種現象事實上是由地軸極為緩慢的搖擺所造成,就像是個旋轉中的陀螺,在太空中以北極和南極劃圈

圈。占星學家普遍同意，我們最近剛剛或即將進入「水瓶座時代」（Age of Aquarius）。

Atu：托特塔羅的大阿卡納牌係以羅馬數字編排，並被稱為「Atu」。「某些格外無聊的詞源學家試圖將法文字『atout』（『王牌』）的源頭，扯到（古埃及文）意為『房屋』的『ATU』。若說『atout』乃是『bon à tout』（意為『對什麼都好』，因為王牌可以取代任何牌組中的任何一張牌）的簡寫，似乎還比較簡單。」[註329]

Atziluth：見「喀巴拉世界」（Qabalistic Worlds）。

Ayin——ע：「眼睛」。希伯來字母，等同於英文中的「A」、「Au」或「O」，和數字「70」。在「生命之樹」上，它是路徑「26」，連結著第六個薩弗拉「Tiphareth」和第八個薩弗拉「Hod」。代表黃道星座「魔羯座」和塔羅的大阿卡納牌「惡魔」。

巴巴隆（Babalon）：在泰勒瑪的「萬神殿」中，「巴巴隆」是陰性神祇的兩個主要面向之一，另一個則是努特。正如努特係與哈地德（Hadit）—— 也就是她的男性對應者—— 配對，巴巴隆則是連結著佘利昂（Therion），即「野獸」。以下摘錄自《泰勒瑪魔法》（*The Magick of Thelema*）一書。

> 「佘利昂／巴巴隆」是為「Chokmah/Binah」——對於喀巴拉的研習者而言，開始理解佘利昂和巴巴隆最簡單的方式，是將它們分別概念化，想像成「生命之樹」的第二和第三個「薩弗拉」，即「Chokmah」和「Binah」的化身。
>
> 第二個薩弗拉「Chokmah」代表二元性的原始概念，就此而言，它是第一個薩弗拉「Kether」之完美合一的混沌掠奪者。「混沌」（Chaos）是「Chokmah」的另一個稱號，而在某些泰

勒瑪儀式中被等同於佘利昂。「Chokmah」同時也是「神性的意志」(the Divine Will)，「宇宙的理法」(the Logos)，是「神之話語」(the Word)，其振動感應乃是宇宙的創造本質。作為天界的「父親」，「Chokmah／佘利昂」乃是林伽(lingam)，即「宇宙男性」的原型。

第三個薩弗拉「Binah」代表「神性自我」(Kether)與被反映的「非自我」(Chokmah)之間原初的和解與平衡。她被視為「Chokmah」之包容一切的伴侶，而當他們結合時，「Kether」原初的合一便得以實現。由於「Binah／巴巴隆」居駐在緊鄰「深淵」的天界，她最終會將開展中的宇宙生命整體接收到自身之中。這宇宙生命係由「聖徒之血」所象徵，而她將之收集在她神聖的杯中(聖杯)。她將它與「野獸」分享，而他們在醺醉的狂喜中合而為一。因此她被稱為「偉大的淫婦」，因為在她的「無恥」之中，她接收一切，從不拒絕[註330]。

「野獸」(Beast)：在泰勒瑪的「萬神殿」中，「野獸」是陽性神祇的兩個主要面向之一，另一個則是哈地德。在「生命之樹」上，「野獸」係連結於第二個薩弗拉「Chokmah」。參見「巴巴隆」(Babalon)。

Beth——ㄅ：「房屋」。希伯來字母，等同於英文中的「B」和數字「2」。在「生命之樹」上，它是路徑「12」，連結著第一個薩弗拉「Kether」和第三個薩弗拉「Binah」。代表行星「水星」和塔羅的大阿卡納牌「魔法師」。

Binah——理解：「生命之樹」上的第三個「薩弗拉」；土星之域。「Binah」同時也是偉大母親巴巴隆和努特的薩弗拉之家。在塔羅中，它是四張宮廷「王后牌」、以及小牌中「三號牌」的家。

殉道者（聖徒）之血（Blood of the Martyrs〔Saints〕）：一切演進中之生命的意識與本質。參見「戰車」、「聖杯」、「巴巴隆」。

《律法之書》（*Liber AL vel Legis, The Book of the Law*）：《律法之書》係由一位自稱為「愛華斯」（Aiwass）的高靈於一九〇四年四月八、九、十日在埃及開羅對克勞利口授的。它是「泰勒瑪」的首要聖典，也是托特塔羅相關教旨的源頭，尤其是希伯來字母「Tzaddi」並不歸屬於「星星」牌的概念。

Briah：見「喀巴拉世界」（Qabalistic Worlds）。

公牛（Bull）──金牛座：見「守護神獸象徵」（Kerubic Emblems）。

「戰車」（Chariot）：托特塔羅的第七號大牌。參見「Cheth」。

「戰車御者」（Charioteer）：「聖杯」的輸送者。第七號大牌「戰車」的別稱。

Chesed──仁慈：「生命之樹」上的第四個「薩弗拉」；木星之域。作為「深淵」下方的第一個薩弗拉，「Chesed」乃是實質宇宙的最高顯化（在它之上的「天界三角」，乃是不可知且未顯化的理想）。因此「Chesed」成為「造物主」（Demiourgos）的完美環境。這位創造之神，由於他看似創造了宇宙，便誤以為自身是、也表現得像是至上存有。由於他並不真的是至上存有，「造物主」對於自身的「全能」有個盲點，而且像個被寵壞的孩子，不斷試圖證明自身的神性。這給了我們一個極度缺乏安全感且有偏執狂的創造者。與「Chesed」相關的神話複合神祇──宙斯／朱庇特／裘夫／耶和華──其善妒而精神病態的行為，全都駭人地符合此種症候群。在塔羅中，「Chesed」則是小牌中「四號牌」的家。

Cheth──ח：「籬笆」。希伯來字母，等同於英文中的「Ch」和數字「8」。在「生命之樹」上，它是路徑「18」，連結著第三個薩弗拉

「Binah」和第五個薩弗拉「Geburah」。代表黃道星座「巨蟹座」和塔羅的大阿卡納牌「戰車」。

Chiah：見「靈魂的各部分」（Parts of the Soul）。

Chokmah——智慧：「生命之樹」上的第二個「薩弗拉」；黃道之域。「Chokmah」同時也是「萬有之父」、「野獸」，和哈地德的薩弗拉之家。在塔羅中，它是四張宮廷「騎士牌」，以及小牌中「二號牌」的家。

Choronzon：見「Daath」。

色彩層級（Color Scales）：當純粹的神性意識降入四個「喀巴拉世界」各自的十個「薩弗洛斯」，它變得黯淡了。喀巴拉學者想像，「靈」之降入物質，如同純粹的光漸次解離為較低的振動。這四種色彩級別，由上而下分別是：國王、王后、王子和公主層級。見第十章。

克勞利，愛德華・亞歷山大（艾利斯特）（Crowley, Edward Alexander〔Aleister〕）：一八七五～一九四七。一位極為有趣且富爭議性的人物。

克勞利，蘿絲・伊狄斯（Crowley, Rose Edith）：一八七四～一九三二。艾利斯特・克勞利的第一任妻子。她是傑拉德・費斯特・凱利爵士（Sir Gerald Festus Kelly，一八七九～一九七二）的姊姊，後者曾任英國皇家藝術學院院長。在導致接收《律法之書》的通靈事件中，蘿絲扮演了極為重要的角色。克勞利視她為個人的第一位「猩紅之女」（Shakti，夏克提，即陰性創造能量）。

聖杯（Cup）：代表魔法師之理解的魔法武器。在靈魂的各部分中，「聖杯」代表「Neshamah」（靈魂直覺），以及喀巴拉世界中的「Briah」（創造之界）。

巴巴隆之杯 (**Cup of Babalon**)：「Binah」被擬人化，作為接收一切演進中生命本質之體整（聖徒之血）的器皿。當修行者越過「深淵」（「生命之樹」上第四個薩弗拉「Chesed」和第三個薩弗拉「Binah」之間的無路徑區域），即獲得「聖殿法師」（Master of the Temple，8°＝3°）的位階。參見第十一號牌「慾望」；第七號牌「戰車」；第二十一號牌「宇宙」；巴巴隆；Binah；聖殿法師；努特（Nuit）；以及「聖杯」（Holy Grail）。

淫亂之杯 (**Cup of Fornication**)：見「聖杯」（Holy Grail）。

聖杯 (**Cups**)：見「牌組」（Suits）。在塔羅占卜中，「聖杯」牌組往往意味著關於情感、戀情、愛、創造力、藝術，以及情緒方面的事務。

Daath——知識：「生命之樹」上的一個幻影或「虛」的「薩弗拉」，位於分隔「天界三角」和「生命之樹」其餘部分的「深淵」之中。在一個人的啟悟旅程中，知識固然是一種重要且必需的工具，思考的機能卻有其限制，且終究必須被超越，才能達到最高階層的意識。「Daath」是理智的虛假冠冕，而「深淵」則是「Choronzon」——分散之魔頭（archdemon of dispersion）——的居所。這個大惡魔的職責就是令修行者投入對話——論理的無限迴圈，這會阻礙他最終臣服於超越的意識。

Daleth——ㄱ「門」。希伯來字母，等同於英文中的「D」和數字「4」。在「生命之樹」上，它是路徑「14」，連結著第二個薩弗拉「Chokmah」和第三個薩弗拉「Binah」。代表行星「金星」和塔羅的大阿卡納三號牌「皇后」。

「死神」(**Death**)：托特塔羅的第十三號大牌。參見「Nun」。

「旬」(**Decan**)：黃道年中的十度。每個黃道年有三百六十度，分為

三十六旬。托特塔羅中的三十六張小牌各代表其中的一旬。參見「行星」
（Planets）。

造物主（Demiurge〔Demiourgos〕）：見「Chesed」。在托特塔羅中，「造物
主」的行為被表現在第十號大牌「命運」，以及小牌的四號牌中。

「惡魔」（Devil）：托特塔羅的第十五號大牌。參見「Ayin」。

「圓盤」（Disk）：代表魔法師之肉身及物質環境的魔法武器。在靈魂的
各部分中，「圓盤」代表「Nephesh」（動物靈魂），以及喀巴拉世界中的
「Assiah」（物質之界）。

「圓盤」（Disks）：見「牌組」（Suits）。在塔羅占卜中，「圓盤」牌組往往
意味著實際和物質方面的事務、金錢、勞務、家、投資，以及肉體等。

雙重字母（Double Letters，希伯來文）：希伯來文中的七個「雙重字母」原
本可以用兩種不同的方式發音。希伯來經典《創造之書》將這七個字母
分派給古代的七顆行星。行星的配置在各種譯本中有所不同。「金色黎
明會」的宗師選擇以下的分派方式，克勞利在托特塔羅中也採取此種配
置：

 ב Beth：水星（魔法師）

 ג Gimel：月亮（女祭司）

 ד Daleth：金星（皇后）

 כ Kaph：木星（命運）

 פ Pé：火星（塔）

 ר Resh：太陽（太陽）

 ת Tau：土星（宇宙）

老鷹（Eagle）：傳統上，老鷹是「天蠍座」的象徵標誌。然而，在「新紀

元」中（以及托特塔羅所表現的），老鷹是「水瓶座」的象徵。參見「守護神獸象徵」（Kerubic Emblems）。在煉金術中，老鷹可以連結於月亮，以及女性性行爲的基本驅力和有機物質。

「皇帝」（Emperor）：托特塔羅的第四號大牌。參見「Tzaddi」。

「皇后」（Empress）：托特塔羅的第三號大牌。參見「Daleth」。

「以諾魔法」的三十重天（Enochian Aethyrs）：如同「生命之樹」將人類意識依等級劃分爲十個主要的區域（薩弗洛斯），由約翰‧迪伊博士（Dr. John Dee）所開創的「以諾魔法」（Enochian magick）也將人類意識區分爲「三十重天」（Aires），或稱「Aethyrs」。藉由在儀式中以「天使語」吟誦各種「召喚詞」（calls），施法者能夠有系統地穿越這數十重天，並體驗到該階層之意識所獨有的靈視異象。克勞利在這三十重天中所經歷的靈視異象被記載在他的著作《靈視與靈聽》（*The Vision and the Voice*，[註331]中，並直接影響了托特塔羅中數張大阿卡納牌的意象，尤其是「魔法師」、「戀人」、「戰車」、「慾望」、「藝術」，以及「宇宙」等。

諸神之分點（Equinox of the Gods）：見「荷魯斯紀元」（Aeon of Horus）。

Etz Ha-Chayim：見「生命之樹」（Tree of Life）。

「愚人」（Fool）：托特塔羅的第○號大牌。參見「Aleph」。

「命運」（Fortune）：托特塔羅的第十號大牌。此牌的傳統名稱是「命運之輪」（Wheel of Fortune）。參見「Kaph」。

Geburah——嚴厲：「生命之樹」上的第五個「薩弗拉」；火星之域。在塔羅中，「Geburah」是小牌中「五號牌」的家。

撒泥占卜（Geomancy）：即「地卜」（The Earth Oracle）——傳統上與大地和「土元素」之靈（地精）連結的一種占卜技法。參見「撒泥占卜圖形」（Geomantic Figures）。

撒泥占卜圖形（Geomantic Figures）：進行「撒泥占卜」時，會隨機產生十六種圖形。每種圖形都包含由上到下的四個橫列，每一列包含一或兩個點。這十六種圖形分別代表黃道的十二星座，以及月亮的南北交點（Moon's nodes）。托特塔羅中有兩張牌——「圓盤七」和「圓盤八」，其圖像運用了撒泥占卜的圖形。

Gimel——ㄥ：「駱駝」。希伯來字母，等同於英文中的「G」和數字「3」。在「生命之樹」上，它是路徑「13」，連結著第一個薩弗拉「Kether」和第六個薩弗拉「Tiphareth」。代表行星「月亮」和塔羅的大阿卡納二號牌「女祭司」。

金色黎明會（Golden Dawn）：創立於一八八八年的「金色黎明會」應可說是十九、二十世紀最具影響力的魔法會社。到達「小達人」位階的會員被鼓勵依據祕傳的設計和原則，繪製自己的塔羅牌。托特塔羅中的許多張牌，都是以「金色黎明」的模型爲基礎。艾利斯特·克勞利於一八九八年加入「金色黎明會」，後來成爲導致該會解散之一連串事件的觸媒。儘管如此，「金色黎明會」的基本位階架構，仍然成爲克勞利自己的會社「A∴A∴」的模型。

Gunas：印度哲學的三種屬性。克勞利在《托特之書》中說：「任何事物能夠被闡述的一切性質，都可以歸納爲這些『屬性』中的一種或多種：『Tamas』是黑暗、遲鈍、怠惰、無知、死亡……諸如此類；『Rajas』是活力、興奮、火、光輝、不安定；而『Sattvas』則是冷靜、智能、清明，和均衡。」[註332]

哈地德（**Hadit**，又拼作「**Hadith**」）：「『泰勒瑪三位一體』的第二位神祇。努特的愛人。在『昭示之碑』上，他被描述爲努特心臟部位的一個有翼的圓球。他被概念化爲終極收縮之宇宙的無窮無極；是爲圓的中心點。他是『無所不在的視點，是「實相」（Reality）唯一在哲學上能被掌握的概念』[註333]。〔或許是現代物理學假設的「宇宙大霹靂」之前的「反奇異點」（negative singularity）之概念〕喀巴拉學者或可思考它與『Kether』之所由生的『負』之第一重帷幕『AIN』（空無）之間的相似處。」[註334]。

「吊人」（**Hanged Man**）：托特塔羅的第十二號大牌。參見「Mem」。

Hé——ה：「窗戶」。希伯來字母，等同於英文中的「H」或「E」和數字「5」。在「生命之樹」上，它是路徑「15」，連結著第二個薩弗拉「Chokmah」和第六個薩弗拉「Tiphareth」。代表黃道星座「水瓶座」和塔羅的大阿卡納牌「星星」。

「隱士」（**Hermit**）：托特塔羅的第九號大牌。參見「Yod」。

赫魯－拉－哈（**Heru-ra-ha**）：埃及神祇荷魯斯的兩種孿生形式之單一名號。「胡爾－帕－克拉特」（Hoor-pa-kraat）是被動的形式，而「拉－胡爾－庫特」（Ra-Hoor-Khut）則是積極主動的形式。就我們所知，「赫魯－拉－哈」這個名號只見於《律法之書》第二章詩篇三十五：「『赫魯－拉－哈』名號之半，喚作『胡爾－帕－克拉特』和『拉－胡爾－庫特』。」在托特塔羅中，我們可以在第二十號大牌「新紀元」中看見「赫魯－拉－哈」以其雙重形式出現。

「大祭司」（**Hierophant**）：托特塔羅的第五號大牌。參見「Vau」。

「女祭司」（**High Priestess**）：托特塔羅的第二號大牌。參見「Gimel」。

Hod——宏偉：「生命之樹」上的第八個「薩弗拉」；水星之域。在塔羅中，「Hod」是小牌中「八號牌」的家。

聖杯（Holy Grail，克勞利拼作「Graal」）：見「巴巴隆之杯」（Cup of Babalon）。

神聖守護天使（Holy Guardian Angel）：類似天使的存有，或者說是被擬人化為天使的人類意識層次，代表個人及虔誠理想的至高靈性實現。在「生命之樹」上，此種經驗和意識層次係由第六個薩弗拉「Tiphareth」代表；而在托特塔羅中，則是由宮廷牌之「王子牌」、以及小牌之「六號牌」來反映此一概念。參見「小達人」（Adeptus Minor）。

胡爾－帕－克拉特（Hoor-pa-kraat）：埃及神祇荷魯斯的被動形式。和他的攣生兄弟「拉－胡爾－庫特」（Ra-Hoor-Khut）合併，他便成為複合神祇「赫魯－拉－哈」（Heru-ra-ha）。在托特塔羅中，我們可以在第二十號大牌「新紀元」中看見「胡爾－帕－克拉特」，他是那位碩大、透明的孩童神，站在其兄弟（端坐在王座上的「拉－胡爾－庫特」）前方。

荷魯斯（Horus）：古埃及神祇，伊西斯與歐西里斯之子。在埃及神話中，荷魯斯為他父親的謀殺復了仇。參見「荷魯斯紀元」（Aeon of Horus）、「胡爾－帕－克拉特」（Hoor-pa-kraat），以及「拉－胡爾－庫特」（Ra-Hoor-Khut）。

伊西斯（Isis）：古埃及女神，歐西里斯的姊妹／妻子，荷魯斯之母。在托特塔羅中，有好幾張大阿卡納牌都描繪著伊西斯的各種面向，包括「女祭司」、「皇后」、「戀人」、「慾望」，以及「星星」。參見「伊西斯紀元」（Aeon of Isis）。

Kaph——ⴱ：「手掌」。希伯來字母，等同於英文中的「K」和數字「20」。

在「生命之樹」上，它是路徑「21」，連結著第四個薩弗拉「Chesed」和第七個薩弗拉「Netzach」。代表行星「木星」和塔羅的大阿卡納牌「命運」。

守護神獸象徵（Kerubic Emblems）：在托特塔羅中，四種元素的象徵神獸（或守護神），出現在「大祭司」和「宇宙」牌的四個角落，代表黃道的四個固定星座。由於克勞利在《靈視與靈聽》（*The Vision and the Voice*）的第二十三重天所見異象的啓示，「新紀元」（以及托特塔羅）的天使神獸分別是：獅子（獅子座）、天鷹（水瓶座）、天使（天蠍座），以及公牛（金牛座）。

Kether——王冠：「生命之樹」上第一個、也是最高的「薩弗拉」；是爲「原動天」（primum mobile）。在塔羅中，「Kether」是小牌中「王牌」的家。

國王色彩層級（King Scale of Color）：「國王」層級是四種色彩級別中最高的一級，它代表色彩的本質——其不可見的基礎。

騎士（Knight）：在托特塔羅中，「騎士」是宮廷牌中首要的男性人物。他是「四字母聖名」中的「Yod」，代表「父親神」（God the Father）的面向。他是「王后」的丈夫，「王子」和「公主」的父親。（在大多數傳統塔羅牌中，他被稱爲「國王」。他是所屬牌組中「火象」的面向，被呈現爲騎在馬上。他在「生命之樹」上的位置是第二個薩弗拉「Chokmah」）。參見「Yod Hé Vau Hé」。

Lamed——ל：「趕牛棒」。希伯來字母，等同於英文中的「L」和數字「30」。在「生命之樹」上，它是路徑「22」，連結著第五個薩弗拉「Geburah」和第六個薩弗拉「Tiphareth」。代表黃道星座「天秤座」和

塔羅的大阿卡納牌「調節」。

Liber AL vel Legis：見《律法之書》（*The Book of the Law*）。

獅子（**Lion**）：黃道星座「獅子座」的象徵。在煉金術中，獅子可以連結於太陽，以及男性性行為的基本驅力和有機物質。參見「守護神獸象徵」（Kerubic Emblems）。

「戀人」（**Lovers**）：托特塔羅的第六號大牌。參見「Zain」。

「慾望」（**Lust**）：托特塔羅的第十一號大牌。參見「Teth」。

「魔法師」（**Magus**）：托特塔羅的第一號大牌。參見「Beth」。

魔法師（**Magus**）：當入門者達到由「Chokmah」，也就是「生命之樹」上第二個「薩弗拉」所代表的意識層次時，被授予的「A∴A∴」位階。

Malkuth──王國：「生命之樹」上第十個、也是最低的「薩弗拉」；是為地球及物質存有之域。在塔羅中，它是四張宮廷「公主牌」、以及小牌中「十號牌」的家。

聖殿法師（**Master of the Temple**）：當入門者越過「深淵」，達到由「Binah」，也就是「生命之樹」上第三個「薩弗拉」，所代表的意識層次時，被授予的「A∴A∴」位階。

Mem──ﬦ：「水」。希伯來字母，等同於英文中的「M」和數字「40」。在「生命之樹」上，它是路徑「23」，連結著第五個薩弗拉「Geburah」和第八個薩弗拉「Hod」。代表「水」元素和塔羅的大阿卡納牌「吊人」。參見「母字母」（Mother Letters）。

汞（**Mercury**，煉金術用語）：「代表一切形式及階段的行動。他是所有活動之傳輸的流體基礎；並且，在宇宙的動力論中，他本身便是由之而生

的實質。」﹝註335﹞

梅比斯環（Möbius Strip）：又稱爲「梅比斯帶」（Möbius Band）。你可以用一長條紙帶，將一端扭轉一百八十度，接在另一端上，製作一個「梅比斯環」。它是一個沒有方向性的面，係以十九世紀德國天文學家暨數學家、萊比錫大學教授奧古斯特・斐迪南・梅比斯（August Ferdinand Möbius，1790-1868）而得名。

星座的三種模式（Modes）：在占星學中，黃道的十二星座被劃分爲四種元素的類別（火象、水象、風象，和土象）。這四種元素類別中的每一類，又可再被區分爲三種「模式」（本位、固定和變動），代表該元素能量之發展及顯現的基本方式。以下是這三種星座模式：

本位星座（Cardinal Signs）的「本位」，代表「該元素最初的激烈奔流」。﹝註336﹞本位星座在春、秋分和冬、夏至進入它們的元素之中，宣告：「我在這兒！」

固定星座（Fixed Signs）界定並凝聚其元素，將該元素的能量聚焦於「做我自己」。固定星座不會說：「我在這兒！」，它們說：「我就是這樣！」。在托特塔羅中，固定星座被表現爲「大祭司」和「宇宙」牌上的守護神獸象徵。

變動星座（Mutable Signs）比較微妙。它們並不表現本位星座的能量和固定星座的穩定，相形之下似乎顯得虛弱。但變動星座其實並不虛弱；它們只是敏感，願意付出自己。它們有彈性、善變通，能夠調適自身的元素，以因應變動不拘之宇宙的種種冒險。

「月亮」（Moon）：托特塔羅的第十八號大牌。參見「Qoph」。

母字母（Mother Letters，希伯來文）：希伯來字母系統中有三個基本的字母，稱爲「母字母」。希伯來經典《創造之書》將它們分派給三種原始元素：

  ℵ Aleph：風（愚人）；

  מ Mem：水（吊人）；

  ש Shin：火（新紀元）。

新入門者（Neophyte）：當入門者達到由「Malkuth」，也就是「生命之樹」上第十個「薩弗拉」，所代表的意識層次時，被授予的「A∴A∴」位階。

Nephesh：見「靈魂的各部分」（Parts of the Soul）。

Neshamah：見「靈魂的各部分」（Parts of the Soul）。

Netzach──勝利：「生命之樹」上的第七個「薩弗拉」；金星之域。在塔羅中，「Netzach」是小牌中「七號牌」的家。

縮寫衍生字（Notariqon）：「喀巴拉」操作字母或字詞的數種技巧之一，目的在於發掘額外的祕傳意義。「縮寫衍生字」共有兩種，第一種是針對一個單字、句子或片語，只讀其字首的字母，將之濃縮爲較爲簡單的單字，試圖擷取更爲根本的眞理。第二種是將一個單字擴展爲一個句子，以該單字的每一個字母，作爲組成句子的每一個單字的字首。

努特（Nuit，又拼作「Nuith」或「Nut」）：「『泰勒瑪三位一體』的第一位神祇；傳統上是古埃及的夜空女神。她是『星之女神，是爲無窮可能性的範疇』(註337)。在『昭示之碑』和埃及的藝術品上，她被描繪成一位蔚藍色的女神，高挑而苗條，如同希臘字母『歐米迦』（Omega）般拱覆在大地上。她被概念化爲一個終極擴展之宇宙的無限性（圓之圓周）。因

此，萬事萬物都被容納在她的身軀之中。喀巴拉學者或可思考此一概念與『Kether』之前的『負』之第二重帷幕『AIN SOPH』（無限）之間的相似性。」[註338]

Nun──ﬓ：「魚」。希伯來字母，等同於英文中的「N」和數字「50」。在「生命之樹」上，它是路徑「24」，連結著第六個薩弗拉「Tiphareth」和第七個薩弗拉「Netzach」。代表黃道星座「天蠍座」和塔羅的大阿卡納牌「死神」。

奧菲克祕卵（Orphic Egg）：煉金術象徵，其符號爲被蛇所纏繞的卵（有時其上有翼）。「奧菲克祕卵」的受精和後續的孵育，乃是「偉大工作」（the Great Work）的煉金寓言之主題。在托特塔羅中，有好幾張大阿卡納牌都展現著「奧菲克祕卵」，或者牌的主題與其孵育有關，包括「魔法師」、「戀人」、「隱士」、「死神」，以及「藝術」等。

歐西里斯（Osiris）：古埃及的死者之神，伊西斯的兄弟／丈夫，荷魯斯之父。在托特塔羅中，有好幾張大阿卡納牌都描繪著歐西里斯的各種面向，包括「大祭司」和「死神」。參見「歐西里斯紀元」（Aeon of Osiris）。

靈魂的各部分（Parts of the Soul）：希伯來的「喀巴拉」體系將人類的靈魂劃分爲不同的層次，以（在小宇宙的層面上）反映大宇宙的意識及存有層次。有種十分簡單的區分法是分爲四類（對應於「四字母聖名」中的四個字母「יהוה」，「Yod Hé Vau Hé」）。在許多方面，塔羅都可說是這種四重區分的表現。靈魂的四部分（及其若干對應物）是：

「Nephesh」──動物靈魂（The Animal Soul）

第一個也是最低的靈魂部分：對應於「四字母聖名」中的最後一個

「Hé」，土元素，塔羅中的「圓盤」牌組，以及四個喀巴拉世界中第一個也是最低的「物質之界」，「Assiah」。

「Ruach」──智能（The Intellect）

靈魂的四部分中的第二部分；對應於「四字母聖名」中的「Vau」，風元素，塔羅中的「寶劍」牌組，以及喀巴拉世界中「成形之界」，「Yetzirah」。

「Neshamah」──靈魂直覺（The Soul Intuition）

靈魂的四部分中的第三部分，也是次高的部分；對應於「四字母聖名」中的第一個「Hé」，水元素，塔羅中的「聖杯」牌組，以及喀巴拉世界中「創造之界」，「Briah」。

「Chiah」──生命力（The Life Force）

靈魂的四部分中的第四部分，也是最高的部分；對應於「四字母聖名」中的「Yod」，火元素，塔羅中的「權杖」牌組，以及喀巴拉世界中「原型之界」，「Atziluth」。

Pé──פ：「嘴」。希伯來字母，等同於英文中的「P」或「F」和數字「80」。在「生命之樹」上，它是路徑「27」，連結著第七個薩弗拉「Netzach」和第八個薩弗拉「Hod」。代表行星「火星」和塔羅的大阿卡納牌「塔」。

五角星（Pentacles）：「圓盤」的另一個名稱。參見「牌組」（Suits）。

行星（Planets）：托特塔羅主要是處理古人所知的七顆行星。土星（「宇宙」）、木星（「命運」）、火星（「塔」）、太陽（「太陽」）、金星（「皇

后」)、水星(「魔法師」),和月亮(「女祭司」)。在「生命之樹」上,各個行星的領域(「薩弗洛斯」三到九)便是以此順序排列的。這七顆行星同時也(以重複的相同順序)被分配給托特塔羅的三十六張小牌,始於土星在「權杖五」(獅子座零度),每十度(一旬)變更一個行星,直到一年中的每一旬都被分配到一顆行星。(雙魚座的最後一旬和牡羊座的第一旬,都分配到火星。)

分點歲差(Precession of the Equinox):見星座時代(Astrological Age)。

王子(Prince):在托特塔羅中,「王子」是宮廷牌中第二號的男性人物。他是「四字母聖名」中的「Vau」,代表「子神」(God the Son)的面向,以及每一個人的「神聖守護天使」。他是「騎士」和「王后」的兒子,「公主」的兄弟／愛人(在某些方面也是父親)。在某些傳統塔羅牌中,他被稱爲「騎士」。他是所屬牌組中「風象」的面向,被呈現爲站立在戰車上。他在「生命之樹」上的位置是第六個薩弗拉「Tiphareth」。參見「Yod Hé Vau Hé」。

王子色彩層級(Prince Scale of Color):「王子」層級結合了「國王」和「王后」層級的色彩。見第十章。

公主(Princess):在托特塔羅中,「公主」是宮廷牌中第二號的女性人物。在某些傳統塔羅牌中,她被稱爲「侍衛」(Page)。她是「四字母聖名」中最後的一個「Hé」,代表我們每一個人尚未被救贖的靈魂之面向。她在「生命之樹」上的位置是第十個薩弗拉「Malkuth」(參見「Yod Hé Vau Hé」)。她是「騎士」和「王后」的女兒,「王子」的姊妹／愛人(在某些方面,她也被視爲「王子」的女兒)。她是所屬牌組中「土象」的面向,在牌面上以立姿呈現。在西方神祕學傳統中,靈性解脫的追尋被

描繪為一位熟睡的「公主」（我們每一個人）被「王子」（我們的「神聖守護天使」）喚醒的故事。「公主」和「王子」結婚，成為「王后」（神之母性），於此同時「王子」也成為「國王」（神之父性）。不同於「騎士」、「王后」和「王子」，「公主」並未統轄（黃道）年度中的三十度，而被視為其所屬牌組之「王牌」的寶座，並與其「王牌」共同統轄著地球表面的一個象限（四分之一）。見第十一章。

公主色彩層級 (Princess Scale of Color)：「公主」層級代表最低、最駁雜不純，也最受污染的光之層級。見第十章。

喀巴拉 (Qabalah，又拼作「Cabala」和「Kabbalah」)：在祕傳猶太教中被稱為「神聖喀巴拉」（the Holy Kabbalah），在密契基督教中被稱為「Cabala」，而在西方漢密特體系則稱為「Qabalah」。喀巴拉幾乎是所有西方神祕學體系的基礎，包括占星學、魔法，和塔羅。

喀巴拉世界 (Qabalistic Worlds)：喀巴拉體系將一個宇宙實相，劃分為四個漸次下降的神性意識之階層（或世界），對應於「四字母聖名」中的四個字母「יהוה」，「Yod Hé Vau Hé」。這四個世界在大宇宙的層面上反映著人類靈魂之四個小宇宙的面向。塔羅，在許多方面，乃是此種四重區分的表現。四個喀巴拉世界（及其若干對應物）是：

「Assiah」──物質之界 (The Material World)

四個喀巴拉世界中最低的一個；對應於「四字母聖名」中的最後一個「Hé」，土元素，塔羅中的「圓盤」牌組。當光通過「Assiah」上方的三個世界（「Atziluth」、「Briah」和「Yetzirah」）、逐漸衰退而產生的不純雜質，在此結晶凝結，形成物質世界和人類的存在。在人類靈魂中，「Assiah」的對應部分是「Nephesh」──動物靈魂。

「Yetzirah」——成形之界 (The Formative World)

四個喀巴拉世界中次低的一個；對應於「四字母聖名」中的「Vau」，風元素，塔羅中的「寶劍」牌組。在「Yetzirah」，「Briah」的宇宙組織變得具體而明確，各具職司的天使階層系統被建立起來。這個世界是神祇的智性，以及心智之眼。在人類靈魂中，「Yetzirah」的對應部分是「Ruach」——智能。

「Briah」——創造之界 (The Creative World)

四個喀巴拉世界中第三個、也是次高的一個；對應於「四字母聖名」中的第一個「Hé」，水元素，塔羅中的「聖杯」牌組。在「Briah」，「Atziluth」中的純粹光明開始變得有組織了。這是最高大天使的寶座和居所，可以被視為神祇之心。在人類靈魂中，「Briah」的對應部分是「Neshamah」——神性的靈魂直覺。

「Atziluth」——原型之界 (The Archetypal World)

四個喀巴拉世界中最高的一個；對應於「四字母聖名」中的「Yod」，火元素，塔羅中的「權杖」牌組。在「Atziluth」，神祇的陰陽面向在至福中結合為一。其餘三個世界（「Briah」、「Yetzirah」和「Assiah」）乃是此種合一的產物，並在純粹度上持續下降。「Atziluth」可以被視為神之意志最為純粹的面向。在人類靈魂中，「Atziluth」的對應部分是「Chiah」——生命力。

Qoph——ק：「後腦」。希伯來字母，等同於英文中的「Q」和數字「100」。在「生命之樹」上，它是路徑「29」，連結著第七個薩弗拉「Netzach」和第十個薩弗拉「Malkuth」。代表黃道星座「雙魚座」和塔羅的大阿卡納牌「月亮」。

黃道的「四正」（Quadruplicities of the Zodiac）：根據其「模式」（Modes），黃道的十二星座可分為三組，每組四個星座，稱為「四正」。「四正」的分類如下：

> 本位星座：牡羊座、巨蟹座、天秤座、魔羯座
> 固定星座：獅子座、天蠍座、水瓶座、金牛座
> 變動星座：射手座、雙魚座、雙子座、處女座

王后（Queen）：在托特塔羅中，「王后」是宮廷牌中首要的女性人物。她是「四字母聖名」中的第一個「Hé」，代表「母親神」（God the Mother）的面向。她是「騎士」的妻子，「王子」和「公主」的母親。她是所屬牌組中「水象」的面向，被呈現為坐在寶座上。她在「生命之樹」上的位置是第三個薩弗拉「Binah」。參見「Yod Hé Vau Hé」。

王后色彩層級（Queen Scale of Color）：「王后」層級的色彩，實際展現為肉眼所見的樣貌（濃淡色度、原色和二次色等）。見第十章。

拉－胡爾－庫特（Ra-Hoor-Khuit，又拼作「Ra-Hoor Khut」、「Ra-Hoor-Khuit」及「Ra-Hoor-Khu-it」）：「『泰勒瑪三位一體』的第三位神祇。努特與哈地德結合的『加冕得勝之子』（the Crowned and Conquering Child）。由於努特的擴張和哈地德的收縮，均為無窮無盡，其接觸點必定也是無限的。這無限的接觸創造出一個運作場域，宇宙得以在其中顯化。『然而，他是以其特殊的名號為人所知，「赫魯－拉－哈」（Heru-ra-ha）。他是位雙重神；其外向的形式為「拉－胡爾－庫特」；而被動或內向的形式則為「胡爾－帕－克拉特」（Hoor-pa-Kraat）。』」[註339]）

「喀巴拉學者或可思考它與『Kether』之所由生的『負』之第三重帷幕『AIN SOPH AUR』（無量的光）、以及『Kether』本身之間的相似處。在某方面，他是『神人』與『神聖守護天使』的基本原型。」[註340]

Rajas：見「Gunas」（印度哲學的三種屬性）。

Resh——ר：「頭」或「臉」。希伯來字母，等同於英文中的「R」和數字「200」。在「生命之樹」上，它是路徑「30」，連結著第八個薩弗拉「Hod」和第九個薩弗拉「Yesod」。代表行星「太陽」和塔羅的大阿卡納牌「太陽」。

薔薇十字（Rose Cross）：見第八章。

Ruach：見「靈魂的各部分」（Parts of the Soul）。

鹽（Salt，煉金術用語）：「大自然之『非主動原則』（inactive principle）：『鹽』之為物，必須被『硫』激活，以維持宇宙急速迴旋的均衡狀態。」
〔註341〕

Samekh——ס：「帳棚釘」。希伯來字母，等同於英文中的「S」和數字「60」。在「生命之樹」上，它是路徑「25」，連結著第六個薩弗拉「Tiphareth」和第九個薩弗拉「Yesod」。代表黃道星座「射手座」和塔羅的大阿卡納牌「藝術」。

Sattvas：見「Gunas」（印度哲學的三種屬性）。

Shemhamphorasch：神之七十二部聖名。喀巴拉傳統指出，《聖經》〈出埃及記〉中有三篇連續的詩節，各由七十二個希伯來字母組成。這三篇詩節若是以「轉行書寫法」排成三列（即第一列由右向左讀，第二列由左向右讀，第三列由右向左讀），便會產生七十二欄三個字母的縱列，各自代表神的一個面向，稱為「Shemhamphorasch」，即「神之分部聖名」（the Divided Name of God）。神祇的七十二個面向中，每一個都被分派到一位天使，是為其意志的執行者。在這三個字母之後加上「IH」（慈悲的天使）或「AL」（審判的天使），便是其所屬天使的名號。這七十二位天使

各自分派到黃道年度中的五度。由於塔羅的三十六張小牌各代表黃道的「一旬」（十度），因此每張牌中都居住著「Shemhamphorasch」中的兩位天使。

Shin——ש：「牙齒」。希伯來字母，等同於英文中的「Sh」和數字「300」。在「生命之樹」上，它是路徑「31」，連結著第八個薩弗拉「Hod」和第十個薩弗拉「Malkuth」。代表「火」元素和「靈」元素，以及塔羅的大阿卡納牌「新紀元」。

指示牌（Significator）：在用塔羅牌占卜之前，往往會先選出一張牌（通常是宮廷牌）代表問卜者。這張牌被稱爲「指示牌」。

簡單字母（Simple Letters，希伯來文）：在三個「母字母」（mother letters）和七個「雙重字母」（double letters）之外，希伯來字母系統還有十二個「簡單字母」。希伯來經典《創造之書》將這十二個字母分派給黃道的十二星座。字母與星座的配對方式在不同的譯本中有所歧異。「金色黎明會」的宗師選擇了以下的配置方式，但有兩處例外，即「Tzaddi」和「Hé」。這裡是《托特之書》中的配置方式：

צ Tzaddi：牡羊座（皇帝）

ו Vau：金牛座（大祭司）

ז Zain：雙子座（戀人）

ח Cheth：巨蟹座（戰車）

ט Teth：獅子座（慾望）

י Yod：處女座（隱士）

ל Lamed：天秤座（調節）

נ Nun：天蠍座（死神）

ㅇ Samekh：射手座（藝術）

ע Ayin：魔羯座（惡魔）

ה Hé：水瓶座（星星）

ק Qoph：雙魚座（月亮）

「星星」（Star）：托特塔羅的第十七號大牌。參見「Hé」；「水瓶座」
（Aquarius）。

昭示之碑（Stèle of Revealing）：古埃及第二十五王朝著名政教人物安卡阿
夫納庫蘇（Ankh-af-na-khonsu）的墓碑。這片木製的墓碑引發了一連
串超自然及魔法事件，最後的高潮即是克勞利接收到《律法之書》。

牌組（Suits）：塔羅的五十六張小阿卡納牌可以被劃分爲四個牌組：
「權杖」、「聖杯」、「寶劍」和「圓盤」。這些牌組分別代表火、水、風、
土四元素；喀巴拉的四個世界「Atziluth」、「Briah」、「Yetzirah」
和「Assiah」；以及人類靈魂的四個部分「Chiah」、「Neshamah」、
「Ruach」和「Nephesh」。每個牌組的王牌是該牌組的「主牌」
（master card），可以被想成其中包含著該牌組的四張宮廷牌和其餘九
張小牌。

硫（Sulfur，煉金術用語）：「『硫』是宇宙的陽性火象能量，相當於印度哲
學中的『Rajas』。這是迅捷的創造性能量，是一切存有的原動力。」(註342)

「太陽」（Sun）：托特塔羅的第十九號大牌。參見「Resh」。

天界三角（Supernal Triad）——Kether／Chokmah／Binah：存在於「深
淵」（the Abyss）之上的三個「薩弗洛斯」。雖然這三個「薩弗洛斯」各
自是分離的發散體，它們其實構成了某種「三位一體」，每個單元都反
映著「至上單子」（Kether）的一個不同的面向。在塔羅中，這「天界三

角」乃是宮廷牌「騎士」（在「Chokmah」中）和「王后」（在「Binah」中）的家，小牌中的王牌、二號和三號牌也分別居住在「Kether」、「Chokmah」和「Binah」之中。

寶劍（Sword）：代表魔法師之心智的魔法武器。在靈魂的各部分中，「寶劍」代表「Ruach」（智能），以及喀巴拉世界中的「Yetzirah」（成形之界）。

寶劍（Swords）：在塔羅占卜中，「寶劍」往往意味著心智方面的事務、爭執、法律訴訟、焦慮、健康，以及科學等。

Tahuti：見「托特」（Thoth）。

Tamas：見「Gunas」（印度哲學的三種屬性）。

Tau——ת：「標記」或「十字」。希伯來字母，等同於英文中的「Th」和數字「400」。在「生命之樹」上，它是路徑「31」，連結著第九個薩弗拉「Yesod」和第十個薩弗拉「Malkuth」。代表行星「土星」和「土」元素，以及塔羅的大阿卡納牌「宇宙」。

Teth——ט：「蛇」。希伯來字母，等同於英文中的「T」和數字「9」。在「生命之樹」上，它是路徑「19」，連結著第四個薩弗拉「Chesed」和第五個薩弗拉「Geburah」。代表黃道星座「獅子座」和塔羅的大阿卡納牌「慾望」。

四字母聖名（Tetragrammaton）：YHVH——יהוה。見「Yod Hé Vau Hé」。

泰勒瑪（Thelema）：希臘文中幾個代表「意志」的字彙之一。此字最早受到注意，是在一五三五年，法國諷刺作家拉伯雷（François Rabelais）在他的文學鉅著《巨人傳》（*Gargantua and Pantagruel*）中，寫到了「泰

勒瑪修道院」（the Abbey of Thelema）。這間修道院的大門上，鑴刻著該院的格言「Fay çe que vouldras」——「依汝之意志而行」。在《巨人傳》中，它乃是個人自由的標語。在《律法之書》中，此字出現在第一章，詩節三十九，努特告訴「書記」（即克勞利），「代表『律法』的文字是『θέλημα』。」在其他意義之外，「泰勒瑪」被認知爲一種生命哲學，它假設每一個個人，就像天上的每一顆星星，在宇宙中都擁有其獨特的軌道和功能。這，由於缺乏更好的字眼，就是我們的意志。如果每個人都能妥善地理解並執行這份意志，其生命就將與整個宇宙的力量與能量和諧一致，而我們也將能實現作爲宇宙公民的完整潛能。

泰勒邁特（Thelemite）：試圖發現、並執行其意志的人。參見「泰勒瑪」（Thelema）。

托特（Thoth）：即「塔胡提」（Tahuti），生著埃及聖鷺頭的古埃及智慧之神。托特是塔羅的守護神，據說是他把語言和文字教給了人類。他是諸神的使者，相當於希臘的漢密斯和羅馬的墨丘利。

Tiphareth——美：「生命之樹」上的第六個「薩弗拉」；太陽之域。在塔羅中，「Tiphareth」是四張宮廷「王子牌」、以及小牌中「六號牌」的家。

佘利昂大師（TO MEGA THERION）：希臘文「偉大的野獸」（The Great Beast）。克勞利在公元一九一五年十月十二日到達「魔法師」（Magus, 9°=2°）的修行階層之後，便將此一片語作爲個人的銘言和標記。

「塔」（Tower）：托特塔羅的第十六號大牌。參見「Pé」。

生命之樹（Tree of Life——Etz ha-Chayim）：《創造之書》（*Sepher Yetzirah*）之基本陳述的圖形表現。該書聲稱，「神祇藉助於數字、字母和文字，以三十二條神祕的智慧路徑創造了宇宙。它們包含十個『出於空

無』的『薩弗洛斯』,以及二十二個字母。」[註343]「生命之樹」通常被表現爲十個圓形的「發散體」(薩弗洛斯),由二十二條路徑連結,每條路徑都分派到一個希伯來字母。

黃道的「三方」(Triplicities of the Zodiac):根據其所屬的元素,黃道的十二星座可分爲四組,每組三個星座,稱爲「三方」。「三方」的分類如下:

> 火象星座:牡羊座、獅子座、射手座
> 水象星座:巨蟹座、天蠍座、雙魚座
> 風象星座:天秤座、水瓶座、雙子座
> 土象星座:魔羯座、金牛座、處女座
> 王牌(Trump):見「Atu」。

堤豐(Typhon):希臘/埃及神話中一位類爬蟲的神祇,代表活躍的破壞力量。在托特塔羅中,堤豐連同赫密阿努比斯(Hermanubis)和人面獅身獸出現在第十號大牌「命運」中,作爲該牌的三頭怪獸之一。

Tzaddi——צ:「魚鉤」。希伯來字母,等同於英文中的「Tz」或「Z」和數字「90」。在「生命之樹」上,它是路徑「28」,連結著第七個薩弗拉「Netzach」和第九個薩弗拉「Yesod」。代表黃道星座「牡羊座」和塔羅的大阿卡納牌「皇帝」。

「宇宙」(Universe):托特塔羅的第二十一號大牌。參見「Tau」;「土星」(Saturn)。

V.I.T.R.I.O.L.:即煉金術的「宇宙溶媒」。當煉金元素「汞」、「鹽」和「硫」被妥當而均衡地結合,便會創造出這種「宇宙溶媒」。此字爲以下這句拉丁文煉金格言開頭字母的組合:「Visita interiora terrae rectificando invenies occultum lapidem.」意思是：「探訪大地內部，透過粹煉、去蕪存菁，你將找到隱匿的寶石。」在托特塔羅中，這句格言曾出現在第十四號大牌「藝術」中。

Vau——ו：「釘子」。希伯來字母，等同於英文中的「V」、「W」、「U」和「O」，以及數字「6」。在「生命之樹」上，它是路徑「16」，連結著第二個薩弗拉「Chokmah」和第四個薩弗拉「Chesed」。代表黃道星座「金牛座」和塔羅的大阿卡納牌「大祭司」。

《靈視與靈聽》（**Vision and the Voice**）：Liber XXX Aerum vel Saeculi sub figura CCCCXVII：是為「靈視與靈聽」中三十重天的天使（公元一九一一年）。

權杖（Wand）：代表魔法師之意志的魔法武器。在靈魂的各部分中，「權杖」代表「Chiah」（生命力），以及喀巴拉世界中的「Atziluth」（原型之界）。

權杖（Wands）：在塔羅占卜中，「權杖」往往意味著權力、努力、奮鬥、生意、性格，以及事業生涯方面的事務。

Yesod——**基礎**：「生命之樹」上的第九個「薩弗拉」；月亮之域。在塔羅中，「Yesod」是小牌中「九號牌」的家。

Yetzirah：見「喀巴拉世界」（Qabalistic Worlds）。

Yod Hé Vau Hé——יהוה——YHVH：神之偉大的喀巴拉聖名，一般讀作「耶和華」（Jehovah）。「YHVH」被稱為「四字母聖名」（Tetragrammaton），喀巴拉學者將造物的一切一切，包括人類的靈魂，都分類為四個部分，各對應於「四字母聖名」中的一個字母。在塔

羅中，「權杖」牌組代表「Yod」；「聖杯」則是第一個「Hé」；「寶劍」是「Vau」；而「圓盤」則是最後一個「Hé」。參見「靈魂的各部分」（Parts of the Soul）和「喀巴拉世界」（Qabalistic Worlds）。

Yod——：「手」。希伯來字母，等同於英文中的「Y」和「I」，以及數字「10」。在「生命之樹」上，它是路徑「20」，連結著第四個薩弗拉「Chesed」和第六個薩弗拉「Tiphareth」。代表黃道星座「處女座」和塔羅的大阿卡納牌「隱士」。

Zain——：「劍」。希伯來字母，等同於英文中的「Z」和數字「7」。在「生命之樹」上，它是路徑「17」，連結著第三個薩弗拉「Binah」和第六個薩弗拉「Tiphareth」。代表黃道星座「雙子座」和塔羅的大阿卡納牌「戀人」。

註解

NOTES

書名頁

〔註一〕摘自「埃猶西斯儀式（The Rites of Eleusis），墨丘利儀式（The Rite of Mercury）」，《分點》期刊（*The Equinox*），第一卷第六冊，(reprint, York Beach, ME: Weiser Books, 1992)，附錄，p. 103。

第一單元
PART I

〔註1〕艾利斯特・克勞利（Aleister Crowley），《佘利昂大師的托特之書——關於埃及塔羅的短文》（*The Book of Thoth by the Master Therion: A Short Essay on the Tarot of the Egyptians*）(London: O.T.O., 1944)；《分點》期刊，第三卷第五冊，(reprint, York Beach, ME: Samuel Weiser, 1992)，p.3。以下所有從《托特之書》引用的文字均摘自這個版本。

〔註2〕以「神聖喀巴拉與塔羅」（the Holy Qabalah and Sacred Tarot）的密契/神祕學教義及修習爲基礎的非營利機構，係由保羅・佛斯特・凱斯博士（Dr. Paul Foster Case）創建，安・戴維斯博士（Dr. Ann Davies）加以擴展。國際總部：5101 North Figueroa Street, Los Angeles, CA 90042。

〔註3〕羅・米洛・杜奎特（Lon Milo DuQuette），《*My Life with the Spirits*》(York Beach, ME: Weiser Books, Inc., 1999)，pp. 68-70。

〔註4〕《艾利斯特・克勞利的告白》（*The Confessions of Aleister Crowley*）(London, 1929；單冊刪節版，編者：John Symonds和Kenneth Grant，London, 1969；reprint, London and New York: Arkana, 1989)。

〔註5〕茱蒂絲・霍金斯—提勒森（Judith Hawkins-Tillirson）是一間大型書籍經銷公司的資深採購，也是祕傳文獻領域中知識最爲淵博且備受敬重的專業人士。她是我們的家庭好友，曾經執筆撰寫拙作《儀式魔法塔羅》（*Tarot of Ceremonial Magick*）(York Beach, ME: Weiser Books, 1995)的引言。

〔註6〕艾利斯特・克勞利致照相製版師皮爾森先生（Mr. Pearson），一九四二年五月二十九日。

〔註7〕出嫁前之閨名爲瑪格莉特・佛瑞妲・布拉克森（Marguerite Frieda Bloxam），一八七七～一九六二。

〔註8〕哈利斯先於一九四一和四二年展出過一部分的畫作。不過，她顯然在其後將近一年的時間中，繼續繪製了一或多種最後被收錄進托特塔羅的版本。

〔註9〕一八七五～一九四七。

〔註10〕迄至一九二〇年，克勞利仍然是好幾項世界登山紀錄的保持人，包括一九〇〇年在墨西哥海拔一萬六千英呎以上的伊扎塔西瓦脫山（Iztaccihuatl）締造的「最快登高步速」（八十三分鐘四千英呎）；一九〇一年首次獨自攀登內瓦度托盧卡山（Nevado de Toluca）；以及一九〇二年攻頂世界第二高峰「K2」峰，在那兒的巴托羅冰河（Baltoro glacier）停留了六十五天。

〔註11〕克勞利曾爲美國著名占星師伊凡潔琳・亞當斯（Evangeline Adams）捉刀代筆，撰寫大部分原本在她名

下出版的資料，包括她的經典名著《Astrology: Your Place in the Sun》（1927），以及《Astrology: Your Place Among the Stars》（1930）。這些作品使得占星術在美國和歐洲成為家喻戶曉的名詞，並將亞當斯哄抬成巨星名流，號稱「華爾街與華盛頓的占星師」。近年，亞當斯的後人寬厚地承認了克勞利為這些作品的共同作者，並促成了艾利斯特·克勞利與伊凡潔琳·亞當斯聯名合著的《The General Principles of Astrology》的出版（York Beach, ME: Red Wheel/Weiser, 2001）。

〔註12〕人們常常忘記在第一次世界大戰時，美國差一點就成為德國的同盟。令德國外交部膽戰心驚的是，克勞利所撰寫的社論使得人們以為德國意圖（事實上，是其對外政策）對民用船運進行無限制的潛艇攻擊。儘管在當時這其實是椿大謊言，克勞利的言論確實創造出一種歇斯底里的反德風潮，最終將美國捲入戰事，與英國並肩抗德。以一種非常真實的方式，克勞利僅僅以他的筆作為魔杖，便拯救了他摯愛的祖國。

〔註13〕伊恩·蘭開斯特·佛萊明（Ian〔Lancaster〕Fleming, 1908-1964）——筆名「亞帝卡斯」（Atticus）——英國記者、特務、作家，其筆下創造的最著名的人物是超級英雄「〇〇七情報員」詹姆士·龐德（James Bond）。克勞利與佛萊明確實是朋友，兩人書信的複本現仍存在，其中有些討論到神祕學的宣傳及納粹戰犯魯道夫·赫斯（Rudolf Hess）的審訊。

〔註14〕他稱其體系為「科學啟明」（Scientific Illuminism）。其格言為：「科學的方法——宗教的目標」（The Method of Science—The Aim of Religion）。

〔註15〕「美國塔羅協會」（American Tarot Association）的蜜雪兒·傑克森（Michele Jackson）曾寫道：「我的觀察令我相信，〔在職業塔羅牌師之間〕，托特牌受歡迎的程度僅次於『萊德／韋特』。」

〔註16〕一九四四年的初版只發行了兩百冊，都經過編號和簽名。後來又由出版商「Samuel Weiser, Inc.」於一九六九、一九七四、一九八六和一九九一年再次印行。

〔註17〕《托特之書》，p.4。

〔註18〕克勞利對此的回應是，他在一九三九年十二月十九日致哈利斯的信中寫道：「妳可不能就這樣脫身。我相信這種感受的基礎是，應該要有某種特殊的能力才能瞭解靈修之事，某種繼承權的感覺。事實仍舊是，妳不會把這種傲慢而不切題的想法用在邏輯或數學這類的主題上。羅素（Bertrand Russell，與克勞利同時期的英國哲學家）寫的東西無疑比我艱澀一千倍，但是妳卻更能看懂，因為妳接受這個假設，這類主題必須努力鑽研，如同妳感到懊惱。」

〔註19〕以色列·雷加狄（Israel Regardie），《The Eye in the Triangle》（Scottsdale, AZ: New Falcon Press, 1989），p. 59。

〔註20〕雷加狄（Regardie），《The Eye in the Triangle》；勞倫斯·蘇汀（Lawrence Sutin），《Do What

Thou Wilt: A Life of Aleister Crowley》（New York: St. Martin's Press, 2000）；羅傑‧杭泰森（Roger Hutchinson），《*Aleister Crowley: The Beast Demystified*》（Edinburgh: Mainstream Publishing, 1998）；以及特別推薦，理查‧卡晉斯基（Richard Kaczynski），《*Perdurabo: The Life of Aleister Crowley*》（Scottsdale, AZ: New Falcon Press, 2002）。

〔註21〕摘自喬治‧M‧蘭沙（George M. Lamsa），翻譯，《古代東方聖經手稿》（*The Holy Bible from Ancient Eastern Manuscripts*），（Philadelphia, PA: A. J. Holman Company, 1967），p. 961。

〔註22〕「sephiroth」為複數形；「sephira」為單數形。

〔註23〕哈利斯致克勞利，一九四〇年一月二十八日。

〔註24〕此信摘自作者的私人通信。

〔註25〕一九三八年五月十一日，哈利斯正式被克勞利接引入門，法名「TZBA姊妹」（Soror TZBA）。「TZBA」是希伯來文，意為「主人、東道主」（同時也有「軍隊」、「艱鉅」，和「忙碌」等含義）。「TZBA」在希伯來文中，對應於神聖泰勒瑪數字「93」。

〔註26〕蘇珊‧羅勃茲（Susan Roberts），《金色黎明魔法師》（*Magician of the Golden Dawn*），（Chicago, IL: Contemporary Books, Inc., 1978），p. 309。

〔註27〕「共同共濟會」（Co-Masonry）係在「神智學會」（Theosophical Society）的贊助下，運作共濟會「藍色會所」（Blue Lodge）的三個階層。共濟會只收男性，而「共同共濟會」則允許招收女性。

〔註28〕「神聖守護天使」（Holy Guardian Angel）的概念，是西方魔法傳統的關鍵要素，尤其是克勞利的「科學啟明」學派。詳見第十一章。

〔註29〕《分點》期刊，第一卷第八冊，維拉坎姊妹（Soror Virakam）主編，（reprint, York Beach, ME: Samuel Weiser, 1992）。

〔註30〕克勞利致哈利斯，一九三九年十二月十九日。

〔註31〕這些畫展的評介當中，已知有兩篇留存了下來。其一顯然是由克勞利的手札編寫而成，安上了一個十分冗長的標題：「遊戲紙牌特展：根據靈修傳統及現代科學思想暨其他神祕學及煉金術設計的塔羅（托特之書）之七十八幅畫作」（Exhibition of Playing Cards: The Tarot〔Book of Thoth〕78 Paintings According to the Initiated Tradition and Modern Scientific Thought with Other Occult and Alchemical Designs）。其二係由哈利斯的友人羅勃‧塞西爾（Robert Cecil）為「柏克萊藝廊」的展覽所撰寫，標題比較簡單：「佛瑞妲‧哈利斯繪製的七十八張塔羅牌特展」（Exhibition of 78 Paintings of the Tarot Cards by Frieda Harris）。

〔註32〕一九一八～一九八五。葛雷狄‧L‧麥克莫崔中尉也在挽救克勞利的魔法會社「東方聖殿會」的行動中起了相當的作用，令該會免於必然的滅絕。

一九七〇年代，我和妻子康士坦絲（Constance）很榮幸地從這位極為精彩的傳奇人物手中，接受了「東方聖殿會」初階的啓蒙。

〔註33〕一九七七年，透過傑拉德‧約克（Gerald Yorke）和史蒂芬‧史金納（Stephen Skinner）先生令人感激的努力，這些畫作被重新翻攝，新製的模版大大提高了托特塔羅後續版本的品質。

〔註34〕一九四四年，曾有不肖商人印製了少數極為粗劣的複印版托特塔羅牌，但克勞利和哈利斯顯然都不曾從中獲利。

〔註35〕一九五八年七月二十三日，哈利斯致愛德華‧布萊恩（Edward Bryant）的書信，由克萊夫‧哈潑（Clive Harper）先生收藏。

〔註36〕《托特之書》，p. xii。

〔註37〕哈利斯致克勞利，日期不詳。

〔註38〕或稱「投影綜合幾何」（Projective Synthetic Geometry）。

〔註39〕一八六一～一九二五。

〔註40〕艾利斯特‧克勞利，《律法之書》（*The Book of the Law*），II: 64（York Beach, ME: Weiser Books, 1976）。

〔註41〕艾利斯特‧克勞利，《諸神之分點》（*The Equinox of the Gods*）（London: O.T.O., 1936；《分點》期刊，第三卷第三冊，更正影印版）（Scottsdale, AZ: New Falcon Publications, 1991）及（New York: 93 Publishing, 1992）。

〔註42〕在「昭示之碑」上，夜空女神「努特」在木碑的上方和兩側伸展她的軀體。作為「無限擴展之宇宙」的化身，我們可以用「一個不斷擴展之圓的圓周」來象徵她。

〔註43〕在「昭示之碑」上，天神「哈地德」被描繪成位於「努特」心臟正下方的一個有翼的太陽圓盤。作為「無限收縮之點」的化身，我們可以用「位於不斷擴展之圓正中心、一個始終存在的點」來象徵他。

〔註44〕他並未做過這樣的事，但他為何選擇如此說，整個故事必須從頭說起，才能領會克勞利肆無忌憚的扭曲幽默感。（見《艾利斯特‧克勞利的告白》〔*The Confessions of Aleister Crowley*〕）。

〔註45〕蘭沙（Lamsa），翻譯，《古代東方聖經手稿》〈列王記下〉，II：23-25。

〔註46〕《律法之書》，I: 49。

〔註47〕「拉－胡爾－庫特」乃是天神荷魯斯積極主動的面向，他的被動面向係由其孿生兄弟「胡爾－帕－克拉特」（Hoor-pa-Kraat）來表現（希臘人稱之為哈潑克拉提斯〔Harpocrates〕）。

〔註48〕在大多數傳統塔羅牌中，這四種守護神獸會出現在「命運」和「宇宙」這兩張大阿卡納牌的四個角落上。

〔註49〕塔羅學者鮑伯‧歐奈爾（Bob O'Neill）指出，第十三號（死神）到第二十一號（世界）大阿卡納牌序列，無疑可以作為圖示《聖經》〈啓示錄〉中所載事件的教學閃卡（flash cards）。

〔註50〕根據聖經傳統，在大洪水過後，上帝應許諾亞，永遠不會再以洪水毀滅「一切有血肉的」（all flesh），但下一次的種族大淨化會是以烈火為之。

〔註51〕本書作者的另一本著作，對於古埃及原型的「母／父／子」的神話冒險，

有較爲詳盡的記述，參見羅‧米洛‧杜奎特（Lon Milo DuQuette），《泰勒瑪魔法》（*The Magick of Thelema*）（York Beach, ME: Samuel Weiser, Inc., 1993），p. 8。

〔註52〕這些方位係指北半球的情形，在南半球，當然，方位是相反的。

〔註53〕這部分的文字首先發表於《金色黎明期刊》（*Golden Dawn Journal*）（St. Paul, MN: Llewellyn Publications, 1995），作爲一篇文章的一部分；後來又完整刊印於《新千禧年的天使、魔鬼與神祇》（*Angels, Demons, and Gods of the New Millennium*）（York Beach, ME: Weiser Books, and Lon Milo DuQuette, 1997）。

〔註54〕艾利斯特‧克勞利，《*Liber Cheth vel Vallum Abiegni*》。

〔註55〕爲了引發《靈視與靈聽》（*The Vision and the Voice*）中的靈視異象，克勞利運用了「以諾魔法」（Enochian magick）的靈視技術。這是一種透過儀式進行靈體旅行的強大技法，首先是爲愛德華‧凱利（Edward Kelley）和約翰‧迪伊博士（Dr. John Dee）所使用，後者爲著名的英國數學家，同時也是依莉莎白一世女王的顧問。透過以「天使語」吟誦一系列的「召喚詞」（Calls），克勞利得以在靈視中有系統地穿越「以諾天界宇宙」的三十重天（Aethyrs）。

〔註56〕《分點》期刊，第一卷第五冊，London：（reprint, York Beach, ME: Weiser Books, 1992）。亦見艾利斯特‧克勞利，《靈視與靈聽，附

評註及其他資料》（*The Vision and the Voice with Commentary and Other Papers*）（York Beach, ME: Weiser Books, 1998），p. 67。

〔註57〕對於客觀的學習者，只要一兩個小時的研究，就能證明這些詞彙（以及克勞利著述中許多其他的詞語），只是陳述十分神聖的概念的十分嚇人的措辭。

〔註58〕介於人與神之間的「個人守護天使」的概念，是十分古老且普世的。祆教始祖瑣羅亞斯德（Zoroaster）就曾提到過一種稱爲「阿格忒戴蒙」（Agathodaimon）的個人守護靈；柏拉圖學派的哲學家稱之爲「狄蒙」（Daemones），而蘇格拉底則稱他的「狄蒙」爲「精靈」（Genius）。

〔註59〕「在成道者發現不朽之處，世俗之人卻會看見滅絕。」佛陀。

〔註60〕杜奎特（DuQuette），《天使、魔鬼與神祇》（*Angels, Demons, and Gods*），p. 24。

〔註61〕《分點》期刊，第四卷第二冊，（reprint, York Beach, ME: Red Wheel/Weiser, 1999）。

〔註62〕阿加德兄弟（Frater Achad，本名 Charles Stanfield Jones），《*De Mysteriis Rosae Rubeae et Aureae Crucis*》，獨立出版，日期不詳。

〔註63〕當時，我是加州長堤（Long Beach）「薔薇十字會阿貝狄耳會所」（Abdiel Lodge of the Rosicrucian Order, AMORC）的活躍成員。

〔註64〕「Magister Iesus Christus—Deus est Homo—Benedictus Dominus Deus Noster qui dedit nobis Signum…」——「下方寫著此十字所

有人的法名。」

〔註65〕「Kabbalah」是正統猶太學者偏好的拼法。「Cabala」則是基督教密契修行者最常用的變異拼法。「Qabalah」通常則與無宗派的漢密特用法有關。

〔註66〕《托特之書》，p. 34。

〔註67〕《創造之書》（Sepher Yetzirah），見第九章。

〔註68〕古人認為，太陽（我們太陽系的神）是由其他六顆「行星」所環繞，這種觀念，使得數字「6」被神聖化，成為代表大宇宙和神祇的神聖象徵。

〔註69〕第四種元素「土」，乃是「火」、「水」與「風」的結合。當「大十字」的四臂形成，「土」元素最終將展現為一種分離的元素。

〔註70〕不用浪費時間去煩惱希伯來文字的正確發音。這種語文有好幾種主要的方言，而你的任何嘗試注定都會被某些人訕笑。就以你感到自在的方式發音即可。

〔註71〕《托特之書》，p. 89。

〔註72〕杜奎特（DuQuette），《泰勒瑪魔法》，pp. 60-61。

〔註73〕《托特之書》，p. 18。

〔註74〕《托特之書》，p. 83。

〔註75〕《托特之書》，p. 90。

〔註76〕還記得本書第一章述及，傳說中克勞利傳授給邱吉爾的剪刀手「V」字勝利符號嗎？據說這個手勢可以用來對抗納粹的「卐」字太陽符號。

〔註77〕在「韋特／史密斯」和許多其他版本的塔羅牌中，第二十號大牌「最後審判」呈現著一男一女和一個小孩，在最後審判日從墳墓中站立起來。那女子比著「伊西斯的悲悼」手勢，小孩

比著「阿波菲斯－堤豐」，而男子則比著「歐西里斯復活」符號。

〔註78〕《托特之書》，p. 30。

〔註79〕伊西多·卡利胥拉比（Rev. Dr. Isidor Kalisch），《創造之書：或，遠古猶太形上學》（Sepher Yetzirah—A Book on Creation; or, The Jewish Metaphysics of Remote Antiquity）（New York: L. H. Frank & Co. 1877）。1971年由「古密契薔薇十字會最高議事會」（The Supreme Council of The Ancient and Mystical Order Rosae Crucis）重印。此段文字摘錄自第一章第一節。傳統上，《創造之書》的作者被認為是猶太聖祖亞伯拉罕。這十分可疑，但本書年代的確非常古老——或許是最早以希伯來文書寫的哲學著作。

〔註80〕先於存在的「負」（negativity）被表述為：「Ain」（空無）、「Ain Soph」（無限）和「Ain Soph Aur」（無量的光）。

〔註81〕杜奎特（DuQuette），《天使、魔鬼與神祇》（Angels, Demons, and Gods），p. 21。

〔註82〕《托特之書》，p. 180。

〔註83〕《托特之書》，p. 179。

〔註84〕《托特之書》，p. 182。

〔註85〕《托特之書》，p. 182。

〔註86〕《托特之書》，p. 182。

〔註87〕《托特之書》，p. 185。

〔註88〕《托特之書》，p. 187。

〔註89〕沒錯，即使是「寶劍三」，「悲傷」（Sorrow），也是快樂的。見第十九章。

〔註90〕兩張塔羅大牌——「新紀元」（火元素）和「宇宙」（土星），同時也分別

代表「靈元素」和「土元素」。因此，大阿卡納所有顏色的總數並非八十八（四乘以二十二），而是九十六（四乘以二十四）。

〔註91〕《托特之書》，p. 278-281。

〔註92〕見第十三章，關於「『Tzaddi』並不是『星星』。」

〔註93〕在一到三十二的序階之外，又增加了額外的兩行，以安置「新紀元」和「宇宙」牌的雙重屬性。它們被稱爲「32bis」和「31bis」，前者代表「宇宙」（「Tau」路徑）的「土元素」屬性，而後者則代表「新紀元」（「Shin」路徑）的「靈元素」屬性。

〔註94〕標示各種色彩名稱的奇特大寫字體，說明了它們原本在商業上是如何被識別的。我已盡我所能在全書的文字和表格中複製原始的參考資料。

〔註95〕王牌自成一類。

〔註96〕哈利斯還必須一再重新繪製每一幅畫作。她在書信中提到過好幾處例子，由於她必須重複地刪修細緻的水彩顏料，以致於影響到成品的理想色彩。

〔註97〕杜奎特（DuQuette），《天使、魔鬼與神祇》，p. 59。

〔註98〕艾利斯特·克勞利（Aleister Crowley），與瑪莉·狄斯堤（Mary Desti）和莉拉·華德爾（Leila Waddell），《魔法四書——書卷ABA——第三部分》（Magick—Liber ABA—Book Four—Part III）；第二單冊修訂擴編版，（York Beach, ME: Weiser Books, 1997），p. 275。

〔註99〕《猶太人亞伯拉罕傳子拉美克的亞伯拉－莫林魔法師之神聖魔法書，一部十五世紀的魔法教科書》（The Book of the Sacred Magic of Abra-Melin the Mage as Delivered by Abraham the Jew unto His Son Lamech, a Grimoire of the Fifteenth Century），（London: Watkins, 1900）；（reprinted NY: Dover Publications, Inc., 1975）；最近期的版本，Wellingborough, UK: Aquarian Press, 1983。

〔註100〕見露絲·馬喬瑞克（Ruth Majereik）譯本《瑣羅亞斯德的迦勒底聖諭》（The Chaldean Oracles of Zoroaster），（London and New York: Brill, 1989）。

〔註101〕杜奎特（DuQuette），《天使、魔鬼與神祇》，p. 51。

〔註102〕《托特之書》，p. 89。作爲提示，「redintegration」是一個古字，意思是「回復到先前的狀態」。

〔註103〕《分點》期刊，第一卷第五冊，（reprint, York Beach, ME: Weiser Books, 1992），p.76。

〔註104〕羅·米洛·杜奎特（Lon Milo DuQuette），《The Chicken Qabalah of Rabbi Lamed Ben Clifford》（York Beach, ME: Weiser Books, 2001），pp. 171-172。

〔註105〕杜奎特（DuQuette），《泰勒瑪魔法》，p. 124。

〔註106〕唐諾·麥可·克瑞格（Donald Michael Kraig），《現代性魔法》（Modern Sex Magick）（St. Paul, MN: Llewellyn Publications, 1998），p. 361。

第二單元
PART II

〔註1〕羅·米洛·杜奎特（Lon Milo DuQuette）

〔註2〕初版由「東方聖殿會」於一九三八年在倫敦出版。修訂版。（Scottsdale, AZ: New Falcon Publications, 1992）。

〔註3〕在不同版本的塔羅牌中，宮廷牌的標題也有所變異。例如：「國王」（King）、「王后」（Queen）、「騎士」（Knight）和「侍衛」（Page）；「國王」（King）、「王后」（Queen），「王子」（Prince）和「公主」（Princess）。

〔註4〕我個人偏好的理論，主張大阿卡納表現著「Briah」世界的動力，而小阿卡納則是「Yetzirah」世界的表現。不過，由於每個牌組都是四個喀巴拉世界之一的諧波表現，對於任何一張特定的牌之特性描述，都可能變得極難領會。

〔註5〕《托特之書》，p. 44。

〔註6〕《托特之書》，p. 189。

〔註7〕「造物主」（Demiourgos 或 Demiurge）乃是一位創造之神，誤以爲自己是至上神祇。而「四字母聖名」（Tetragrammaton）則是指希伯來造物神XXXX「YHVH」。

〔註8〕《托特之書》，p. 189。

〔註9〕《律法之書》，I: 57。

〔註10〕見羅勃·歐奈爾（Robert O' Neill），《塔羅象徵主義》（*Tarot Symbolism*）（Lima, OH: Fairway Press, 1986），p. 293。

〔註11〕《律法之書》，I: 57。

〔註12〕哈利斯致克勞利，一九三九年九月十八日。

〔註13〕艾利斯特·克勞利，《人人的律法》（*The Law Is for All*）（Scottsdale, AZ: New Falcon Publications, 1991），p. 142。

〔註14〕《律法之書》，I: 57。

〔註15〕《律法之書》，I: 57。

〔註16〕《托特之書》，p. 77。

〔註17〕《托特之書》，p. 75。

〔註18〕《托特之書》，p. 67。

〔註19〕艾利斯特·克勞利，《777與其他喀巴拉著述》（*777 and Other Qabalistic Writings*）（York Beach, ME: Weiser Books, Inc., 1986），Column CLXXXI, p. 34。

〔註20〕艾利斯特·克勞利，〈General Characters of the Trumps as They Appear in Use〉，《托特之書》，p. 253-254。

〔註21〕哈利斯致克勞利，日期不詳。

〔註22〕《托特之書》，p. 118。

〔註23〕見第八章。

〔註24〕見「戰車」（the Chariot）牌。

〔註25〕《托特之書》，p. 69。

〔註26〕《托特之書》，p. 69。

〔註27〕克勞利，《777與其他喀巴拉著述》，p. 34。

〔註28〕《托特之書》，p. 254。

〔註29〕哈利斯致克勞利，一九四一年五月十一日。

〔註30〕見艾利斯特·克勞利，《靈視與靈聽》（*The Vision and the Voice*），p. 211。

〔註31〕《托特之書》，p. 69。

〔註32〕《托特之書》，p. 70。

〔註33〕《托特之書》，p. 72。

〔註34〕《Liber Magi》，vv. 7-10，以及《托特之書》，p. 71。

〔註35〕有人提出，在這張牌中，墨丘利是踮

著腳站在一座衝浪板狀的祭壇尖端。無論是誰提出此說，我很高興能有這個機會更正這種想法。

〔註36〕克勞利，《777與其他喀巴拉著述》，p. 34。

〔註37〕《托特之書》，p. 254。

〔註38〕《托特之書》，p. 112。

〔註39〕《托特之書》，p. 74。

〔註40〕《托特之書》，p. 73。

〔註41〕奧利夫‧惠區（Olive Whicher），《Sunspace: Science at a Threshold of Spiritual Understanding》（London: Rudolf Steiner Press, 1989）。

〔註42〕比較「聖杯王后」（Queen of Cups）。

〔註43〕《托特之書》，p. 73。

〔註44〕克勞利，《777與其他喀巴拉著述》，p. 34。

〔註45〕《托特之書》，p. 255。

〔註46〕《托特之書》，p. 75。

〔註47〕《托特之書》，p. 75。

〔註48〕《托特之書》，p. 77。

〔註49〕艾利斯特‧克勞利，《奧爾菲斯》（Orpheus, Liber Primus Vel Carminum），出於《克勞利作品集》，第三部（Collected Works, vol. III）（Foyers, Society for the Propagation of Religious Truth, 1907; reprint, Chicago, IL: Yogi Publications），p. 155。

〔註50〕克勞利，《777與其他喀巴拉著述》，p. 34。

〔註51〕《托特之書》，p. 259。

〔註52〕哈利斯致克勞利，一九四一年五月二十一日。

〔註53〕《托特之書》，p. 78。

〔註54〕《律法之書》，I: 57。

〔註55〕《托特之書》，p. 77。

〔註56〕《托特之書》，p. 77。

〔註57〕《托特之書》，p. 79。

〔註58〕克勞利，《777與其他喀巴拉著述》，p. 34。

〔註59〕《托特之書》，p. 255。

〔註60〕哈利斯致克勞利，一九四〇年一月二十八日。

〔註61〕《律法之書》，III: 11。

〔註62〕《托特之書》，p. 79。

〔註63〕《托特之書》，p. 79。

〔註64〕克勞利，《靈視與靈聽》，p. 67。

〔註65〕克勞利，《777與其他喀巴拉著述》，p. 34。

〔註66〕《托特之書》，p. 256。

〔註67〕哈利斯致克勞利，日期不詳。

〔註68〕《托特之書》，p. 83。

〔註69〕《托特之書》，p. 82。

〔註70〕我們將會在「藝術」（Art）牌中發現向上的箭頭。

〔註71〕克勞利，《靈視與靈聽》，p. 202。

〔註72〕克勞利，《777與其他喀巴拉著述》，p. 34。

〔註73〕《托特之書》，p. 256。

〔註74〕哈利斯致克勞利，一九四一年五月十一日。

〔註75〕克勞利，《靈視與靈聽》，p. 148, 149。

〔註76〕《托特之書》，p. 256。

〔註77〕克勞利，《777與其他喀巴拉著述》，p. 34。

〔註78〕《托特之書》，p. 256。

〔註79〕《托特之書》，p. 88。

〔註80〕哈利斯致克勞利，於一九三九年十一月三日至十二月十九日之間。

〔註81〕克勞利致哈利斯，一九三九年十二月

〔註82〕奧伯利‧比亞茲萊（Ａ ｕ ｂ ｒ ｅ ｙ Beardsley，1872-1898），一位才華橫溢且備受爭議的藝術家暨插畫家。

〔註83〕哈利斯致克勞利，一九四〇年（？）七月十二日。

〔註84〕參見對第二十一號大牌「宇宙」（the Universe）的評註。

〔註85〕《托特之書》，p. 86。

〔註86〕克勞利，《777與其他喀巴拉著述》，p. 34。

〔註87〕《托特之書》，p. 257。

〔註88〕哈利斯致克勞利，一九三九年十一月三十日。

〔註89〕《托特之書》，p. 89。

〔註90〕《托特之書》，p. 89。

〔註91〕《托特之書》，p. 89。

〔註92〕此 一 過 時 的「預 成 理 論」（preformationism）主張，在受孕之前，生命體便已在微觀的層面完整地成形了。

〔註93〕克勞利，《777與其他喀巴拉著述》，p. 34。

〔註94〕《托特之書》，p. 253-260。

〔註95〕哈利斯致克勞利，一九三九年五月十日。

〔註96〕《托特之書》，p. 90。

〔註97〕見第八章。

〔註98〕這句拉丁文大略的意思是：「在其他三種東西當中的中心之物」。

〔註99〕艾利斯特‧克勞利及其他，摘自「朱比特儀式」（The Rite of Jupiter）和「埃猶西斯儀式」（The Rites of Eleusis），《分點》期刊，第一卷第六冊，附錄，p. 25。

〔註100〕克勞利，《777與其他喀巴拉著述》，p. 34。

〔註101〕《托特之書》，p. 253-260。

〔註102〕哈利斯致克勞利，一九四二年三月二十五日。

〔註103〕後來在克勞利的靈視週期中，這位女神名字的拼法改成了「Babalon」。見克勞利，《靈視與靈聽》，p. 159。

〔註104〕克勞利作爲「野獸」（the Beast）的七個面向。「天使之頭（the head of an Angel）；聖徒之頭（the head of a Saint）；詩人之頭（the head of a Poet）；蕩婦之頭（the head of an Adulterous Woman）；勇士之頭（the head of a Man of Valour）；淫徒之頭（the head of a Satyr）；獅蛇之頭（the head of a Lion-Serpent）。」見克勞利，《謊言之書》（*The Book of Lies*）（York Beach, ME: Red Wheel/Weiser, 1981），p. 108。

〔註105〕克勞利，《靈視與靈聽》，p. 150。

〔註106〕克勞利，《777與其他喀巴拉著述》，Column CLXXXI, p. 34。

〔註107〕《托特之書》，pp. 253-260。

〔註108〕哈利斯致克勞利，一九三九年十一/十二月（日期不詳）。

〔註109〕克勞利致哈利斯，一九三九年十二月十九日。

〔註110〕《托特之書》，p. 97。

〔註111〕《托特之書》，p. 96。

〔註112〕《托特之書》，p. 97。

〔註113〕《托特之書》，p. 96。

〔註114〕《托特之書》，p. 96。

〔註115〕克勞利，《777與其他喀巴拉著述》，p. 34。

〔註116〕《托特之書》，p. 253-260。

〔註117〕哈利斯致克勞利，一九三九年十一/十二月（日期不詳）。

〔註118〕《托特之書》，p. 99。

〔註119〕《托特之書》，p. 99, 100。

〔註120〕《托特之書》，p. 100。

〔註121〕《托特之書》，p. 100。

〔註122〕《托特之書》，p. 103。

〔註123〕《托特之書》，p. 100。

〔註124〕克勞利，《777與其他喀巴拉著述》，p. 34。

〔註125〕《托特之書》，pp. 253-260。

〔註126〕哈利斯致克勞利，一九三九年（日期不詳）。

〔註127〕《托特之書》，p. 102。

〔註128〕《托特之書》，p. 103。

〔註129〕克勞利，《777與其他喀巴拉著述》，p. 34。

〔註130〕《托特之書》，pp. 253-260。

〔註131〕艾利斯特·克勞利，《魔法四書》（*Magick, Liber ABA, Book Four*），第二修訂版，由海門尼厄斯·貝塔（Hymenaeus Beta）主編，（York Beach, ME: Weiser Books, 1994），p. 277。

〔註132〕《托特之書》，p. 105。

〔註133〕《托特之書》，p. 107。

〔註134〕《托特之書》，p. 106。

〔註135〕摘自艾利斯特·克勞利，《光明無邊》（*Konx Om Pax*）（Chicago, IL: Teitan Press, 1990），p. 10。

〔註136〕克勞利，《777與其他喀巴拉著述》，p. 34。

〔註137〕《托特之書》，p. 253-260。

〔註138〕哈利斯致克勞利，日期不詳。

〔註139〕《托特之書》，p. 107。

〔註140〕《托特之書》，p. 108。

〔註141〕《托特之書》，p. 109。

〔註142〕《托特之書》，p. 108-109。

〔註143〕克勞利，《777與其他喀巴拉著述》，p. 34。

〔註144〕《托特之書》，p. 253-260。

〔註145〕哈利斯致克勞利，日期不詳。

〔註146〕《托特之書》，p. 109。

〔註147〕《托特之書》，p. 109。

〔註148〕艾利斯特·克勞利，《Liber LXV》，出自《泰勒瑪聖典》，p. 83。

〔註149〕《律法之書》，I: 58。

〔註150〕克勞利，p. 34。

〔註151〕《托特之書》，p. 253-260。此節詩句在克勞利的《大師之心》（*The Heart of the Master*）（Scottsdale, AZ: New Falcon Publications, 1999）中的版本，還包含額外的一行：「收拾起大地的排泄物，去創造一顆星星！」（〔Roll up the Excrement of the Earth, to create a Star!〕）

〔註152〕《托特之書》，p. 112。

〔註153〕《托特之書》，p. 112。

〔註154〕《托特之書》，p. 113。

〔註155〕克勞利，《777與其他喀巴拉著述》，p. 34。

〔註156〕《托特之書》，p. 253-260。

〔註157〕《律法之書》，I: 3。

〔註158〕《托特之書》，p. 113。

〔註159〕《律法之書》。在文本中拼法有所變異。

〔註160〕《律法之書》，III: 35：「『赫魯－拉－哈』（Heru-ra-ha）此字之半，稱爲『胡爾－帕－克拉特』（Hoor-Pa-Kraat）和『拉－胡爾－庫特』（Ra-Hoor-Khut）。」

〔註161〕《托特之書》，p. 114。

〔註162〕克勞利，《777與其他喀巴拉著述》，p. 34。

〔註163〕《托特之書》，p. 253-260。

〔註164〕《律法之書》，I: 49。

〔註165〕《律法之書》，II: 3, 4。

〔註166〕《托特之書》，p. 116。

〔註167〕克勞利，《７７７與其他喀巴拉著述》，p. 34。

〔註168〕《托特之書》，p. 260。

〔註169〕哈利斯致克勞利，日期不詳。

〔註170〕《托特之書》，p. 118。

〔註171〕《托特之書》，p. 116、117。

〔註172〕《規約》（*The Canon*）一書最初於一八九七年由「Elkin Matthews」出版社出版。再版係於一九七四年由「失落知識研究組織」（Research into Lost Knowledge Organization）與「The Garnstone Press」出版社合作出版。三版於一九八一年由「失落知識研究組織」（8 The Drive, New Southgate, London N11 2DY）出版，由「Thorson's Publishers Limited」（Wellingborough, Northamptonshire）發行。

〔註173〕《舊約聖經》，〈戶籍記〉（Numbers），第二章第二節。

〔註174〕黃道年度可以被劃分為七十二個五度區間（quinary），三十六張小牌的每一張都代表兩個五度區間或一旬（decan）。

〔註175〕初版，London: Ernest Benn LTD., 1928。

〔註176〕《托特之書》，p. 119。

〔註177〕見第二十一章「詞彙表」。

〔註178〕《托特之書》，p. 118。

〔註179〕又或者，如果你偏好這個說法——將他的啟蒙意識從第四個薩弗拉「Chesed」提升到第三個薩弗拉「Binah」所代表的狀態。

〔註180〕克勞利，《靈視與靈聽》。

〔註181〕克勞利，《靈視與靈聽》，p. 174、175。

〔註182〕克勞利，《光明無邊》，p. 10。

〔註183〕克勞利，《光明無邊》，p. 7。

〔註184〕拉米德·班·克里弗拉比（Rabbi Lamed Ben Clifford）。

〔註185〕《托特之書》，p. 177。

〔註186〕馬蒂·彼特坎南（Matti Pitkänen）。物理系，理論物理組，2000。

〔註187〕《托特之書》，p. 177。

〔註188〕哈利斯致克勞利，日期不詳。

〔註189〕《托特之書》，p. 188。

〔註190〕本段意譯自《托特之書》，p. 195，克勞利對「聖杯王牌」（Ace of Cups）的評註。

〔註191〕《托特之書》，p. 195。

〔註192〕《托特之書》，p. 79。

〔註193〕《托特之書》，p. 202。

〔註194〕《托特之書》，p. 203。

〔註195〕克勞利，《魔法四書》，p. 86。

〔註196〕《托特之書》，p. 211。

〔註197〕《托特之書》，p. 149。

〔註198〕我相信，在本書出版之時，她這篇精彩的文章只發表在她的網頁上：http://members.cts.com/king/s/saoirse/TarotCards.html, Copyright, © 1999。

〔註199〕伊莎貝爾·布瑞格·麥爾斯（Isabel Briggs Myers），《人各有才》（*Gifts Differing*）（Consulting Psychologists Press, Palo Alto, 1995）。

〔註200〕亞瑟·羅森嘉頓（Arthur Rosengarten），《心理學與塔羅》（*Psychology and Tarot: Spectrums of Possibility*）（New York: Paragon House, 2000）。

〔註201〕整個黃道帶被劃分爲三百六十度，
黃道十二星座各佔據三十度。這
三十度的區間，又可被劃分爲三個
十度的區間，稱爲「旬」（decan）

〔註202〕《托特之書》，p. 151。

〔註203〕《托特之書》，p. 152。

〔註204〕《托特之書》，p. 153。

〔註205〕《托特之書》，p. 154。

〔註206〕見李昂·英格斯－甘迺迪（Leon
Engers-Kennedy）著名的克
勞利畫像，刊載於《分點》期刊
（Equinox），第三卷第一冊。

〔註207〕《托特之書》，pp. 153, 154。

〔註208〕哈利斯致克勞利，日期不詳。

〔註209〕《托特之書》，p. 155。

〔註210〕《托特之書》，p. 155。

〔註211〕《托特之書》，p. 156。

〔註212〕《托特之書》，p. 156。

〔註213〕《托特之書》，p. 156。

〔註214〕《托特之書》，p. 157。

〔註215〕這正是吾人預期一位「聖杯王后」
會說出的那種評論。

〔註216〕《托特之書》，p. 157。

〔註217〕《托特之書》，p. 158。

〔註218〕《托特之書》，p. 158。

〔註219〕《托特之書》，p. 158。

〔註220〕《托特之書》，p. 159。

〔註221〕哈利斯致克勞利，日期不詳。

〔註222〕《托特之書》，p. 160。

〔註223〕《托特之書》，p. 161。

〔註224〕《托特之書》，p. 161。

〔註225〕《托特之書》，p. 161。

〔註226〕《托特之書》，p. 163。

〔註227〕《托特之書》，p. 162。

〔註228〕《托特之書》，p. 162。

〔註229〕《托特之書》，p. 163。

〔註230〕《托特之書》，p. 163。

〔註231〕哈利斯致克勞利，一九三九年十一
月三日。

〔註232〕《托特之書》，p. 164。

〔註233〕《托特之書》，p. 166。

〔註234〕《托特之書》，p. 166。

〔註235〕《托特之書》，p. 166。

〔註236〕《托特之書》，p. 166。

〔註237〕《托特之書》，p. 166。

〔註238〕哈利斯致克勞利，日期不詳。

〔註239〕《托特之書》，p. 167。

〔註240〕《托特之書》，p. 167。

〔註241〕哈利斯致克勞利，一九四二年十二
月十一日。

〔註242〕《托特之書》，p. 169。

〔註243〕《托特之書》，p. 149。

〔註244〕《托特之書》，p. 169。

〔註245〕《托特之書》，p. 169。

〔註246〕《托特之書》，p. 171。

〔註247〕羅·米洛·杜奎特（Lon Milo
DuQuette），《儀式魔法塔羅》
（*Tarot of Ceremonial Magick*）
（York Beach, ME: Red Wheel/
Weiser, 1995），p. 121。

〔註248〕顯然，由於行星有七顆，而一年有
三十六「旬」（decan），年終之時我
們會多出一旬。補救的方法是，在
冬盡春初之際，火星會重複一次，提
供——這麼說吧——額外的一劑
能量來克服寒冬。可別怪我，這系
統不是我發明的！

〔註249〕瓊·奎格利（Joan Quigley），《成
人占星》（*Astrology for Adults*）
（New York: Holt, Rinehart and
Winston, 1969），p. 131。

〔註250〕《托特之書》，p. 178。

〔註251〕《托特之書》，p. 189。

〔註252〕它們事實上是「普巴杵」（Phurba）

452　托特塔羅解密

或「金剛橛」（Kila），是西藏的法器——三稜匕首／釘／鏢／刺釘。

〔註253〕《托特之書》，p. 189。

〔註254〕在「生命之樹」上，第六個薩弗拉「Tiphareth」，在傳統上是太陽的領域。

〔註255〕《托特之書》，p. 178。

〔註256〕《托特之書》，p. 190。

〔註257〕《托特之書》，p. 182。

〔註258〕《托特之書》，p. 182。

〔註259〕《托特之書》，p. 193。

〔註260〕《托特之書》，p. 193。

〔註261〕《托特之書》，p. 193。

〔註262〕《托特之書》，p. 186。

〔註263〕《托特之書》，p. 185。

〔註264〕《托特之書》，p. 193, 194。

〔註265〕《托特之書》，p. 186。

〔註266〕《托特之書》，p. 194。

〔註267〕《托特之書》，p. 194。

〔註268〕《托特之書》，pp. 194, 195。

〔註269〕哈利斯致克勞利，一九四二年三月二十五日。

〔註270〕《托特之書》，p. 196。

〔註271〕《托特之書》，p. 196。

〔註272〕《托特之書》，p. 196。

〔註273〕《托特之書》，p. 197。

〔註274〕《托特之書》，p. 199。

〔註275〕《托特之書》，p. 182。

〔註276〕《托特之書》，p. 200。

〔註277〕《托特之書》，p. 184。

〔註278〕此爲鄉村歌曲「Countin' Flowers on the Wall」中的一句歌詞，作詞者爲Lew Dewitt。© Wallflower Music/Copyright Management。

〔註279〕《托特之書》，p. 184。

〔註280〕《托特之書》，p. 201。

〔註281〕克勞利致哈利斯，一九三九年十二月十九日。

〔註282〕杜奎特（DuQuette），《儀式魔法塔羅》（Tarot of Ceremonial Magick），p. 166。

〔註283〕《托特之書》，p. 202。

〔註284〕哈利斯致克勞利，日期不詳。

〔註285〕哈利斯致克勞利，一九三九年十一月三日。

〔註286〕《托特之書》，p. 205。

〔註287〕《托特之書》，p. 205。

〔註288〕《托特之書》，p. 205。

〔註289〕哈利斯致克勞利，一九三九年十一月三日。

〔註290〕《托特之書》，p. 183。

〔註291〕《托特之書》，p. 207。

〔註292〕《托特之書》，p. 186。

〔註293〕《托特之書》，p. 208。

〔註294〕《托特之書》，p. 208-209。

〔註295〕哈利斯致克勞利，一九三九年九月十八日。

〔註296〕《托特之書》，p. 209。

〔註297〕《托特之書》，p. 212。

〔註298〕《托特之書》，p. 178。

〔註299〕艾利斯特‧克勞利，《泰勒瑪聖典：書卷六十五》（Liber LXV, Liber Cordis Cincti Serpente, sub figura אלב from The Holy Books of Thelema），p. 66。

〔註300〕哈利斯致克勞利，一九四〇年一月七日。

〔註301〕《托特之書》，p. 212, 213。

〔註302〕見第八章及「命運」（Fortune）牌。

〔註303〕《托特之書》，p. 213。

〔註304〕見「埃猶西斯儀式」（The Rites of Eleusis），《分點》期刊，第一卷第六冊，附錄，p. 10。

〔註305〕見「寶劍五」（Five of Swords）。

〔註306〕《托特之書》，p. 181。

〔註307〕《托特之書》，p. 215。

〔註308〕《托特之書》，p. 215。

〔註309〕《托特之書》，p. 215。

〔註310〕《托特之書》，p. 183。

〔註311〕《托特之書》，p. 216。

〔註312〕《托特之書》，p. 216。

〔註313〕《托特之書》，p. 187。

〔註314〕《托特之書》，p. 217。

〔註315〕我忍不住一提，埃及聖鷺這種長喙水鳥，也就是托特的聖鳥，即使在古代便以某種能力而知名——用牠的長喙來自我「灌腸」。

〔註316〕《托特之書》，p. 217。

〔註317〕《托特之書》，p. 188。

〔註318〕哈利斯致克勞利，日期不詳。

〔註319〕普度拉波弟兄（Frater Perdurabo，即克勞利）。艾利斯特·克勞利，《塔羅占卜》（Tarot Divination）（York Beach, ME: Red Wheel/Weiser, 1976），p. 300。

〔註320〕克勞利關於「津貼」的備忘錄——日期不詳。

〔註321〕《分點》期刊，第一卷，（reprint, York Beach, ME: Weiser Books, 1992）。

〔註322〕摘自〈塔羅牌及其屬性之描述：包括一種占卜方式及其應用〉（A Description of the Cards of the Tarot with their Attribution; Including a Method of Divination by Their Use），《分點》期刊，第一卷第七冊，p. 206-210。

〔註323〕克勞利假定「指示牌」為宮廷牌。算牌的方式是從「指示牌」開始，朝牌中人物面對的方向算去。這在托特塔羅中，並不總是很容易判斷。

〔註324〕杜奎特（DuQuette），及《托特之書》，p. 253-260。

〔註325〕〈塔羅牌之描述〉（A Description of the Cards），《分點》期刊，第一卷第七冊，p. 143-210。

〔註326〕見原始設計之描述，p. 265。

〔註327〕《泰勒瑪魔法》，p. 216。

〔註328〕《托特之書》，p. 85。

〔註329〕《托特之書》，p. 37。

〔註330〕《泰勒瑪魔法》，p. 216。

〔註331〕《分點》期刊（Equinox），第一卷第五冊。

〔註332〕《托特之書》，p. 90。

〔註333〕《托特之書》，p. 115。

〔註334〕《泰勒瑪魔法》，p. 80。

〔註335〕《托特之書》，p. 70。

〔註336〕《托特之書》，p. 85。

〔註337〕《托特之書》，p. 85。

〔註338〕杜奎特（DuQuette），《泰勒瑪魔法》，p. 80。

〔註339〕《托特之書》，p. 85。

〔註340〕杜奎特（DuQuette），《泰勒瑪魔法》，p. 81。

〔註341〕《托特之書》，p. 75。

〔註342〕《托特之書》，p. 79。

〔註343〕意譯自卡利胥（Kalisch），《創造之書》，p. 14。

引用許可

取自「艾利斯特‧克勞利托特塔羅」（Aleister Crowley Thoth Tarot ®）的插圖，係經「AGM AGMüller, CH-8212 Neuhausen, Switzerland」之許可複製使用。© copyright AGM AGMüller/OTO。禁止轉印轉載。

佛瑞姐‧哈利斯（Frieda Harris）的書信版權歸於「佛瑞姐‧哈利斯資產」（the Frieda Harris Estate）。已盡一切合理的嘗試查考相關權利的持有者。

艾利斯特‧克勞利（Aleister Crowley）的書信及其他艾利斯特‧克勞利的引文，copyright © Ordo Templi Orientis。

克勞利與哈利斯之間的書信，作者要感謝「the George Arents Research Library, Bird Library」，Syracuse University。

《魔法人生：艾利斯特‧克勞利傳》（*A Magick Life, The Biography of Aleister Crowley*），馬汀‧布斯（Martin Booth）著，（London: Hodder & Stoughton, 2000），所有由艾利斯特‧克勞利著作的資料：copyright © 2000 Ordo Templi Orientis。經許可引用。

《*Do What Thou Wilt: A Life of Aleister Crowley*》，勞倫斯‧蘇汀（Lawrence Sutin）著，（New York: St. Martin's Press, 2000）。

　《*Perdurabo: The Life of Aleister Crowley*》，理查‧卡晉斯基博士（Richard Kaczynski, Ph.D.）著，（Scottsdale, AZ: New Falcon Publications, 2002）。

BF6017

托特塔羅解密

探討克勞利《托特之書》，解開托特塔羅牌奧義權威經典之作

原書書名——Understanding Aleister Crowley's Thoth Tarot
An authoritative examination of the world's most fascinating and magical tarot cards

作者——羅·米洛·杜奎特 (Lon Milo DuQuette)	版權——吳亭儀、翁靜如
譯者——孫梅君	行銷業務——林彥伶、張倚禎
選書責編——何若文	總編輯——何宜珍
特約編輯——張紹強	總經理——彭之琬
封面設計——copy	發行人——何飛鵬

法律顧問——台英國際商務法律事務所　羅明通律師
出版——商周出版
　　　　台北市南港區昆陽街16號4樓
　　　　電話：(02) 2500-7008　傳真：(02) 2500-7759
　　　　E-mail：bwp.service@cite.com.tw
發行——英屬蓋曼群島商家庭傳媒股份有限公司城邦分公司
　　　　台北市南港區昆陽街16號8樓
　　　　讀者服務專線：0800-020-299　24小時傳真服務：(02)2517-0999
　　　　讀者服務信箱E-mail：cs@cite.com.tw
劃撥帳號——19833503　戶名：英屬蓋曼群島商家庭傳媒股份有限公司城邦分公司
訂購服務——書虫股份有限公司客服專線：(02)2500-7718；2500-7719
服務時間——週一至週五上午09:30-12:00；下午13:30-17:00
　　　　　　24小時傳真專線：(02)2500-1990；2500-1991
　　　　　　劃撥帳號：19863813　戶名：書虫股份有限公司
　　　　　　E-mail：service@readingclub.com.tw
香港發行所——城邦(香港)出版集團有限公司
　　　　　　　香港九龍土瓜灣土瓜灣道86號順聯工業大廈6樓A室
　　　　　　　電話：(852) 2508 6231傳真：(852) 2578 9337
馬新發行所——城邦(馬新)出版集團
　　　　　　　Cité (M) Sdn. Bhd. (458372U) 11, Jalan 30D/146, Desa Tasik, Sungai Besi,
　　　　　　　57000 Kuala Lumpur, Malaysia.
　　　　　　　電話：603-90563833　傳真：603-90562833
行政院新聞局北市業字第913號

內頁版型、編排——copy
印刷——卡樂彩色製版印刷有限公司
總經銷——高見文化行銷股份有限公司　客服專線：0800-055-365
　　　　　電話：(02)2668-9005　傳真：(02)2668-9790

2014年1月初版首刷　Printed in Taiwan　定價540元
2024年8月15日初版7刷
著作權所有，翻印必究　ISBN 978-986-272-487-3(平裝)

國家圖書館出版品預行編目（CIP）資料

托特塔羅解密 / 羅.米洛.杜奎特(Lon Milo DuQucttc)著；孫梅君譯.-- 初版. --
臺北市：商周出版：家庭傳媒城邦分公司發行，民102.11 464面；17 × 23公分
譯自：Understanding Aleister Crowley's thoth tarot
ISBN 978-986-272-487-3(平裝)
1. 占卜
292.96　　102021787

FUTURE

FUTURE

FUTURE

FUTURE